Uma crise chamada Brasil

FÓSFORO

CONRADO CORSALETTE

Uma crise chamada Brasil

A quebra da Nova República e a
erupção da extrema direita

11 APRESENTAÇÃO

14 FORA DA ORDEM
18 Promessa liberalizante
20 Desenvolvimento e desigualdade
24 Ocidente em ebulição
27 Primavera Árabe
29 Brexit e Donald Trump
35 A marolinha que precede o tsunami

41 QUE GRITO FOI ESSE?
45 Passo a passo de junho
50 Das passagens à PEC 37
51 Motivos da virada na imprensa
54 Da esquerda à direita
57 Rua verde e amarela
61 Mulheres, estudantes e o "bom militante"
62 Protestos bem alimentados
65 Rescaldo pós-impeachment
67 Uma resposta fácil

71 A TORTO E A DIREITO

74 Condições para a Lava Jato

76 Luz, câmera, ação!

79 Punições que redimem

81 Métodos distorcidos, escala inédita

84 Supremo em sua hora lavajatista

88 Lula como alvo final

92 Temer no olho do furacão

94 Processo acelerado, Lula na cadeia

97 Super-homem na berlinda

101 Liberdade de agressão

104 Supremo, inimigo meu

106 Melancolia lavajatista

108 Judiciário como peça de tabuleiro

111 DA EUFORIA À FOME

113 Bases da economia brasileira

115 Variações econômicas

118 Nova matriz econômica

121 Começo do fim do governo

124 Freio de mão puxado

130 Impactos da Lava Jato

133 Depois da freada, o cavalo de pau

136 Liberalismo de extrema direita

141 Fome como resultado

144 RUPTURAS

146 Faxina e desarranjo na coalizão

149 Meu malvado favorito

153 Frustração e auditoria nas urnas

157 Eduardo Cunha no comando

159 *Spaghetti western*

163 Escolhas políticas
165 No balanço das horas
168 Com o Supremo, com tudo
170 Esgoto a céu aberto
171 Notas de um impeachment
176 Fim da disputa entre PT e PSDB
180 Bolsonaro livre
181 Reorganização do establishment
183 Antissistema abraçado ao sistema

185 DIÁLOGO INTERROMPIDO
187 Preceitos do debate público
190 Ascensão das redes sociais
193 Imprensa em xeque
196 Lógica de grupo
199 Político perfil
202 Algoritmo como aliado
205 Jogo sujo da desinformação
212 Importância da imprensa profissional
213 Necessidade de regulação

216 EXTREMA DIREITA
218 Dos porões da ditadura
220 Surgimento da nova direita
222 Avanços dos direitos civis
224 Bolsonaro em expansão
226 Fator Olavo de Carvalho
230 União entre nova e extrema direita
233 Com apoio do establishment
237 Desconstrução social
239 Cidadão de bem
242 Xenofobia à brasileira

243 Exercício de individualismo
245 Violência eleitoral
247 Erupção extremista
250 Magma que muda a paisagem

252 FÉ NO VOTO
254 Transição religiosa acelerada
257 Apelo popular num país em transformação
258 Pentecostalismo e neopentecostalismo
260 Irmão vota em irmão
262 Religião e políticas públicas
265 Batalha ideológica
267 Evangélicos no impeachment
269 Supremacismo cristão
271 Pelas mãos dos incapazes
274 Centralidade da família
276 Dos líderes aos fiéis
277 Líderes contra o Estado laico
281 Da perseguição ao golpismo
284 Combate a estereótipos

285 POLÍTICA ARMADA
288 Histórico golpista
292 Militares na democracia
296 Comissão da Verdade
300 Generais em ação
305 Militares no governo
310 Chancela ao golpismo
313 Genocídio e corrupção
317 Contra as urnas eletrônicas
319 Invasão dos Três Poderes

326 PAÍS DO FUTURO

328 Marcos históricos de um país

331 Constituição de 1988

332 Quebra do pacto social

334 Consensos mínimos

337 Decifra-me ou te devoro

340 A busca por soluções

343 Um novo pacto social

345 AGRADECIMENTOS

346 NOTAS

351 LISTA DE ENTREVISTADOS

355 REFERÊNCIAS BIBLIOGRÁFICAS

357 ÍNDICE REMISSIVO

Apresentação

Das manifestações de rua de junho de 2013 à invasão dos prédios dos Três Poderes da República em janeiro de 2023, o Brasil viveu um dos períodos mais intensos de sua conturbada história política. A sequência alucinante de fatos jogou todos num turbilhão, acelerado pela velocidade das redes sociais.

Em boa parte desse tempo como editor-chefe do *Nexo Jornal* — publicação digital cujo foco é a explicação —, lidar com reviravoltas se transformou num exercício diário. Juntar os pontos, entender conexões relevantes, contextualizar acontecimentos, evitar falsas equivalências e ponderar argumentos de forma equilibrada virou uma tarefa jornalística desafiadora não só pelos recorrentes atropelos da disputa de poder, mas também pela crescente contaminação do debate público.

Esse quadro motivou o surgimento do podcast Politiquês, lançado ainda em 2017 também pelo *Nexo*. Em mais de setenta episódios, tratei, semanalmente, de conceitos da ciência política, abordando o tema de forma a ampliar espaços interpretativos, dar centralidade à perspectiva histórica e ajudar os ouvintes a qualificar seus argumentos. Cinco anos depois, em 2022, com os brasileiros diante de uma eleição decisiva para seu futuro, veio a ideia de retomar o trabalho, dessa vez para analisar o intervalo de uma década que, apesar de já ter sido alvo de inúmeros olhares, ainda é objeto de disputa. Daí nasceu o projeto *Uma crise chamada Brasil*, de início uma minissérie do Politiquês, e que agora toma forma de livro.

Depois da conclusão do podcast, Lula foi eleito numa corrida presidencial apertadíssima, além de violenta política e fisicamente. Bolsonaristas não aceitaram o resultado das urnas, vandalizaram as ruas de Brasília e depredaram o Congresso, o Palácio do Planalto e o Supremo Tribunal Federal. Militares chancelaram o extremismo. Tais acontecimentos — incluídos no texto final — deram ainda mais sentido às análises presentes neste livro.

A história que você tem em mãos traz falas adaptadas de 53 entrevistados, excluindo repetições e vícios da linguagem oral, mas mantendo suas ideias centrais. Nelas, pesquisadores de áreas diversas, políticos de diferentes partidos, juízes e ex-juízes, ministros e ex-ministros, ativistas e jornalistas — alguns envolvidos diretamente com o desenrolar dos fatos — ajudam a responder a uma questão central: como foi possível chegar aonde o país chegou depois de ter superado uma ditadura de 21 anos?

Uma crise chamada Brasil: a quebra da Nova República e a erupção da extrema direita propõe uma construção de cenário a partir de dez eixos: 1) quadro internacional; 2) ebulição das ruas; 3) ativismo judicial; 4) recessão econômica; 5) derretimento da classe política; 6) interrupção do diálogo no debate público; 7) fortalecimento do extremismo; 8) influência evangélica; 9) interferência militar; 10) projeções para um eventual novo ciclo.

A narrativa não cronológica permite que a visão geral seja construída pelo próprio leitor, num resgate de episódios que foram determinantes para que o pacto social da Constituição de 1988 ruísse — não de repente, e sim num processo gradual em que muitos dos valores que guiaram a redemocratização foram sendo abandonados.

Com este livro, espero contribuir para o entendimento de um período de nervos à flor da pele, impactado pelas mudanças tecnológicas e envenenado por um extremismo há muito tempo adormecido. E também estimular uma avaliação crítica sobre o passado recente, a fim de que desigualdades sejam aplacadas e autoritarismos, definitivamente enterrados.

Fora da ordem

O mundo entrou em recessão no fim dos anos 2000. Uma crise financeira eclodiu nos Estados Unidos e os mercados mundiais colapsaram, numa evidência clara de que o modelo econômico predominante no Ocidente nos trinta anos anteriores tinha brechas graves. As promessas de prosperidade contínua feitas por um liberalismo financeiro crescente foram colocadas em xeque.

Recessão, modelo quebrado, promessas de melhoria de vida frustradas somadas a uma desigualdade em alta. Todo esse quadro deixou marcas não só econômicas, mas também políticas.

Para entender a crise chamada Brasil é preciso lembrar o que aconteceu no mundo naquele fim de década. Mesmo que por aqui, na época, os impactos tenham chegado apenas em forma de "marolinha". O clima nacional, na verdade, era de euforia. Era de um país que finalmente estava chegando a seu tão anunciado futuro. Brasil, o país do presente?[1] Havia menos pobreza e havia uma nova classe média em ascensão. Havia mais empregos, além de salários mais altos. O país tinha descoberto o petróleo do pré-sal e sido escolhido para sediar a Copa do Mundo em 2014 e a Olimpíada em 2016. Mas havia também algo latente. As potências ocidentais em declínio e o Brasil decolando?[2] Alguma coisa estava fora da ordem.

Foram décadas de desregulamentação financeira internacional. Uma desregulamentação que começou em meados dos anos 1970, que se globalizou nos anos 1980 e que ganhou características cada vez mais sofisticadas e diversificadas nos anos 1990. As possibilidades de investimentos no mercado de ações cresciam aceleradamente, assim como os riscos. Os sinais de que algo poderia dar errado surgiam aos poucos, mas foi só quando o Lehman Brothers decretou falência, na madrugada de segunda-feira, 15 de setembro de 2008, que o mundo se deu conta do tamanho da encrenca em que havia se metido. O colapso de um dos maiores bancos de investimentos dos Estados Unidos gerou uma reação em cadeia. O Ocidente estava diante da crise financeira mais grave desde a quebra da Bolsa de Nova York em 1929.

O crash de 2008 teve origem no setor imobiliário. De forma resumida, o que aconteceu foi que havia crédito muito fácil (e não necessariamente criterioso) para comprar casas. Com o mercado aquecido, os preços dos imóveis subiam sem parar. Os bancos transformavam o que tinham a receber em títulos, que eram oferecidos em pacotes para investidores diversos. Esses títulos eram considerados seguros porque o setor imobiliário americano praticamente nunca tinha dado problema — e porque recebiam notas máximas das agências de avaliação de risco. Assim como outros títulos derivados, eles estavam conectados ao pagamento das prestações pelas pessoas que pegaram o empréstimo para comprar casas. Só que, como os empréstimos eram feitos sem critério, muita gente que se endividou para comprar casa não pagou as prestações. A inadimplência cresceu, os bancos pegaram de volta os imóveis. Os títulos ligados ao setor — assim como seus derivados — despencaram. Ou seja, a bolha estourou. O complexo sistema de investimentos, vendido ao público como sofisticado e diversificado, se desfez como um castelo de cartas.

Os investidores perderam muito dinheiro. As consequências se espalharam pelo mundo das finanças globalizadas. Cerca de 6 milhões de famílias tiveram de entregar suas casas. Nos anos seguintes, centenas de milhares de pessoas perderiam seus empregos.

Simone Deos, economista que pesquisa relações internacionais, lembra que aquela não foi uma crise causada por uma guerra, por uma catástrofe natural ou mesmo por um choque de preço de uma commodity essencial como o petróleo. "Foi uma crise gerada pelo funcionamento do próprio sistema capitalista."

A crise financeira de 2008, portanto, teve caráter sistêmico e pôs fim a anos de bonança entre países desenvolvidos do Ocidente — anos de crédito fácil, numa prosperidade cujo símbolo era a casa própria. Mas então ficou claro que se tratava de uma fantasia criada pelo sistema financeiro. Uma fantasia que custou caro especialmente aos Estados Unidos e à Europa.

A crise varreu o continente europeu desde a Espanha, que antes expandia sua economia, até a Grécia, já havia muito tempo endividada. Nesse cenário, vários países precisaram recorrer à União Europeia para não quebrar. Bilhões de dólares e euros foram gastos pelo setor público. Mas a maior parte do dinheiro não foi para quem perdeu casa ou emprego. Foi para socorrer o sistema financeiro. Bilhões que depois virariam trilhões. Rodrigo Nunes, professor de filosofia e autor do livro *Do transe à vertigem: ensaios sobre bolsonarismo e um mundo em transição*, explica o resultado da intervenção estatal:

A opção por imprimir dinheiro, com a ideia de que o mercado financeiro iria emprestá-lo para reativar a economia real, na verdade serviu apenas para aquecer uma grande inflação de ativos financeiros, e a característica desse tipo de inflação é que, ao contrário da inflação de preços, ela deixa as pessoas que possuem ativos, ações e títulos mais ricas. Portanto, isso levou a um aumento da desigualdade, porque a grande fronteira da desigualdade hoje está entre quem possui ativos financeiros e quem depende exclusivamente da renda do trabalho, que é cada vez mais deprimida.

Simone Deos completa a explicação, reforçando a questão do tratamento diferenciado dado ao topo e à base da pirâmide social:

Colocaram dinheiro, recursos públicos, em balanços privados de instituições financeiras bancárias e não bancárias para que esses balanços pudessem ser saneados. Por outro lado, a maior parcela da sociedade, duramente atingida, não foi beneficiada por recursos públicos. Os empregos gerados na recuperação tinham um novo padrão de desigualdade. Muitos deles foram gerados numa base de baixos salários. E os poucos empregos de cargos altos mantiveram seus salários muito altos. Tudo isso foi configurando um padrão de sociedade desigual. E gerando uma série de revoltas.

O socorro promovido pelos governos excluiu quem dependia unicamente do dinheiro do próprio trabalho. Depois que a crise arrefeceu, a vida dessas pessoas não voltou aos patamares anteriores à Grande Recessão — nome dado ao período do colapso financeiro de 2008. O resultado foi o aumento da desigualdade interna nos países mais fortemente atingidos pela crise, especialmente os países desenvolvidos.

PROMESSA LIBERALIZANTE

Um ciclo se quebrou nas nações desenvolvidas do Ocidente com a crise financeira de 2008. Junto com esse ciclo, também se quebrou uma promessa. Marcos Nobre, professor de filosofia e autor do livro *Limites da democracia: de junho de 2013 ao governo Bolsonaro*, diz que "a democracia, depois da Segunda Guerra Mundial, basicamente na segunda metade do século 20, onde ela se estabeleceu, veio junto com a promessa de que a geração seguinte iria sempre viver melhor do que a geração presente. O filho iria sempre viver melhor que o pai".

Rodrigo Nunes lembra que a promessa de uma vida melhor surgida durante o pós-guerra, com o Estado de bem-estar social — um modelo de organização econômica em que o Estado é um forte indutor do desenvolvimento —, foi reiterada pelo modelo econômico que veio logo depois:

> A ascensão do neoliberalismo, se pensarmos historicamente lá atrás, no final dos anos 1970, na Inglaterra e nos Estados Unidos, e mais tarde, nos anos 1990, em lugares como a América Latina e o Leste Europeu, sempre se dá em meio a promessas de abundância, de meritocracia, de reconhecimento do mérito e do esforço, ideias de dinamismo econômico contínuo, por oposição ao que teria sido a inviabilidade de longo prazo do projeto do Estado de bem-estar social.

O conceito de neoliberalismo é amplo e complexo. Trata-se de um termo em disputa, cuja definição passa longe de ser consensual. Em 2016, economistas do Fundo Monetário Internacional (FMI) publicaram um artigo[3] em que diziam ter identificado os aspectos centrais do modelo. Segundo eles, o neoliberalismo se dá em governos que adotam medidas para reduzir o tamanho do Estado, com privatizações e limitação dos gastos públicos. Ao mesmo tempo, desregulamentam e abrem os mercados para aumentar a concorrência.

Há quem veja o neoliberalismo como algo mais amplo, que pode ser entendido como uma filosofia que ultrapassa o espectro econômico. A cientista política Wendy Brown, da Universidade da Califórnia em Berkeley, acredita que o conceito vai além da redução da participação do governo na economia e da desregulamentação, tratando-se na verdade da imposição de uma lógica de mercado sobre todas as esferas da vida. Segundo a teórica, a "razão neoliberal" estaria transformando o significado político das ações cotidianas num significado econômico, impondo uma lógica de "empreendedorização" a todos os aspectos da vida.

Há acadêmicos que defendem, por outro lado, que o termo seja abandonado. Bill Dunn, que se dedica à economia política na Universidade de Sydney, na Austrália, afirma, por exemplo, que o conceito de neoliberalismo é tão amplo que acaba se tornando algo totalmente vago. Para ele, o significado político do termo é mínimo, compondo apenas o vocabulário de uma parcela da esquerda. Já setores da esquerda ressaltam: um neoliberal se caracteriza, de saída, por não admitir que é neoliberal.

Para além do debate lexical, existem fatos comprováveis acerca do que se chama de neoliberalismo: boa parte do mundo ocidental seguiu, com mais ou menos intensidade, essa receita descrita pelos economistas do FMI, a partir do exemplo de dois personagens centrais da segunda metade do século 20: Margaret Thatcher, primeira-ministra britânica de 1979 a 1990, e Ronald Reagan, presidente dos Estados Unidos de 1981 a 1989.

Thatcher era do Partido Conservador britânico, e Reagan, do Partido Republicano dos Estados Unidos. Esse "casamento político" — termo usado pela imprensa da época — influenciou uma série de países a seguir os rumos da desregulamentação do mercado financeiro e da redução da força do Estado na economia, desenhando o ambiente de globalização irrefreável dos anos 1990, de um mundo já sem o Muro de Berlim, sem a Cortina de Ferro e sem a União Soviética, dissolvida em 1991. O mundo influenciado por eles virou um lugar de finanças e indústria globalizadas, com um processo produtivo quebrado em vários pedaços, com cada pedaço sendo fabricado num lugar, de automação crescente. Segundo Marcos Nobre, a promessa de prosperidade contínua entre as gerações que veio junto com esse modelo "se quebrou" em 2008.

DESENVOLVIMENTO E DESIGUALDADE

Há quem veja um progresso contínuo da humanidade, independentemente das crises econômicas agudas. Steven Pinker, psicólogo, linguista e professor da Universidade Harvard, afirma que o mundo vive um novo Iluminismo, estando mais saudável, próspero, pacífico e democrático. Esse pensamento faz sentido se levarmos em consideração uma perspectiva ampla da história da humanidade, se compararmos a situação atual com a Idade Média, por exemplo. Mas é óbvio que crises agudas deixam marcas socioeconômicas e impactam os rumos da política.

Não há como fugir do fato de que um mal-estar se instalou no mundo ocidental depois da crise de 2008. Não só ficou claro que a promessa de progresso contínuo não seria cumprida como a questão da desigualdade de renda interna nos países ficou cada vez mais evidente, ainda que não tenha se apresentado de maneira uniforme no globo. Existem nuances para as quais é preciso atentar. Vejamos o exemplo da China. O gigante da Ásia tirou milhões da pobreza com seu crescimento em ritmo acelerado na primeira década do século 21, o que ajudou a impulsionar outros países em desenvolvimento.

O boom econômico chinês criou um ciclo de valorização das commodities. Isto é, mercadorias que podem ser negociadas globalmente numa mesma categoria: minérios metálicos, grãos, algodão, açúcar, madeira, carne, petróleo, entre outros. Países da América Latina acompanharam esse boom por meio de um superciclo de commodities, vendendo-as para o mundo a partir da valorização impulsionada pela demanda chinesa. Nesse período, o Brasil se deu bem. O economista Samuel Pessôa comenta o quadro daquela virada de década: "Tivemos uma queda da pobreza e até uma queda da desigualdade do mundo em termos gerais. Mas dentro de cada país a desigualdade aumentou muito. Principalmente nos países do hemisfério norte".

Aqui vale explicar a diferença entre pobreza e desigualdade. Um país pode ser pobre sem ser desigual, desde que haja uma distribuição de renda mais equânime entre a população. E um país pode ser rico e desigual, como quando as classes sociais ficam muito distantes umas das outras. A respeito desse segundo caso, Samuel Pessôa cita a questão da mão de obra:

Com a globalização e a fragmentação do processo produtivo, além das consequências da revolução tecnológica, a força de trabalho de empresas pertencentes aos países desenvolvidos passou a estar presente em países em desenvolvimento, onde costuma ser mais barata. Esse processo, associado a um terceiro fator, chamado de "The Winner-Take-All Society", que em tradução livre é "a sociedade em que o vencedor ganha tudo", culmina no aumento da disparidade entre as classes.

Pessôa completa seu raciocínio com uma comparação entre craques do futebol que atuaram em tempos diferentes:

Um exemplo que sempre gosto de dar ajuda a explicar a piora da desigualdade no topo: o caso Neymar e Pelé (1940-2022). Neymar é muito mais rico que Pelé. Não é porque Neymar joga melhor que Pelé. Muito pelo contrário. Mas por que Neymar fez muito mais dinheiro que Pelé? Porque, na época de Pelé, quem via Pelé era quem comprava ingresso e ia à Vila Belmiro ou ao Pacaembu. A cada quatro anos, tinha uma Copa. Hoje, o mundo para para ver Neymar jogar. Agora, se o mundo para a fim de ver Neymar jogar, o salário dele explode, e o salário dos jogadores de futebol de terceira divisão, que há quarenta anos não era tão ruim, hoje é zero, porque ninguém se interessa pela terceira divisão. Porque, em vez de ver a terceira divisão, você vê Neymar.

A lógica de Neymar versus Pelé é, segundo o economista, a mesma lógica monopolista das empresas chamadas *big techs*:

Desde jogo de futebol até Uber, Google, Apple... Vale para tudo! A gente foi para um mundo em que a escala, pela mudança tecnológica, subiu muito. Hoje um executivo comanda um banco cuja quantidade de recursos geridos é imensa, e ele tem um bônus gigantesco. Há cem anos, você não tinha computador, você não tinha internet. Um executivo conseguia liderar ou comandar uma parcela de renda muito menor. Isso vale para o setor financeiro, mas vale também para as multinacionais. Então, isso gerou esse fenômeno do aumento explosivo da remuneração dos CEOs.

As transformações ocorreram na parte de cima da pirâmide social, com as remunerações milionárias dos CEOs, e também na base. O mundo do trabalho passou por uma forte transformação, que foi além da fragmentação do processo produtivo. A informalidade cresceu impulsionada pela chamada economia *gig* num ambiente de "bicos mal remunerados, inseguros e fragmentados", conforme a descrição da historiadora Joana Salém.[4]

Além de a desigualdade ser uma relação social que passa pela questão econômica, ela também é impactada pelas questões de gênero, raça e crença. Ela implica desvantagem, com ou sem privação, cria frustrações e leva à quebra de promessas. Se a desigualdade alimenta a pobreza e a privação de direitos, se prejudica a existência de uma pessoa, o problema é grave. E, embora estejamos falando da piora do cenário mundial pós-2008, "há trabalhos acadêmicos muito sérios e muito bem fundamentados, sobretudo o trabalho dirigido por Thomas Piketty,[5] que apontam para um aumento constante da desigualdade econômica desde a metade da década de 1970", diz o professor de filosofia Rodrigo Nunes.

Segundo o FMI e o Banco Mundial, a partir do fim da Segunda Guerra Mundial houve cinco recessões globais, que são caracterizadas por queda no PIB mundial per capita e queda de produção industrial, nível de emprego, fluxos de capital, consumo de petróleo e comércio internacional. A primeira aconteceu em 1975, após o primeiro choque do petróleo.[6] Aí veio a recessão global de 1982, sob reflexos do segundo choque do petróleo[7] e num momento de juros altos nos Estados Unidos e de crise de dívida na América Latina.[8] A Guerra do Golfo, somada à desintegração do bloco comunista soviético, em 1991, levou a mais uma recessão global. Depois, foram duas outras: a Grande Recessão da crise financeira de 2008, que derrubou as economias no ano seguinte, e o freio de 2020, ocasionado pela pandemia de Covid-19, cujas consequências também foram sentidas nos anos posteriores.

Assim, ao olhar em perspectiva, o mundo vem vivendo momentos de expansão e retração desde meados dos anos 1970, quando o chamado modelo neoliberal começou a influenciar as economias dos países. Em todos esses momentos a desigualdade está presente. A economista Laura Karpuska resume o saldo da relação entre capital e trabalho:

Tivemos, sim, um aumento do progresso, mas ele não foi repartido com todos igualmente. Existem algumas teorias sobre por que isso aconteceu. Uma delas diz respeito a novas tecnologias, que facilitaram o aumento do grau de monopolização das empresas, e, com uma economia mais monopolizada, observamos empresas que foram mais bem-sucedidas, que ficaram no mercado, que sobraram, conseguindo se apropriar mais dos excedentes dos trabalhadores. Essa é uma das teorias bem aceitas na economia hoje. É uma situação que, com as crises, acaba de fato gerando de forma muito óbvia um grupo de pessoas vencedoras e um grupo de pessoas perdedoras.

Laura Karpuska reforça a questão da lógica monopolista que acompanha o avanço tecnológico. E chama atenção para um ponto essencial nessa discussão: quando não se encaminham soluções para contemplar as pessoas perdedoras, o descontentamento vira força social. Mas quem são as pessoas perdedoras? São aquelas impactadas pela desigualdade de renda e direitos, as que sofrem com sérias privações, com a falta de acesso a serviços básicos, como transporte, saúde e educação. São cidadãos que não conseguem emprego ou que, quando conseguem, mal têm condições de pagar as contas. E são também aqueles que deixam de ter o celular da última geração — que deixam de ser os consumidores que imaginaram algum dia ser.

OCIDENTE EM EBULIÇÃO

A precariedade da situação gerada pela crise financeira de 2008 — especialmente nos países desenvolvidos — e o saldo envolvendo quem venceu e quem perdeu viraram força social, que passou a ser usada politicamente. Daí é possível começar a desenhar as ebulições que o mundo viveu no início da segunda década do século 21. Mathias Alencastro, professor de relações internacionais, liga os pontos e explica como a moderação, representada pela centro-direita e pela centro-esquerda hegemônicas politicamente naquele período, foi empurrada para baixo:

A relação entre a crise financeira e a crise democrática está amplamente estabelecida por dois fatores principais. O primeiro foi um choque geracional muito forte, em que uma parte da população europeia mais jovem se viu expulsa do mercado de trabalho de forma quase permanente. É o caso da Espanha, onde uma parte da população a partir de 2008 não conseguiu se inserir no mercado de trabalho e se tornou indefinidamente precária. O segundo foi o choque que esse movimento financeiro teve nos partidos tradicionais, porque tanto a centro-direita como a centro-esquerda, a partir dos anos 1990, concordaram numa certa lógica de mercado e numa certa confiança nas instituições financeiras. E, uma vez que essa confiança foi quebrada, esses partidos perderam seu repertório retórico e ficaram vulneráveis a opiniões críticas, algumas construtivas e algumas perfeitamente demagógicas.

Na Espanha, o movimento dos Indignados tomou as ruas em maio de 2011 questionando os partidos tradicionais, pedindo mais representatividade política, além de um aprofundamento da democracia. Sobre o episódio, o professor de filosofia Rodrigo Nunes afirma:

Quando os Indignados espanhóis vão para as ruas dizendo *no nos representan*, eles estão falando tanto da direita e da centro-direita quanto da centro-esquerda. Eles direcionavam a crítica àquilo que seria todo o espectro da política possível, num sistema praticamente bipartidário, como era até então o sistema espanhol. Quer dizer, eles estavam dizendo: toda a classe política, seja ela nominalmente de direita, seja nominalmente de esquerda, serve aos mesmos interesses, que são no final das contas os interesses das grandes corporações e os interesses do capital financeiro.

O economista Michael França explica como essa desigualdade política interage com a desigualdade econômica:

> Um ponto importante é entender a associação da desigualdade socioeconômica com a desigualdade política e, depois, mais uma vez a desigualdade socioeconômica. Basicamente, a gente tem um ciclo vicioso que se retroalimenta ao longo do tempo. Se você tem uma desigualdade socioeconômica, setores dessa sociedade tendem a capturar o sistema político.

Esse ciclo fechado, em que as desigualdades econômica e política se retroalimentam, está na base de demandas por melhorias materiais e sociais, assim como demandas por mais representação, por uma nova maneira de influenciar a política e de fazer política. As manifestações de rua do início da segunda década do século 21 não tinham, por exemplo, lideranças muito claras. Havia ali uma "horizontalidade", que vinha dos movimentos antiglobalização de dez anos antes. Isso não ocorreu só na Espanha, com os Indignados, mas também nos Estados Unidos, com o Occupy Wall Street, um movimento iniciado igualmente em 2011 que denunciava as desigualdades a partir de uma crítica forte ao 1% mais rico do país — grupo beneficiado pelas políticas de governo que socorreram grandes instituições financeiras pós-colapso de 2008. O movimento cruzou fronteiras e chegou a outras metrópoles mundiais.

Na América do Sul, ainda no mesmo ano de 2011, os chilenos foram às ruas protestar contra o sistema de ensino do país. Rodrigo Nunes lembra que esses movimentos, no geral, encontraram uma resistência muito forte e tiveram impasses internos que inviabilizaram a realização de sua agenda. Muitos deles foram incorporados pela política tradicional. Parte dos Indignados da Espanha criou o partido Podemos. Na América Latina, Gabriel Boric, um dos líderes manifestantes do Chile, tornou-se presidente do país sul-americano em 2022. Outros movimentos ou líderes — predominantemente de esquerda naquele início de década — perderam relevância.

PRIMAVERA ÁRABE

O ano de 2011 também foi marcado por manifestações no Oriente Médio e no Norte da África, num movimento batizado de Primavera Árabe. Apesar de aqueles países não terem conexão direta com a crise financeira global do Ocidente, havia internamente questões econômicas e sociais que impulsionavam um desejo de mudança, diante da frustração com as ditaduras locais. Assim como no Ocidente, as redes sociais foram determinantes para a mobilização popular, como lembra Marcos Nobre:

> Do ponto de vista de quem estava vivendo numa ditadura, a exposição a formas democráticas de vida, por causa das redes, tornou-se muito maior. E a troca de informações, muito mais rápida. As pessoas começaram a ver que era possível não viver sob uma ditadura. Claro que todo mundo sempre acha isso, recebe essa informação. Mas é diferente ter acesso ao que chega por um vídeo do YouTube. É muito diferente a experiência disso, e é uma oportunidade. Quando você tem forças democratizantes num lugar que é autoritário, a crise econômica é um momento, como foi no Brasil no final da década de 1970,[9] para fazer avançar a

democracia. Esse tipo de revolta aconteceu em vários lugares do mundo. Aconteceu tanto em ditaduras como em democracias. Nas democracias, aconteceu naquelas lideradas tanto por partidos de esquerda como por partidos de direita.

O professor de relações internacionais Mathias Alencastro fala mais sobre a dinâmica da Primavera Árabe e suas diferenças para a ebulição que também acontecia no Ocidente:

A Primavera Árabe é, primeiro, o descongelamento de uma região que estava sendo controlada por regimes instalados nos anos 1970 que não haviam sido reformados depois do final da União Soviética e desabaram por uma lógica de podridão institucional. Ela obedeceu a uma lógica econômica diferente, que não era tanto uma lógica financeira, mas uma lógica de recursos, de matéria-prima, de bens alimentares, de dificuldades sociais que foram se ampliando, se cristalizando e tornando essas sociedades insustentáveis. Acho que é uma crise que obviamente dialoga com uma grande crise global e faz parte dela, mas que tem motores próprios.

A onda de manifestações da Primavera Árabe pôs fim ao mandato de ditadores longevos, mas os resultados foram diferentes nos países em que as revoltas eclodiram. A Tunísia, onde tudo começou, inaugurou um ciclo inédito de democracia, pelo menos em seus primeiros anos — o modelo autocrático voltaria em 2021. Já o Egito deu lugar a novas formas de opressão muito rapidamente. Na Líbia, a morte de Muammar Gaddafi abriu um vácuo de poder, e o país afundou no caos. Na Síria, a pressão popular evoluiu para um movimento armado contra o governo do presidente Bashar al-Assad. Ali, as manifestações acabaram em guerra civil, intensificando fluxos migratórios para outros países da região e para a Europa.

Algo também acontecia naquele momento no Leste Europeu, nos países que tinham vivido sob influência comunista mais direta até o colapso da União Soviética, em 1991. A Hungria, por exemplo, que havia se virado para o Ocidente com a derrubada da Cortina de Ferro e passado a integrar a União Europeia a partir de 2004, levou Viktor Orbán de volta ao poder no fim daquela década, num momento em que o político, que já tinha sido primeiro-ministro antes, tinha adotado um discurso de extrema direita. Mathias Alencastro vê algo singular na ascensão desse líder:

> Orbán nascera em uma Hungria pós-imperial, pós-soviética, e ele, muito habilmente, instrumentalizou a aversão dos húngaros à dominação contra a União Europeia, contra as instituições europeias, e se consolidou como uma liderança iliberal muito bem construída, muito bem arquitetada e única dentro do espaço europeu.

Segundo Rodrigo Nunes, o movimento iliberal viria a emergir logo em seguida no Ocidente:

> Na segunda metade da década, de maneira clara a partir de 2016, a energia antissistêmica se juntou a uma espécie de reação negativa aos movimentos que tinham despertado no início da década, um instinto reativo, um certo medo de parcelas da sociedade que foi apropriado, de maneira muito eficiente, pela extrema direita. E aí vimos, numa sequência muito rápida, o Brexit e a vitória de Trump.

BREXIT E DONALD TRUMP

O Brexit, acrônimo de *"British exit"*, saída britânica, foi uma decisão tomada em 2016 pela população do Reino Unido, por meio de um plebiscito, a fim de que o país deixasse a União Europeia. Não fazia sentido econômico, dadas as íntimas relações comerciais do bloco, mas para a maioria dos cidadãos britânicos fazia sentido político.

Na sequência, do outro lado do Atlântico, Donald Trump, um magnata midiático, virou presidente dos Estados Unidos, sucedendo o primeiro presidente americano negro, Barack Obama. Há inúmeras características em comum nessas votações populares. A principal é a influência das tecnologias emergentes, que criaram uma nova arena de debate público: as redes sociais que já haviam sido determinantes para o Occupy Wall Street, para os Indignados e para a Primavera Árabe, entre outros movimentos. Tal qual o rádio no início do século 20, a massificação do uso das redes sociais, especialmente o Facebook, naquele ano de 2016, impulsionou figuras antes alijadas da disputa de poder. As ideias outsiders e antissistema do Brexit, assim como os políticos outsiders e antissistema como Trump, ganharam espaço.

Laura Karpuska vê nesses dois acontecimentos históricos — Brexit e vitória de Trump — um momento de fortalecimento do populismo global, algo que também aconteceu após a massificação do rádio. A economista diz que os políticos emergentes responderam de uma forma mais competente à quebra de expectativas de progresso contínuo e à frustração que isso gerou nas pessoas:

As crises econômicas de alguma forma podem explicar a ciência do populismo, porque elas vão um pouco além da questão da piora na condição de vida das pessoas. A piora da condição de vida das pessoas, que acontece com a crise, é também uma quebra nas expectativas. As pessoas se sentem frustradas quanto ao que elas esperavam que aconteceria. E, a partir de então, a frustração faz com que possa existir um descontentamento com o establishment político, e isso aumenta a demanda por candidatos populistas. O que é muito curioso nessa nova onda populista é que os perdedores não demandaram o que seria o usualmente esperado. Se eu tenho menos renda ou se eu perdi meu emprego, seria usual esperar que houvesse demanda por um Estado de bem-estar social, um aumento de transferências, que seriam bandeiras mais tradicionalmente defendidas pela esquerda da política. O intrigante é que observamos, na verdade, um renascimento populista ligado a questões mais identitárias e ideológicas. Os economistas têm algumas teorias para explicar isso. Uma delas tem a ver com as pessoas ficarem mais propensas ao risco num momento de crise. Uma outra teoria, que não é excludente, é que quando sofremos perdas, ficamos mais coesos no nosso próprio grupo social.

A coesão de grupos, segundo Mathias Alencastro, ficou bem mais fácil com a revolução digital deste início de século 21. Foi uma revolução que mexeu no comportamento social e no comportamento político:

> A digitalização da política, isto é, a entrada das redes sociais como um instrumento de organização política, transformou as democracias liberais. Houve uma crise de corpos políticos tradicionais — os partidos, os sindicatos, as instituições da sociedade civil —, abalados não apenas pelas redes sociais, mas também por uma mudança profunda no trabalho, no universo do trabalho dentro das sociedades industrializadas. Existe uma combinação de fatores estruturais de transformação do capitalismo: financeirização do capitalismo, transferência de renda para os países emergentes e desindustrialização, que abalou as estruturas das democracias liberais. E essa fragilidade foi explorada por novos políticos, oportunisticamente, através das redes sociais. Se pudéssemos fazer um enredo do que aconteceu nos últimos trinta anos, seria aproximadamente esse.

Uma pergunta recorrente no meio político é como os Estados Unidos, maior potência do mundo, que cresceu sobre as bases institucionais dos Founding Fathers,[10] elegeram Donald Trump, uma figura de extrema direita com notórios impulsos anti-institucionais.

A crise do modelo liberalizante faz parte da resposta, assim como a derrocada centrista, com seus representantes políticos que vendiam moderação e entregavam desigualdade. O sucesso e a institucionalização de movimentos de extrema direita como o Tea Party é outro fator que entra na conta. Além disso, Trump conseguiu controlar o Partido Republicano, algo central num país em que a disputa de poder é bipartidária. A ação de estrategistas como Steve Bannon — chefe de campanha de Trump em 2016 —, que soube explorar nas redes sociais sentimentos antes só latentes, também é relevante. O recrutamento de jovens na comunidade *gamer* entra ainda nesse jogo.

Todos esses são fenômenos acumulados que, segundo a economista Simone Deos, transbordam a ideia de que tudo se explica apenas pela economia:

> Quando olhamos para essa sociedade reagindo, para essa sociedade se movimentando e, muitas vezes, para esses grupos sociais se movimentando numa direção que é, por exemplo, de desvalorização da própria democracia, será que estamos lidando apenas com questões econômicas? Será que são apenas frustrações do ponto de vista da melhoria da vida material que explicam esses contramovimentos da sociedade? Eu penso que não. Os grupos sociais reagem porque para nós, seres humanos, várias outras questões são muito importantes: questões religiosas, étnicas, de comportamento e de valores morais. Todas essas questões existem e soldam uma sociedade. E, quando uma determinada sociedade, um determinado grupo, se vê atingido nos seus fundamentos, ele tende a reagir.

Esse argumento sobre os demais fatores envolvidos na adoção de um ponto de vista de extrema direita que Simone Deos levanta também é alvo de Rodrigo Nunes. Ele volta mais no tempo no caso específico dos Estados Unidos em busca da construção do discurso moral do Partido Republicano diante de seu rival, o Partido Democrata:

> No momento em que o Partido Democrata abraçou o movimento dos direitos civis nos anos 1960 e, portanto, conquistou o apoio das parcelas mais progressistas e o voto da população negra nos Estados Unidos, o Partido Republicano se voltou às pessoas brancas do Sul, área historicamente mais pobre, com pessoas que se sentiam abandonadas por causa do fim do sistema de segregação racial no qual cresceram. A partir dos anos 1980, essa mesma estratégia foi usada, com a entrada da direita cristã, católica e, sobretudo, evangélica. "Ah, vamos pegar a preocupação dessas pessoas com a revolução sexual, com a contracultura etc. e vamos dizer que há uma resposta para esses problemas — embora não respondamos necessariamente aos problemas materiais econômicos que essa população cristã enfrenta." Tudo isso acabou funcionando para criar a base social do governo Reagan, que implementou as reformas neoliberais nos Estados Unidos. Isso gerou um bloco que tem servido ao Partido Republicano desde então: usar a carta dos valores morais, da cultura, das chamadas guerras culturais, em favor de uma política que promete à sua base social atacar a questão moral sem se comprometer em atacar as questões materiais que preocupam essa parcela da população.

Desde a vitória de Trump, vários livros foram escritos sobre as ameaças à democracia, dizendo que ela não seria mais derrubada por golpes claros, com militares nas ruas, e sim por uma corrosão interna institucional. O cientista político americano Steven Levitsky, coautor do livro *Como as democracias morrem*, lembra que a morte da democracia pode ocorrer ainda com eleições, ainda com um Congresso em funcionamento, ainda com uma Constituição. O cientista político inglês David Runciman, autor de *Como a democracia chega ao fim*, diz que a eleição de Trump nos Estados Unidos ocorreu num clima político superaquecido, "fraturado por intolerância entre as partes, alimentado por acusações insensatas e bravatas virtuais, um diálogo em que ninguém se escuta e todos se afogam na balbúrdia". Um clima criado com o declínio do poder americano diante de uma economia chinesa cada vez mais forte, com a frustração geracional, com a hipercomunicação das redes sociais e com o avanço de uma intolerância extrema, ilustrada por episódios inacreditáveis como a marcha de centenas de pessoas empunhando tochas, fazendo saudações nazistas e atacando imigrantes, homossexuais, negros e judeus em Charlottesville, cidade do estado da Virgínia, no sudeste dos Estados Unidos, em agosto de 2017.

Trump não conseguiu consolidar seu poder ao ser derrotado pelo democrata Joe Biden em 2020, uma prova de que não há determinismo na história — durante todo o tempo, os rumos dos acontecimentos estão em disputa. Segundo Mathias Alencastro, a pandemia de Covid-19, iniciada em março daquele ano, foi determinante para barrar a reeleição. Isso porque os Estados Unidos, sob o trumpismo, reagiram muito mal à crise sanitária global, transformando-se no país onde mais morreu gente no mundo em decorrência da doença. Foi uma disputa eleitoral apertada. E o professor de relações internacionais Alencastro acha que o resultado poderia ser outro: "A eleição de Biden foi circunstancial por causa da pandemia. Trump teria sido reeleito com facilidade sem a pandemia".

O trumpismo segue firme mesmo fora da presidência, com todas as suas teorias da conspiração e seus fatos alternativos, com toda a agressividade de quem não aceitou a derrota eleitoral e ainda por cima incentivou a invasão do Congresso americano por apoiadores — episódio que acabou em mortes em 6 de janeiro de 2021, num dos momentos mais críticos da democracia americana.

A disputa continuou nas ruas, nas redes, nos tribunais, mesmo com Trump fora da Casa Branca. Em junho de 2022, a Suprema Corte americana, reconfigurada a partir de indicações do ex-presidente, derrubou, por exemplo, o direito ao aborto no país, revertendo uma conquista obtida cinco décadas antes.

A ideia de que líderes da extrema direita são apenas um tropeço, um desvio consertável, faz cada vez menos sentido. Por enquanto, esses líderes seguem sendo mais competentes em dar respostas simples para problemas complexos. Respostas que muitas vezes ficam longe da realidade, com discursos que dão vazão a teorias da conspiração amalucadas, mas que ainda ecoam em parte significativa da população, frustrada com as soluções que foram entregues a ela até agora.

Nenhum direito conquistado após anos de experiência democrática está garantido. Não custa repetir que a política é uma disputa constante. Uma disputa superaquecida neste início de século 21, como disse David Runciman. Uma disputa em meio a desafios globais urgentes, como as mudanças climáticas. Uma disputa que pode mudar o rumo das coisas a qualquer momento. Basta que as condições estejam dadas, como lembra a escritora canadense Margaret Atwood na introdução de *O conto da aia*.

A MAROLINHA QUE PRECEDE O TSUNAMI

Em 4 de outubro de 2008, o presidente Luiz Inácio Lula da Silva estava em seu berço político, no Grande ABC, quando foi questionado sobre a crise financeira iniciada semanas antes nos Estados Unidos. Ele disse o seguinte: "Lá, ela é um tsunami. Aqui, se ela chegar, vai chegar uma marolinha".

O Brasil fecharia aquele ano com um crescimento do Produto Interno Bruto na casa dos 5%. No ano seguinte, em meio à recessão global, o país teria uma queda pequena do PIB. E já em 2010 a economia atingiria um crescimento anual de 7%.

O país e boa parte da América Latina foram favorecidos pelo superciclo das commodities, que não se rompeu imediatamente após a crise global. Mathias Alencastro lembra que "há um entendimento, mais ou menos consensual, de que a alta de preço do petróleo e de minérios no começo dos anos 2000 criou condições para uma certa paz social na região".

Outro fator que amenizou os efeitos da crise financeira no Brasil foi a própria atitude do governo Lula, que agiu estimulando o crédito e o consumo para que a economia se recuperasse por meio do mercado interno. Isso deu certo, lembra Simone Deos:

> O governo brasileiro, à época, escolheu como uma das suas principais ferramentas de atuação os seus grandes bancos públicos, o Banco Nacional de Desenvolvimento Econômico e Social (BNDES), o Banco do Brasil e a Caixa Econômica Federal. E foi uma operação muito bem-sucedida.

Com medidas governamentais exitosas e o impulso do superciclo das commodities, o país vivia um momento importante de conquistas sociais: a miséria e a pobreza brasileiras diminuíam de forma considerável a partir de uma sequência de políticas públicas, como os programas de distribuição de renda, Bolsa Família à frente. O salário mínimo tinha ganhos ampliados e uma nova classe média surgia. Havia um forte otimismo no ar, com a escolha do país para sediar a Copa do Mundo e, em seguida, a Olimpíada.

Porta-voz do governo Lula nos primeiros anos de mandato do petista, o cientista político André Singer afirma que o Brasil conseguiu experimentar aquele período de estabilidade econômica e política devido ao resultado do que ele chama de "lulismo":

> O lulismo aparece como uma forma de reformismo que busca combater a pobreza sem confrontar o capital. Dessa forma, o lulismo tem chance de adquirir estabilidade na sua proposta reformista, mas ao mesmo tempo é o que se poderia chamar de reformismo fraco, ou seja, um reformismo que caminha muito lento justamente para que não haja instabilidade política a partir de um confronto com o capital.

André Singer considera "lulismo" o período que vai do primeiro ano de mandato do petista, em 2003, até o último ano do primeiro mandato da sucessora, Dilma Rousseff, em 2014. Ele exclui o segundo mandato de Dilma, iniciado em 2015 e encerrado pelo impeachment em 2016, por considerar aquele momento atípico:

> À medida que o lulismo foi capaz de exercer continuamente três mandatos ao longo de doze anos à frente do Executivo federal, esse conjunto de medidas, voltado sobretudo para o combate à pobreza, teve um efeito cumulativo bem importante. Cada uma das medidas de per si talvez não tivesse o impacto que elas acabaram tendo ao longo de doze anos. Dou três exemplos: a criação do Bolsa Família, que permitiu a mais de 14 milhões de famílias terem acesso a uma renda que antes não tinham; o crédito consignado, que permitiu a milhões de brasileiros terem acesso a um consumo que antes

não tinham; e a elevação real do salário mínimo em cerca de 70% contabilizados ao longo de doze anos.

São várias as visões a respeito daquele bom momento. Samuel Pessôa, por exemplo, afirma que as bases para que isso ocorresse foram construídas no período entre 1995, no começo do governo Fernando Henrique Cardoso, e 2005, terceiro ano do governo Lula. Nessa época, segundo ele, havia mais ou menos uma mesma concepção quanto ao papel do Estado na promoção do desenvolvimento econômico: um viés mais liberal. "Chamo, inclusive, esse período de 'período Malocci', que é a mistura de Pedro Malan com Antonio Palocci", diz Pessôa, referindo-se aos dois ministros da Fazenda: Malan, de FHC, e Palocci, de Lula. Para o economista, a substituição desse modelo pelo viés desenvolvimentista — ou "intervencionista", em suas palavras —, adotado com a chegada de Guido Mantega ao Ministério da Fazenda em 2006, daria início à derrocada econômica do país.

Assim como as explicações para o bom momento nacional, os olhares a respeito do que exatamente aconteceu com o Brasil para que a estabilidade econômica e política fosse perdida na década seguinte são múltiplos. A economista Simone Deos, por exemplo, afirma que o desenvolvimentismo adotado por Mantega em 2006 e aprofundado dois anos depois para enfrentar os efeitos da crise financeira mundial desagradou a elite econômica, que passou a pressionar o governo petista:

> Essa crescente participação do Estado na economia, das empresas estatais, dos bancos estatais, nesse caldo de cultura neoliberal, que se reafirmava de certa forma paradoxalmente após a crise de 2008, acabou contribuindo para mais instabilidade na política brasileira.

Enquanto o remédio para lidar com o crash de 2008 era debatido entre economistas, Lula batia sucessivos recordes de popularidade. A crise do Mensalão, escândalo de corrupção que veio à tona em 2005, parecia superada politicamente. Não havia oposição nas ruas, à exceção de pequenos focos como o "Cansei", do empresário João Doria e da atriz Regina Duarte. No Congresso, a base de apoio funcionava, apesar de derrotas pontuais, como na derrubada da Contribuição Provisória sobre Movimentação Financeira (CPMF), o "imposto do cheque", que tirou 40 bilhões de reais dos cofres do governo em 2008, ano da crise financeira global.

Lula contava com um amplo arranjo político que, segundo o professor de filosofia Marcos Nobre, foi sendo construído e repetido no período pós-redemocratização. Um arranjo que ele chama de pemedebismo. A referência da nomenclatura é ao Partido do Movimento Democrático Brasileiro (PMDB), hoje MDB, um partido que foi por muito tempo uma das maiores potências do Congresso. Vale ressaltar que o pemedebismo não se resume ao PMDB, ele envolve muitos outros partidos. É um arranjo de adesão ao governo, seja ele qual for, com a criação de supercoalizões em que a oposição de fato acaba sendo exercida dentro da própria base aliada.

Segundo Marcos Nobre, esse arranjo ajuda a explicar o surgimento de inquietações sociais para além dos conflitos já bastante evidentes sobre os rumos da economia:

> Esse tipo de arranjo do pemedebismo, com supermaiorias, supercoalizões, impede mudanças profundas e rápidas. As mudanças são lentas e superficiais, tanto no combate às desigualdades como na própria democratização da democracia — ou seja, na democratização das instituições democráticas. Esse tipo de arranjo trava as mudanças porque, para que elas ocorram, todo

mundo precisa ir junto. E quando todo mundo precisa ir junto, você vai devagar.

Apesar do ritmo vagaroso, o Brasil registrava avanços sociais na virada da década de 2000 para a década de 2010. Mesmo sem transformações profundas. Mesmo com um reformismo fraco. Mesmo num modelo de ganha-ganha em que ricos ficavam muito mais ricos e pobres ficavam um pouco menos pobres. Mas essa era uma situação sustentável?

Que grito foi esse?

Populações de diversos países tomaram as ruas em 2011. As manifestações eclodiram do Ocidente ao Oriente Médio. No Brasil, o levante popular de dois anos depois deixou imprensa, governos e partidos completamente desnorteados, expondo um establishment despreparado para lidar com a situação que emergia. Antigas respostas mostraram-se insuficientes para aplacar as demandas naquele novíssimo momento nacional.

Uma energia diferente surgiu em 2013. Uma energia que veio tanto da esquerda quanto da direita e que transbordou para as ruas quando o país parecia ir bem. Um grito de várias vozes por mais acesso a serviços públicos, por mais representatividade política. Um grito que depois ganhou múltiplos tons.

Longe de uma explicação fácil de causa e consequência para o que veio depois, sociólogos, cientistas políticos, ativistas e jornalistas ainda tentam decifrar que grito foi esse.

Mobilizações como Occupy Wall Street, Indignados e Primavera Árabe tiveram seus contextos particulares. Mas elas tinham alguns pontos em comum: busca por mais igualdade econômica e por mais representatividade política. Em resumo, os atos foram um grito contra o poder constituído, contra um establishment que parecia não atender mais às demandas de uma população inquieta.

As manifestações nas várias partes do planeta vinham acompanhadas de uma nova dinâmica digital, em que a comunicação em rede e o uso do celular ampliavam as possibilidades de se organizar e davam protagonismo a uma nova geração, espalhando um sentimento de que estar ali era fazer parte de um momento histórico. Ir para a rua se tornou urgente. E esse espírito do tempo também tomou o Brasil.

Sim, o mundo já tinha vivido outros ciclos de mobilização popular. Só que naquele início da década de 2010 havia novos elementos em jogo: novas mensagens, novos meios. Alguns sinais já apareciam nas ruas brasileiras, inclusive, antes de junho de 2013, momento-chave para o país.

Um episódio ocorrido em abril de 2011 é bastante revelador do que viria a ocorrer nos anos seguintes. Usando as redes sociais como forma de mobilização, um grupo neofascista foi à avenida Paulista dar apoio ao deputado Jair Bolsonaro, à época presença recorrente em programas de variedades na TV por causa dos absurdos que costumava dizer em público. Com o grito de guerra "fora, kit gay", o grupo extremista reproduzia desinformação sob o vão do Museu de Arte de São Paulo (Masp). Do outro lado de um cordão policial, representantes dos movimentos LGBTQIAP+, feminista, negro, além de anarquistas, faziam um contraponto ao defender direitos que vinham ganhando mais visibilidade no debate público, mas ainda eram institucionalizados a conta-gotas. Eram movimentos sociais alinhados à esquerda, mas que questionavam os governos, inclusive a administração federal do Partido dos Trabalhadores (PT), partido que tinha passado oito anos no comando do

Brasil com Luiz Inácio Lula da Silva e estava então num novo mandato com a presidente Dilma Rousseff.

O cordão policial que separava o grupo neofascista do grupo que defendia direitos das minorias era, já naquele momento, uma prévia de uma divisão nacional que ficaria escancarada anos depois — uma divisão permeada por falsas equivalências.

Em maio de 2011, um mês depois daquele encontro no vão do Masp, a Marcha da Maconha, que anualmente pede a legalização da droga, foi fortemente reprimida pela Polícia Militar ali na mesma avenida Paulista. Na época, a marcha tinha sido proibida pela Justiça, numa tendência de tribunais por todo o país. Foi preciso que o Supremo Tribunal Federal (STF), corte máxima brasileira, garantisse a realização dela numa decisão de junho do mesmo ano. Numa nova mobilização realizada naquele mês, a Marcha da Maconha virou Marcha da Liberdade.

O primeiro semestre de 2011 viu também manifestações inusitadas, como o "churrascão da gente diferenciada", uma ironia surgida no Facebook por causa da resistência dos moradores de Higienópolis, bairro rico de São Paulo, à construção de uma estação de metrô nos arredores. Esses moradores temiam que a ampliação do acesso ao transporte público na região fosse atrair "gente diferenciada", numa referência a pessoas com renda mais baixa. A ironia do Facebook virou um protesto em clima de festa bem-humorada, que reuniu centenas de pessoas.

As redes sociais mostravam que o engajamento poderia ser mais que apenas virtual. Algo estava sendo gestado naqueles primeiros atos do início da década. A socióloga Angela Alonso, coautora do documentário *Junho 2013: o começo do avesso*, lembra de dois movimentos estrangeiros que considera importantes para o que estava prestes a acontecer no Brasil, anteriores ao Occupy Wall Street, aos Indignados e à Primavera Árabe. Movimentos que vieram dar inspiração para a direita e para a esquerda não institucionalizadas brasileiras — ou seja, grupos que faziam política fora das estruturas formais como partidos e sindicatos.

Como influência para a direita, Angela Alonso destaca o Tea Party, que surgiu nos Estados Unidos após a chegada de Barack Obama à Casa Branca, em 2009. O nome do grupo ultraconservador faz referência à Festa do Chá de Boston do fim do século 18, quando colonos ingleses na América protestaram contra os impostos do governo britânico, num evento determinante para a independência americana:

> Foi uma reação não só a uma vitória do Partido Democrata, mas à vitória de um negro. Não foi tão explícita assim a agenda antirracial, mas teve também esse componente, assim como um nacionalismo muito exacerbado. O próprio nome, Tea Party, tem uma agenda antitaxação. Você teve símbolos religiosos, símbolos nacionalistas e o antipoliticamente correto.

Como influência para a esquerda, a socióloga destaca os movimentos antiglobalização de Seattle dos anos 1990. Foi nos protestos durante um encontro da Organização Mundial do Comércio (OMC) na cidade americana no fim daquela década que a tática *black bloc* se internacionalizou. E também despertou uma reação policial muito forte, algo que viria depois a se repetir no Brasil.

Existe todo um rol de expressões e conceitos em torno das manifestações do início da década de 2010. Os *black blocs*, que tomaram as manchetes da imprensa brasileira em 2013, usam uma tática para defender manifestantes diante de forças policiais. Eles também fazem ataques a prédios considerados símbolos do capitalismo, como os bancos. Outro termo comum que perpassa a discussão desse período é o movimento autonomista, cuja ação política passa ao largo de sindicatos e dos partidos políticos. Ouviu-se muito falar também em horizontalidade de organização, em que cada participante de um movimento tem seu protagonismo, sem lideranças definidas. Há ainda eventos especialmente importantes para os novos movimentos de esquerda, como o Fórum Social Mundial em Porto Alegre.

Mayara Vivian, ativista que já teve forte atuação no Movimento Passe Livre (MPL), destaca a importância do Fórum na formação dos movimentos autonomistas brasileiros:

> Eu comecei no MPL desde antes da sua fundação, que foi em 2005, no Fórum Social Mundial, em Porto Alegre. Sempre estudei em escola pública e, junto com outras pessoas que estudavam em escola pública e que sentiam um grande descontentamento com as possibilidades de atuação que estavam colocadas naquele momento, decidimos nos organizar de maneira autônoma.

O MPL é um movimento que, como diz o nome, defende a gratuidade do transporte público. Um movimento que se organizou em torno dessa pauta e que costuma promover mobilizações contra aumentos de passagem. Em junho de 2013, o grupo se tornaria o pivô das maiores manifestações de rua do Brasil desde os "caras-pintadas" do impeachment de Fernando Collor de Mello. Manifestações essas que chamariam atenção não apenas pelo volume de pessoas, mas também pelo turbilhão que provocariam na política nacional.

PASSO A PASSO DE JUNHO

As manifestações de 2013 contra o aumento de tarifas de ônibus no Brasil começaram em Porto Alegre e passaram por Natal e Goiânia. Aos poucos, os protestos foram se avolumando em São Paulo e também no Rio de Janeiro, além de outras cidades.

O preço do bilhete aumentava num momento em que a inflação no país começava a se elevar. Em São Paulo, o prefeito Fernando Haddad, do PT, responsável pelo sistema de ônibus, e o governador Geraldo Alckmin, do Partido da Social Democracia Brasileira (PSDB), responsável pelo sistema de trens e metrô, estavam em Paris no início de junho. Da França, Alckmin disse que interromper o trânsito em vias importantes era "caso de polícia", referindo-se aos protestos do MPL. Havia também duras críticas aos *black blocs*, que quebravam vidraças de bancos e na imprensa eram chamados de vândalos. De volta, Haddad disse que não iria dialogar numa situação de violência. Também ao retornar, Alckmin chamou os manifestantes de "baderneiros". Os dois pareciam irredutíveis quanto ao aumento de vinte centavos adotado nas passagens de São Paulo.

Havia muitas pessoas se manifestando pacificamente, mas o tom geral, das autoridades e da imprensa, era de crítica ao MPL, aos bloqueios de vias públicas, à ação dos *black blocs* e aos grupos que jogavam paus e pedras numa PM que usava bombas de gás e balas de borracha. Cenas de um policial sendo agredido por manifestantes no centro paulistano deixaram o clima ainda mais tenso a partir de 11 de junho, uma terça-feira. Na TV Globo, o comentarista Arnaldo Jabor (1940-2022) resumiu o tom geral da imprensa com relação aos manifestantes ao dizer o seguinte: "Eles são a caricatura violenta da caricatura de um socialismo dos anos 1950 que a velha esquerda ainda defende aqui. Realmente, esses revoltosos de classe média não valem nem vinte centavos".

Na manhã de quinta-feira, 13 de junho de 2013, os jornais pediram basta. Na *Folha de S.Paulo*, o editorial começava com o seguinte parágrafo: "Oito policiais militares e um número desconhecido de manifestantes feridos, 87 ônibus danificados,

100 mil reais de prejuízos em estações de metrô e milhões de paulistanos reféns do trânsito. Eis o saldo do terceiro protesto do MPL, que se vangloria de parar São Paulo — e chega perto demais de consegui-lo".

Já *O Estado de S. Paulo* dizia o seguinte em seu editorial: "Os baderneiros que promovem os protestos ultrapassaram todos os limites e, daqui para a frente, ou as autoridades determinam que a polícia aja com maior rigor do que vem fazendo ou a capital paulista ficará entregue à desordem, o que é inaceitável".

Na tarde daquela quinta-feira houve mais um protesto. Em meio a um clima tenso, um oficial da PM que acompanhava a movimentação deu uma entrevista à imprensa dizendo que os manifestantes — cuja liderança ele dizia não saber quem era e tampouco querer saber — tinham descumprido um acordo para encerrar o ato na praça Roosevelt, na região central de São Paulo. Em tom de ameaça, o policial afirmou: "espero que não haja confronto". Pouco depois dessa declaração, a polícia partiu para cima dos manifestantes. Usou bombas e balas de borracha numa intensidade ainda maior do que vinha fazendo nos atos anteriores. O protesto estava na rua da Consolação, tentando chegar à avenida Paulista, quando foi reprimido.

Foi um dia marcado pela violência policial em larga escala. Dezenas de pessoas ficaram feridas, entre elas jornalistas que cobriam a manifestação. O fotógrafo Sérgio Silva foi atingido por uma bala de borracha da PM e ficou cego do olho esquerdo. Cerca de duzentas pessoas foram detidas. Alckmin disse que iria apurar os abusos policiais, mas nem ele nem Haddad cederam quanto ao preço das passagens.

O jornalista Bruno Torturra acompanhou de perto o que aconteceu em junho de 2013, fazendo pela Mídia Ninja uma cobertura num modelo totalmente novo, com longas transmissões ao vivo sobre o que ocorria na rua. Ele chama atenção para aquele momento específico de recrudescimento da violência policial em São Paulo:

> Foi nesses dias, entre a quinta-feira e a segunda-feira, que a imprensa e as redes sociais entraram em um conflito muito sério. E uma energia difusa entrou nas redes falando: "vamos para a rua, não sabemos bem o que vai acontecer, mas tem alguma coisa sendo cozida aqui".

Torturra cita o conflito entre a imprensa tradicional e as redes sociais, um conflito de visões. Há um exemplo bem ilustrativo: na sexta-feira, um dia depois de a PM ter sido extremamente violenta, a manchete do *Estadão* era a seguinte: "Paulistano fica 'refém' de bombas em novo confronto". Ou seja, o foco da publicação estava nos infortúnios das pessoas que tentavam voltar para casa na hora do rush. Enquanto isso, nas redes sociais, o clima era de que o país vivia um momento histórico.

Alguns jornais perceberam mais rapidamente o que estava acontecendo. Outros perceberam só depois. No sábado, dia 15 de junho de 2013, manifestantes foram para a porta do estádio Mané Garrincha, em Brasília, protestar no palco da abertura da Copa das Confederações, evento de preparação para a Copa do Mundo que ocorreria no ano seguinte. Do lado de dentro do estádio, a presidente Dilma Rousseff foi vaiada pelo público quando teve o nome anunciado no sistema de som junto ao de Joseph Blatter, presidente da Federação Internacional de Futebol (Fifa), que organiza o torneio para o qual o Brasil tinha construído ou reformado doze estádios ao custo de bilhões.

A abordagem da imprensa tradicional com relação às manifestações mudou naqueles dias. Arnaldo Jabor fez até mea--culpa: "Outro dia eu errei. Sim. Errei na avaliação do primeiro dia das manifestações contra o aumento das passagens em São

Paulo. Falei na TV sobre o que me pareceu um bando de irresponsáveis fazendo provocações por causa de vinte centavos. Era muito mais que isso".

Na segunda-feira, 17 de junho, dia desse comentário de Jabor na rádio CBN, as ruas ficaram repletas de gente. Cerca de 65 mil pessoas[1] se reuniram no largo da Batata, Zona Oeste paulistana. O comando da PM paulista proibiu o uso de balas de borracha pelos policiais. Um novo público apareceu para protestar. Agora não mais apenas contra o aumento de vinte centavos na passagem de ônibus. Apareceu para protestar contra a violência policial; para reivindicar "hospitais padrão Fifa"; para protestar contra a corrupção; para protestar contra tudo e contra todos. Um novo slogan colou: "não são só vinte centavos". Bruno Torturra lembra da pluralidade da manifestação:

> Estava a direita, estavam desavisados, estava anarquista, estava comunista, estava punk, a classe média, tinha reacionário, tinha a bandeira do Brasil, saudosista da ditadura militar, família. E, se você olhasse as placas das pessoas, os cartazes das pessoas — e por isso a imprensa não entendia —, qual era a demanda? Não era demanda. Era uma *timeline*. Cada um foi com o seu post na mão.

Essa fusão entre a vida analógica e digital transbordada para as ruas permitiu que junho de 2013 tivesse tamanha magnitude, segundo Torturra: "A entrada do perfil, da personalidade digital do cidadão como protagonista de articulação política, de discurso político e de auto-organização, foi o raio de um céu que não era azul. Essa foi a grande novidade".

Aquela segunda-feira de manifestações, 17 de junho de 2013, foi um ponto de virada. Foi um dia que produziu cenas históricas, como aquela em que manifestantes subiram na marquise onde ficam as cúpulas do Congresso, as duas conchas, uma virada para baixo, outra para cima. A iluminação do local projetava sombras gigantes sobre o parlamento brasileiro. Havia ali uma metáfora forte: o povo assombrando a classe política.

DAS PASSAGENS À PEC 37

As ruas tiveram vitórias: a redução dos preços das tarifas veio em cascata. Porto Alegre, Cuiabá, Recife e João Pessoa baixaram o valor. Rio de Janeiro, Aracaju e Belo Horizonte também. Até São Paulo, que se mostrava extremamente resistente, cedeu.

No dia 20 de junho, mais uma quinta-feira, o número de pessoas nas ruas do Brasil cresceu ainda mais, com protestos em 130 cidades. Em São Paulo, 110 mil manifestantes[2] foram para a avenida Paulista. Curitiba também reduziu o preço das passagens. A presidente da República cancelou uma viagem internacional que estava programada e foi à TV fazer um pronunciamento nacional dizendo que os protestos tinham trazido "importantes lições". Dilma ressaltou que as pautas das ruas tinham virado "prioridade nacional" e propôs um pacto aos governadores. Prometeu melhorar serviços públicos. Recebeu representantes do MPL em Brasília. E também colocou na praça uma proposta que não agradou em nada ao Congresso: a presidente falou em criar uma Assembleia Constituinte a fim de trabalhar exclusivamente numa reforma do sistema político. Sob pressão dos parlamentares, logo abandonou a ideia.

Além da redução do preço das passagens de ônibus, algumas outras demandas que apareciam nos cartazes de junho de 2013 foram de fato atendidas. Uma delas era a derrubada da Proposta de Emenda à Constituição (PEC) 37, uma proposta em tramitação no Congresso que tentava impedir promotores e procuradores de abrir investigações próprias, deixando a função exclusivamente nas mãos da polícia. A PEC 37 era vista como uma ameaça ao combate à corrupção no país. O próprio Ministério Público trabalhou para colocar o assunto nas ruas, algo que sinalizava, já ali naquele momento, uma busca por protagonismo no debate político, como destaca Angela Alonso:

> Promotores e procuradores foram muito hábeis em perceber que algumas das suas próprias agendas poderiam se tornar slogans de rua. O caso mais emblemático é a PEC 37, que aparece na agenda como uma reivindicação corporativa de uma categoria, que é o Ministério Público, e depois rapidamente se torna um cartaz de rua, como uma espécie de símbolo de quem deveria fazer o combate à corrupção.

A Câmara dos Deputados atendeu à reivindicação e arquivou a proposta. O Congresso também aprovou a nova Lei de Organizações Criminosas na esteira das manifestações de 2013, uma legislação que criou novos parâmetros para as chamadas delações premiadas, usadas de forma intensa pela Operação Lava Jato a partir do ano seguinte.

MOTIVOS DA VIRADA NA IMPRENSA

Mayara Vivian, do MPL, descreve um mal-estar que foi se criando com o desenrolar das manifestações, com uma crítica especial ao papel da imprensa:

> O MPL estava na rua chamando para barrar a tarifa de transporte público, barrar o aumento de tarifa, pautar a tarifa zero na sociedade e construir uma lógica anticapitalista de cidade que tem no

transporte público uma ferramenta essencial. Era essa a pauta. Quando as pessoas vão para a rua com cartaz de tomada de três pinos e com pautas completamente aleatórias — eu vi este cartaz: "pelo fim da tomada de três pinos" —, já é resultado de uma leitura midiática que quer desvirtuar as pautas concretas dos movimentos. E não só do MPL, mas também dos movimentos do campo democrático progressista. Não era carnaval. Não era micareta. Essa não era nossa estratégia.

Bruno Torturra vê a presença maior de um público de classe média nas manifestações como um dos motivos da virada no tom da cobertura da mídia tradicional. E aponta outros motivos:

Muita gente viu as manifestações como uma oportunidade de fragilizar o governo Dilma. Achou um viés novo, forte, com muita energia em campo para responsabilizar o governo por essa insatisfação popular ampla. Houve uma virada na cobertura da imprensa, mas a essência se manteve, que era a seguinte: algumas coisas podem, outras não. Autonomistas não podem. *Black blocs* não podem. Os *black blocs*, durante meses, aliás, foram tratados como uma Al Qaeda no Brasil.

A violência policial contra os manifestantes em São Paulo é apontada de maneira recorrente como um dos motivos da mudança de tom da imprensa. A socióloga Angela Alonso cita esse fator e reforça a ideia de que a correção de rota na cobertura veio por influência das redes sociais, que estavam contando outra história nas transmissões ao vivo da rua por celular:

As mídias tradicionais tiveram que correr atrás das redes sociais, inclusive do ponto de vista das linguagens, da dificuldade de cobrir em tempo real com o mesmo dinamismo e do charme de um certo amadorismo, que na época se propagou. Se você for ver agora aqueles vídeos ao vivo, eles são muito monótonos, horas cobrindo uma manifestação em que acontece sistematicamente a mesma coisa. Mas quando aconteceu havia um clima nervoso que difundiu aquilo.

Na época, o jornalista Reinaldo Azevedo tinha um blog no site da revista *Veja*. Depois da mudança de abordagem da imprensa tradicional, a revista publicou capas em tom favorável "à revolta dos jovens", como chamou as manifestações. Disse ainda que os protestos tinham mudado o Brasil. O jornalista, porém, não mudou de tom. Continuou um forte crítico de 2013:

Qual era o *malaise*, qual era o mal-estar? Bom, teria de perguntar para aquela gente. O que eu sei é que em 2013, por exemplo, a renda do trabalho estava no topo do Brasil. O desemprego, numa leitura muito ampliada, chegava no máximo a 7%. Sim, a crise já havia começado, erros de operação de política econômica já começavam a cobrar seu preço, mas não haviam ainda chegado ao povo. O tal do socialismo da catraca, de 2013, teve um preço gigantesco, porque abriu as comportas. Os governos ficaram atarantados, Dilma ficou, Haddad ficou, Alckmin ficou, independia de partido, porque nem sequer dava para saber direito o que era que se queria.

Reinaldo Azevedo afirma ver em 2013 uma quebra de institucionalidade que, diante da conivência dos governos, viria a se repetir futuramente no país. Ele é crítico também da mudança de atitude da imprensa em relação às manifestações:

Dilma tentou um pacto com os governadores, mas insisto: pacto para atender a que pauta de reivindicação? Eu me lembro de um epíteto para Maio de 1968: "os assaltantes do céu". Tinha gente ali que se sentia assaltante do céu. E tiveram, sim, infelizmente, o apoio e a compreensão da imprensa, inclusive com atos violentos. Amigos meus, gente que eu conheço, acabou escrevendo coisas simpáticas àquela balbúrdia antidemocrática, fascistoide, perigosa, que deu na porcaria que deu. O meu juízo sobre 2013 é o pior possível, não mudei uma vírgula. A rigor, eu fiquei ainda mais severo com toda aquela porcaria. Eu me lembro de conhecidos de direita que me diziam: "Ah, Reinaldo, deixa para lá, quem está se danando é a Dilma". Eu dizia: "Não, quem está se danando são as instituições". E estavam e se danaram. Deu no que deu.

DA ESQUERDA À DIREITA

Muitos pesquisadores se debruçam sobre junho de 2013 a fim de tentar entender os aspectos que criaram as condições para uma revolta popular daquela magnitude. A inflação estava subindo, mas o desemprego era baixo. O número de famílias endividadas crescia, mas a inadimplência continuava estável. Ao mesmo tempo, o país caminhava para sair do mapa da fome.

Para Angela Alonso, a chegada do PT ao poder em 2003, dez anos antes das manifestações de junho, é central nesse debate. Ela destaca a agenda de distribuição de renda do governo Lula. Relembra a tentativa oficial de incorporar a pauta de parte dos movimentos sociais. E cita a ascensão no debate público tanto de questões de moral privada, como o direito da mulher sobre o próprio corpo, como quanto de moral pública, como a pauta da corrupção.

Segundo a socióloga, com a chegada de Dilma Rousseff à presidência em 2011, novos "temperos" foram acrescentados ao caldo de conflitos nacionais. A instalação da Comissão da Verdade, para investigar crimes da ditadura militar (1964-85), criou uma forte indisposição com as Forças Armadas, desagradando também a grupos sociais autoritários. Na direita autointitulada liberal, novos institutos, novos *think tanks*, novos movimentos foram se fortalecendo.

O julgamento do Mensalão em 2012 — em que nomes históricos do PT foram condenados por compra de votos no Congresso — também teve sua contribuição ao reforçar o discurso anticorrupção e elevar juízes à condição de super-heróis. Angela Alonso vê uma pressão de todos os lados:

> O fato é que o PT enfrentou duas oposições: a oposição à sua direita, que tinha movimentos liberais, conservadores e autoritários, mas também a oposição à sua esquerda, que tinha movimentos neossocialistas, como o Movimento dos Trabalhadores Sem Teto (MTST) e os movimentos da nova onda antiglobalização, que são os movimentos autonomistas, uma recuperação do anarquismo. Essas duas oposições cresceram ao longo dos governos petistas. E o governo ficou "ensanduichado".

A imagem de "ensanduichamento" é interessante porque abarca os vários públicos insatisfeitos com um governo que, logo em seu começo, apostou na moderação, ou seja, exatamente num caminho do meio. Para a socióloga, apesar das divergências ideológicas acentuadas, havia ao menos um ponto de convergência entre a esquerda e a direita extrainstitucionais que se mobilizavam em 2013:

> Eram grupos muito diferentes, com agendas diferentes, com maneiras diferentes de fazer política de rua e que se encontraram nas ruas ao mesmo tempo. A única pauta comum era o antipetismo. Eles eram todos críticos do governo do PT, mas por razões muito diferentes e em direções diferentes.

Marcos Nobre aponta para uma força mais ampla no sentido antiestablishment, não necessariamente antipetista:

As novas esquerdas eram contra a esquerda estabelecida. As novas direitas eram contra a direita estabelecida. Então estava se armando ali, na base da sociedade, uma espécie de auto-organização à esquerda e à direita que preparou junho de 2013.

Ele afirma ainda que as manifestações daquele início de década teriam provavelmente acontecido mesmo que a eleição presidencial anterior, de 2010, tivesse sido vencida pelo tucano José Serra, e não por Dilma: "O que se estava demandando não era uma coisa contra o PT, a favor do PSDB, mas simplesmente uma reação do sistema político em se abrir para a sociedade, em se autorreformar", diz o professor de filosofia. O que estava em jogo, segundo Marcos Nobre, era como a classe política responderia às ruas, para além dos projetos pontuais aprovados ou arquivados no Congresso. Será que havia de fato uma disposição para reformar o sistema? Não havia. E não houve.

As manifestações continuaram ao longo de 2014. O cinegrafista Santiago Andrade, da TV Bandeirantes, morreu durante um protesto no Rio de Janeiro. Ele foi atingido por um rojão disparado por manifestantes, num episódio trágico.

Enquanto isso, em Curitiba, em março de 2014, uma força-tarefa de procuradores da República, junto com a Polícia Federal, deflagrava a Operação Lava Jato, apontando uma série de suspeitas de corrupção na Petrobras, maior estatal brasileira. A base de atuação do Ministério Público, já livre da PEC 37, era a nova Lei de Organizações Criminosas, aprovada no ano anterior como resposta do Congresso às manifestações de rua.

Veio a Copa do Mundo no Brasil. Mais protestos foram realizados. Dilma não só foi vaiada, como também xingada na abertura do torneio. A Seleção perdeu em campo por 7 a 1 da Alemanha na semifinal. E, apesar de todo o desgaste, a primeira mulher a ser eleita presidente do Brasil foi reeleita naquele ano. A disputa foi apertadíssima e expôs um país polarizado. O adversário derrotado, Aécio Neves, do PSDB, pediu uma auditoria nas urnas eletrônicas com base em boatos de internet.

Em clima de instabilidade, o segundo mandato de Dilma mal tinha começado quando as ruas voltaram a encher. Mais que isso: o número de manifestantes era bem maior — cerca de 210 mil pessoas[3] foram à avenida Paulista em 15 de março de 2015.

RUA VERDE E AMARELA

Existem analistas políticos que buscam achar o chamado "ovo da serpente", momento em que algo irrefreável é gestado. Mas muitos também alertam para o risco da falácia de construir uma lógica torta baseada em *post hoc ergo propter hoc*, ou "depois disso, logo, por causa disso".

Mayara Vivian rechaça a ideia de que junho de 2013 acabou estimulando a direita antipetista.

Há setores da sociedade que estão muito mais preocupados em culpar os movimentos sociais mais radicalizados pelo ascenso da direita do que em construir uma esquerda forte, um movimento progressista forte, que busque uma sociedade igualitária.

Marcos Nobre afirma que o caráter antissistema presente nos ciclos globais de protestos da primeira metade da década de 2010 não determinou previamente o resultado de prevalência da direita ou da extrema direita:

> As pessoas que fazem uma ligação direta entre junho de 2013 e a eleição de Jair Bolsonaro em 2018 esquecem que, entre junho e Bolsonaro, existiu uma eleição em 2014, que a Lava Jato só realmente tomou corpo em 2015 e que esse processo teve um sistema político que se blindou contra a sociedade. As pessoas esquecem isso na hora que fazem essa ligação direta. Então, temos que dizer: "Olha, de 2013 até 2014 existe um passo. De 2014 até 2015, o outro passo. De 2015 até 2018, um outro momento". Não são passos causais. As coisas vão se encaminhando numa determinada direção, mas essa direção não estava dada anteriormente. É dada pela ação ou pela omissão dos agentes políticos.

A esquerda que estava nas ruas em 2013, uma esquerda não institucionalizada, opositora até do governo do PT, não teve força nem capacidade para se tornar protagonista da disputa política, segundo o professor de filosofia. Já a direita não institucionalizada, dos autointitulados liberais aos autoritários, notou nas manifestações de rua uma oportunidade de confrontar diretamente o sistema político.

"Houve um esvaziamento dos movimentos mais de esquerda, mais progressistas, tanto da esquerda clássica como dos movimentos mais novos, mais horizontais, e um empoderamento dos grupos mais à direita", afirma a socióloga Esther Solano, que esteve nas ruas nas jornadas de junho e também nos grandes protestos que viriam depois.

Em 2015, primeiro ano do segundo mandato de Dilma, Solano notou que a presidente da República era o alvo principal de um público majoritariamente branco, vestido com a camiseta da seleção brasileira de futebol e exibindo as cores verde e amarela. Uma manifestante que foi à avenida Paulista em março daquele ano deu um breve depoimento à revista *Época* que resume o clima dos protestos: "A gente não votou na Dilma, mas até a classe mais simples — apesar de ela falar que é coisa de elite — está revoltada. Eu tenho funcionários meus que estão aqui hoje".

Esther Solano aponta três camadas de motivação na nova onda de mobilizações de rua em 2015. A primeira, que ela chama de mais superficial, é a insatisfação com o governo diante de uma crise econômica já escancarada. A segunda, de acordo com a socióloga, passa pela questão de classe, por uma espécie de mal-estar de grupos de renda mais alta com a ascensão social dos mais pobres. A socióloga afirma que os protestos tinham um clima patriarcal e heteronormativo, além de um discurso "fundamentalmente anti-igualitário". A terceira camada, herdada de 2013, era o caráter antissistema.

No comando das convocações, operando as mobilizações de rua, estavam grupos da nova direita, como Movimento Brasil Livre (MBL), Vem Pra Rua e Revoltados Online. O interessante dos nomes desses grupos é que todos eles se apropriaram de alguma forma da simbologia de junho de 2013. O MBL surge como corruptela do MPL. O Vem Pra Rua pegou para si um apelo recorrente nos protestos anteriores. E o Revoltados Online, que reunia uma extrema direita explicitamente mais nervosa, pôs a digitalização do processo de organização política no próprio nome.

As manifestações de 2015 se caracterizaram sobretudo por uma coordenação bem articulada. Angela Alonso chama atenção para esse aspecto:

Esse campo patriota [dos protestos verde-amarelos] foi muito bem-organizado do ponto de vista logístico. Se você for olhar desde lá atrás, eles foram muito ágeis no uso das mídias eletrônicas. Muitos dos ativistas desse universo vieram da computação, propaganda e marketing e publicidade. São pessoas que sabem fazer esse tipo de divulgação, não é uma coisa amadorística.

O empresário Rogério Chequer, que foi líder do movimento Vem Pra Rua naquele início de segundo mandato de Dilma — e posteriormente deixou o grupo —, aponta para o que fez, segundo ele, as ruas ficarem cheias tão rapidamente em 2015:

> Houve uma organização consistente e contínua dessas manifestações e desses movimentos. O Vem Pra Rua tinha um time altamente competente de profissionais liberais, executivos, empresários, donas de casa, não importava o que as pessoas faziam, mas eram pessoas extremamente competentes, que estavam dedicando dezenas, se não centenas, de horas das suas vidas a cada semana, a cada mês, para uma causa.

Chequer acrescenta um segundo motivo para o sucesso das manifestações verde-amarelas: a ampla insatisfação com o governo.

> Quando as pessoas descobriram que havia mais gente pensando como elas, dispostas a se reunir, quando elas chegaram nas ruas, quando viram milhares e milhões de outras pessoas, as pessoas começaram a acreditar que era possível, através de um povo organizado, conseguir implementar demandas junto aos detentores de poder.

O empresário nega uma motivação essencialmente antipetista. E diz que o Vem Pra Rua lutava por "um Estado mais eficiente", um Estado que usasse os recursos para oferecer "melhores serviços à população", que defendesse a independência de poderes, "a livre manifestação de vontades e a liberdade de expressão".

MULHERES, ESTUDANTES E O "BOM MILITANTE"

Em 2015, houve uma predominância de manifestações da direita em termos de volume de pessoas, especialmente na avenida Paulista. Mas a esquerda também se mobilizou. Não em defesa do governo Dilma, mas em torno de outras pautas.

Em outubro, as ruas foram tomadas pelas mulheres em reação a um projeto de autoria do então presidente da Câmara, Eduardo Cunha, que dificultava o acesso ao aborto legal no país. Houve protestos em São Paulo, Rio de Janeiro e Recife. O movimento ficou conhecido como Primavera Feminista, ou Primavera das Mulheres.

Também no final daquele ano, estudantes secundaristas ocuparam mais de duzentos colégios em São Paulo para protestar contra a reorganização do ensino no estado, que previa o fechamento de escolas. Mayara Vivian fala sobre o período:

Muitos de nós não se encaixaram no conceito de bom militante que a imprensa construiu em 2013. Acho que foi um conceito fundamental, essa divisão entre o vândalo e o bom manifestante. Foi a chave para a direita conseguir se apropriar desses processos.

O aspecto do "bom militante" citado pela ativista aparecia em 2015 também na boa relação de quem ia para a rua com a polícia. Os PMs não estavam ali apenas para garantir a segurança das pessoas, mas também para tirar fotos com manifestantes entusiasmados com um militarismo que já começava a se popularizar. Bruno Torturra destaca outro aspecto dos protestos verde-amarelos:

A direita tinha uma vantagem. Tinha uma tela em branco. Podia criar novas formas de manifestação. E a forma que ela criou é muito mais inclusiva e, ouso dizer, muito mais divertida que as de esquerda. E isso fez com que a rua, para esses caras, se tornasse algo excitante.

O jornalista fala aqui sobre a diferença das manifestações da esquerda e da direita:

A esquerda marcha. Quando você marcha, você olha as costas do seu companheiro. A direita não marcha. Eles marcam na Paulista e na Paulista eles ficam. Aí o que que vira? Vira um parque. E eram as manifestações mais seguras do Brasil. Porque a polícia fazia escolta, montava estande para fazerem selfie com o público. Era um passeio de família. Os grupos [antes apenas no ambiente digital] se organizaram como pequenos coletivos que iam às manifestações se encontrar finalmente. Porque as pessoas não se conheciam, elas eram perfis. Aí a Paulista virou o quê? Um ponto de encontro.

O "bom militante", portanto, vestia camisa verde-amarela, tirava selfie com a PM e vivia uma experiência segura e chancelada não só pela polícia. Ele tinha ainda outros suportes: a simpatia de parte significativa da imprensa e o estímulo das operações sequenciais da Lava Jato, que quase diariamente cumpria mandados de busca e apreensão, efetuava prisões e levantava novas suspeitas de corrupção contra um governo que já balançava.

PROTESTOS BEM ALIMENTADOS

Decisões da Justiça e também do Congresso alimentavam o agito das ruas naquele fim de 2015. A prisão do petista Delcídio do Amaral, que era líder do governo no Senado, e um pedido de impeachment aceito por Eduardo Cunha, presidente da Câmara, agravaram a situação de Dilma Rousseff.

Os primeiros meses de 2016 foram de mais protestos, com a bandeira do impeachment de Dilma como carro-chefe, num caldo de insatisfação resumido aqui por Esther Solano:

> Você tinha uma insatisfação com a crise econômica, um estopim que acelerou as coisas. Você tinha uma insatisfação evidente com uma condução do governo de Dilma, que não era a condução de Lula, era uma condução que gerava muito mais atrito, muito mais problema dentro do próprio maquinário de Brasília. Você tinha ainda outros elementos, como o surgimento de uma janela de oportunidade apropriada por atores da direita, como os dinamizadores dos protestos: MBL e Vem Pra Rua. E você tinha, evidentemente, a Lava Jato.

Havia mais atores dando sustentação às manifestações. A sede da Federação das Indústrias do Estado de São Paulo (Fiesp) era um ponto importante na avenida Paulista. Além de inflar um pato amarelo gigante, por causa da campanha contra impostos de empresários que diziam não querer "pagar o pato" da crise econômica, a Fiesp chegou a servir filé-mignon a pessoas pró-impeachment que acampavam ao redor de sua sede. A entidade também garantia banheiros aos manifestantes. E fazia a publicidade paga do impeachment por meio de anúncios nos jornais.

Os partidos de oposição, como o PSDB, também tentavam se aproximar dos protestos. O PMDB, que era aliado do governo Dilma, mas que depois passou a articular o impeachment para que o vice Michel Temer chegasse ao poder, também estava de olho numa aliança com os novos movimentos da direita não institucionalizada. Houve momentos de união entre os partidos tradicionais e os novos movimentos de direita.

Um áudio revelado pelo portal UOL, gravado às vésperas da grande manifestação pelo impeachment do dia 13 de março de 2016, trazia Renan Santos, um dos coordenadores nacionais do MBL, dizendo que o movimento havia fechado com PSDB, DEM, PMDB e Força Sindical "uma articulação" para que eles ajudassem a "divulgar o dia 13 usando as máquinas deles". Deputados federais de oposição a Dilma, aliás, discursaram no carro de som do MBL naquele dia.

A energia não institucionalizada dos novos movimentos de direita estava de mãos dadas com a política tradicional. E, a partir dessa união, o Brasil viu naquele 13 de março de 2016 a maior manifestação política de sua história. Milhões de pessoas saíram às ruas para pedir o impeachment de Dilma. Cerca de 500 mil pessoas[4] estiveram na avenida Paulista.

No meio da multidão, o léxico agressivo passou a ser comum. "Vamos banir os comunistas", "o PT é o partido mais corrupto da história mundial" e "Dilma é filha da puta, sim" foram algumas das frases de manifestantes captadas num vídeo feito pelo jornal *Folha de S.Paulo* nos protestos em São Paulo. Ao mesmo tempo, os limites da democracia eram atropelados em alguns carros de som, com pedidos de intervenção militar.

No mês do megaprotesto contra Dilma — reproduzido em centenas de outras cidades brasileiras —, a Lava Jato levou o ex-presidente Lula para depor à força e divulgou grampos de forma ilegal com conversas entre ele e a presidente da República. Foram ações determinadas pelo juiz Sergio Moro que ajudaram a inflamar ainda mais a oposição. Naquela altura, Moro já era tratado como super-herói nas manifestações verde-amarelas.

Dilma teve o processo de impeachment autorizado pela Câmara dos Deputados em 17 de abril de 2016, num dia em que a imagem de uma Esplanada dos Ministérios dividida ao meio por grades de ferro entrou para a história do país. De um lado, defensores do governo, a maioria de vermelho. De outro, seus opositores, a maioria de verde e amarelo. E um muro no meio para evitar conflito.

As manifestações contra o impeachment de Dilma, ou contra o golpe, como muitos diziam — e ainda dizem —, chegaram a ser volumosas em alguns momentos. Mas o jogo já estava jogado. E não só por fatores exógenos ao governo. A economia tinha entrado em recessão por motivos que incluíam erros diretos do Palácio do Planalto. A relação com o Congresso tinha derretido por falta de habilidade política da própria presidente. O impeachment foi consumado. E o PT, depois de treze anos, deixou o governo.

RESCALDO PÓS-IMPEACHMENT

Depois do impeachment, com a chegada do vice Michel Temer ao poder, partidos de esquerda, sindicatos e movimentos sociais tentaram se reorganizar. Inúmeros protestos pedindo "Fora Temer" se espalharam pelo Brasil. Os atos eram organizados pelas frentes Brasil Popular e Povo Sem Medo e tinham participação do MTST, da Central de Movimentos Populares e da Central Única dos Trabalhadores (CUT).

Os movimentos de direita também continuavam mobilizados. Em dezembro de 2016, centenas de cidades brasileiras tiveram manifestações contra a corrupção e a favor da Operação Lava Jato. Nelas, ninguém estava interessado em atacar o vice que tinha virado presidente. Tanto o MBL quanto o Vem Pra Rua, dois dos principais grupos que convocaram as manifestações, apoiavam fortemente as medidas do governo. Os alvos dos manifestantes da direita eram figuras específicas do Congresso. E o juiz Sergio Moro, da Lava Jato, era sempre comemorado nas ruas. Moro passou, inclusive, a agradecer publicamente o apoio popular que recebia.

Em maio de 2017, denúncias de corrupção atingiram Temer no caso JBS, e também o principal líder do PSDB, o senador Aécio Neves. O escândalo motivou panelaços pelos bairros de grandes cidades do país. Houve novas manifestações de rua. No fim daquele mês, sindicalistas tomaram a Esplanada dos Ministérios para protestar contra o governo e suas propostas de reforma liberalizantes. Os prédios dos ministérios foram evacuados. Muitos acabaram depredados. O presidente decretou uma Operação de Garantia da Lei e da Ordem (GLO), em que as Forças Armadas são chamadas a fazer o papel de polícia. O protesto foi duramente reprimido. O saldo foi de quase cinquenta manifestantes feridos. Oito pessoas foram presas.

No Congresso, a classe política parecia bem afinada. Havia uma tentativa de reorganização em torno do governo Temer e de sua agenda, baseada em duas medidas principais: o teto de gastos e a flexibilização das regras trabalhistas. A economia brasileira saiu da recessão — apesar de ainda estar longe de decolar. A Câmara dos Deputados barrou as denúncias criminais apresentadas contra o então presidente. O Senado, por sua vez, poupou Aécio do afastamento.

Só que a força antissistêmica, a força antiestablishment que tinha emergido anos antes, não estava totalmente dissipada. Na verdade, essa força agora ganhava novos contornos, contornos cada vez mais radicais. E isso veio à tona no fim de maio de 2018, com uma greve de caminhoneiros que parou o Brasil por dez dias. A pauta inicial dessa mobilização passava pelo aumento do preço dos combustíveis, que já era impactado pela variação internacional do barril do petróleo, numa política da Petrobras adotada no governo Temer. Mas as demandas foram além. O discurso anticorrupção passou a ser cada vez mais acompanhado de pedidos de intervenção militar.

E havia naquele início de 2018 um novo componente tecnológico. Se, em junho de 2013, as *timelines* eram instrumento de mobilização, cinco anos depois quem dava as cartas era o WhatsApp. Enquanto no Twitter e no Facebook os posts eram majoritariamente públicos, no aplicativo de mensagens ficava muito mais difícil rastrear o que acontecia. As conversas foram se propagando pelos celulares de forma difusa. Uma nova potência de comunicação surgia. Uma potência que nos meses seguintes iria se converter em apoio a Jair Bolsonaro.

Os adversários do bolsonarismo em ascensão, liderados especialmente por mulheres, ainda tentaram se mobilizar em torno do slogan "Ele não", alertando para o autoritarismo, para os ataques machistas, para as recorrentes investidas contra minorias daquele político que tinha sido capitão do Exército e passado quase trinta anos no Congresso atuando de forma inexpressiva. Mas o movimento não conseguiu parar a onda de extrema direita concretizada nas urnas em outubro de 2018. Bolsonaro se tornou o novo presidente do Brasil.

UMA RESPOSTA FÁCIL

Muitos representantes dos movimentos que atuaram pelo impeachment de Dilma se institucionalizaram nas eleições municipais de 2016 e posteriormente nas eleições nacionais de 2018 ao elegerem representantes para Câmaras Municipais, Assembleias Legislativas e Congresso Nacional. Alguns se mantiveram fiéis à extrema direita que haviam ajudado a impulsionar. Outros, com o tempo, foram se descolando do bolsonarismo.

A oposição foi às ruas já no começo do governo Bolsonaro, em 2019. Primeiro protestou contra cortes anunciados no Ministério da Educação e contra a retórica do presidente de atacar "esquerdistas" que, segundo ele, dominavam as universidades públicas, numa guerra cultural que viria a se intensificar cada vez mais.

Em 2020, o mundo entrou em estado de pandemia por causa da Covid-19. Diante do cenário de calamidade sanitária, sair às ruas não era uma opção para aqueles que ouviam os alertas dos cientistas a respeito da importância do isolamento social. Muita gente bateu panela a cada pronunciamento do presidente na TV, a cada declaração negacionista durante a tragédia que se desenhava. Bolsonaro, por sua vez, não saiu da rua em momento nenhum e incentivou aglomerações, contrariando a ciência e líderes de organizações globais. Ao mesmo tempo, iniciou uma campanha de ataques a ministros do STF.

No campo da oposição, algumas pautas se mostraram urgentes e abriram a discussão sobre voltar a se manifestar. A Coalizão Negra por Direitos começou a se mobilizar cada vez mais a fim de apontar para um genocídio negro em andamento nas periferias. Após João Pedro, um adolescente negro de 14 anos, ser morto dentro de casa pela polícia, no Complexo do Salgueiro, em São Gonçalo, no Rio, houve uma série de mobilizações, muitas virtuais e outras presenciais, nas comunidades atingidas pela violência policial. Naquele mesmo mês, em maio de 2020, nos Estados Unidos, a morte de George Floyd, um homem negro que foi sufocado na rua por policiais brancos, sob apelos de que não conseguia respirar, deu mais tração à pauta antirracista.

No fim do mês de maio, torcidas organizadas de times de futebol brasileiros se uniram para fazer manifestações em contraponto aos atos de bolsonaristas que pediam intervenção militar e atacavam o Supremo, atos que tinham a presença do próprio presidente. Chamadas antifascistas, ou antifas, essas torcidas entraram em choque com grupos de extrema direita em São Paulo e no Rio de Janeiro em 31 de maio de 2020. A polícia confrontou as torcidas e os manifestantes que as acompanhavam. Mayara Vivian estava presente: "Estávamos lá na rua em maior número que a extrema direita e tomamos um cacete da Tropa de Choque da PM. Apanhamos que nem cachorro".

O negacionismo durante a pandemia que deixava milhares de mortos e os ataques persistentes à democracia levaram a oposição diversas vezes às ruas. Partidos se organizaram em protestos pró-impeachment de Bolsonaro. Até movimentos de direita que tinham se alinhado ao bolsonarismo, como MBL e Vem Pra Rua, tentaram fazer atos contra o governo. Nada foi muito marcante. Rogério Chequer resume o que ocorreu:

> Tivemos uma aliança do governo federal com o Congresso, com o centrão, com o objetivo muito claro de que o centrão, formando maioria, não votasse o impeachment. Essa trava que foi conseguida via um acordo político logicamente acabou chegando à população, que começou a enxergar que aquilo tinha uma possibilidade muito baixa de acontecer. Isso desmotivou e naturalmente esvaziou a possibilidade de grandes movimentações.

Chequer lembra do acerto do presidente com os parlamentares do "centrão", um grupo com histórico de fisiologismo que costuma aderir a governos, sejam eles quais forem, em troca de cargos e acesso privilegiado ao Orçamento. Na rua, o grito mais estridente passou a ser do próprio Bolsonaro, que, além de menosprezar as mortes por Covid-19, falava abertamente em descumprir ordens judiciais, ameaçava melar as eleições seguintes com acusações falsas ao sistema eletrônico de votação e acelerava em duas rodas sem capacete nas suas recorrentes motociatas — passeios de moto que remetem a Benito Mussolini, líder fascista italiano dos anos 1930. Esse tipo de manifestação é traduzido aqui por Esther Solano: "A lógica das motociatas revela alguns pontos centrais da estética bolsonarista: a masculinidade, a ideia do homem empoderado, a ideia central do macho".

A recorrente ausência do capacete revelava um presidente que, ao não cumprir as leis de trânsito, reforçava uma imagem de outsider mesmo tendo absorvido em seu governo o que havia de mais tradicional da classe política. Bolsonaro se agarrava assim à ideia antissistêmica, antiestablishment. Uma ideia que havia se expandido pelo mundo no início da década de 2010, com reflexos no grande levante popular brasileiro de 2013. Um levante para o qual a resposta mais fácil, mais inteligível, acabou vindo não da classe política, e sim de parte dos integrantes do Ministério Público e da Justiça.

Segundo essa resposta de fácil entendimento, o problema principal do Brasil era a corrupção. Mais do que uma operação, a Lava Jato apareceu assim como uma plataforma política. Uma plataforma com uma agenda legislativa fortemente abraçada pelos movimentos de direita e extrema direita. Mas essa resposta lavajatista, simples e direta, era mesmo a resposta correta? Quais os limites da Justiça ao tentar acabar com a impunidade e, assim, responder a parte dos anseios que apareciam no grito das ruas? E, afinal, que grito foi esse mesmo?

A torto e a direito

A Justiça virou protagonista na condução dos rumos do país. Ministros do Supremo e juízes começaram a ser vistos como super-heróis enquanto a deterioração da legitimidade da classe política avançava a passos largos. A toga parecia dar uma resposta às ruas, que tinham entrado em ebulição nos primeiros anos da década de 2010.

Quais foram as condições que levaram boa parte da população a enxergar nos tribunais uma saída possível para o imbróglio nacional? Por que se optou por uma saída em que a punição era a prioridade, numa tentativa de passar o país a limpo pela via judicial, mesmo com processos conduzidos a torto e a direito?

Numa segunda-feira, 17 de março de 2014, cerca de quatrocentos policiais federais, em quase vinte cidades do país, de seis estados e do Distrito Federal, cumpriram 81 mandados de busca e apreensão, dezoito ordens de prisão preventiva, dez de prisão temporária e dezenove de condução coercitiva.

A Lava Jato finalmente estava nas ruas. Batizada assim por causa do envolvimento de uma rede de postos de gasolina num esquema de lavagem de dinheiro, a operação era resultado de investigações que tinham começado ainda em 2008, num inquérito cujo alvo era o doleiro Alberto Youssef — um dos presos no primeiro dia da operação. Ele já era um velho conhecido da Justiça. Tinha sido condenado no caso Banestado, um esquema de empréstimos fraudulentos no extinto Banco do Estado do Paraná que envolvia remessas ilegais ao exterior e ajudava a financiar campanhas políticas nos anos 1990. O doleiro era, portanto, um reincidente no crime.

No caso Banestado, Youssef havia sido perdoado após uma delação premiada em que confessou ilegalidades e colaborou com a Justiça. O juiz responsável pelo perdão de anos antes era o mesmo que tinha mandado prendê-lo de novo: Sergio Moro, titular da 13ª Vara Criminal da Justiça Federal em Curitiba.

Naquele primeiro dia de Lava Jato, Moro também mandou prender Enivaldo Quadrado, um operador financeiro que já tinha sido condenado pelo STF no caso do Mensalão, escândalo de pagamento de parlamentares do Congresso.

O *Jornal Nacional*, da Rede Globo, maior emissora do país, registrou brevemente o assunto, com destaque para o montante de dinheiro que as autoridades diziam estar envolvido no escândalo: 10 bilhões de reais. No dia seguinte, as capas dos principais periódicos do país até citavam a operação, mas nenhuma delas tinha a Lava Jato como assunto principal. Os cadernos internos dedicados à política davam mais destaque à posse de novos ministros de Dilma Rousseff e a uma crise da presidente com o PMDB, principal partido aliado do governo.

A Petrobras nem sequer foi mencionada na deflagração da Lava Jato. A maior estatal do país viria a ficar claramente associada à operação somente três dias depois, com a prisão de Paulo Roberto Costa, diretor de abastecimento da empresa entre 2004 e 2012.

Paulo Roberto Costa e Alberto Youssef se tornariam centrais no desenrolar do escândalo. Ambos fechariam acordos de delação premiada que colocariam boa parte da classe política sob suspeita — Youssef caminhava para ser perdoado pela segunda vez por Sergio Moro.

O maior escândalo de corrupção já revelado no Brasil, como muitos diziam — e alguns ainda dizem —, começava a se desenhar. E alguns instrumentos jurídicos passariam a fazer parte do debate público nacional. Estes são três deles:

PRISÃO PREVENTIVA: usada para evitar que alguém fuja ou atrapalhe as investigações, ou seja, ocorre antes da condenação definitiva.

CONDUÇÃO COERCITIVA: usada para que alguém deponha à força, se houver uma resistência a comparecer diante de autoridades.

DELAÇÃO PREMIADA: quando alguém confessa um crime e dá informações sobre outros envolvidos em troca de redução de pena.

Quando a Lava Jato veio a público, em março de 2014, e popularizou esses termos, o Judiciário já estava fortalecido na opinião pública por causa do julgamento do Mensalão, realizado pelo STF em 2012. O Ministério Público, por sua vez, vinha de uma importante vitória política ao conseguir apoio das ruas nas manifestações de junho de 2013 para derrubar no Congresso a PEC 37, aquela proposta de emenda à Constituição que pretendia tirar o poder de investigação de procuradores e promotores a fim de deixar a tarefa exclusivamente nas mãos das polícias.

A política nacional, já avariada pelos grandes protestos populares, estava prestes a despencar num poço bastante fundo, com ex-dirigentes da Petrobras, grandes empreiteiros, congressistas e até ex-presidentes da República colocados atrás das grades.

CONDIÇÕES PARA A LAVA JATO

Segundo Fabiana Alves Rodrigues, juíza federal, pesquisadora de ciência política e autora do livro *Lava Jato: aprendizado institucional e ação estratégica na justiça*, a operação "não seria possível sem o prévio processo de adensamento das normas e instituições anticorrupção" do Brasil. Ela se refere a uma série de medidas administrativas e legais.

Houve fortalecimento e aumento da autonomia de burocracias de controle, como a Polícia Federal, Receita Federal, Controladoria Geral da União e o Ministério Público Federal. A Justiça Federal também passou por um processo de aprimoramento. Houve ainda fortalecimento e aprimoramento dos mecanismos antilavagem de dinheiro no país.

A juíza federal também destaca a decisão tomada por Luiz Inácio Lula da Silva, quando era presidente, de sempre indicar como procurador-geral da República — chefe do Ministério Público Federal — o primeiro de uma lista tríplice elaborada por integrantes do próprio Ministério Público Federal.

Para Fábio Kerche, cientista político e ex-secretário de Imprensa do governo Lula, essa decisão do petista foi central para que a Lava Jato avançasse. "A operação só foi possível porque aqueles atores que já eram muito autônomos ganharam ainda mais autonomia a partir de 2003", afirma.

E o que a pessoa que tem o nome mais associado à Lava Jato considera ter sido importante para que a operação ganhasse tração nos primeiros anos? Sergio Moro faz aqui sua lista:

Uma série de leis foram sendo aprovadas — a Lei de Lavagem de Dinheiro, a Lei de Combate ao Crime Organizado. Elas trouxeram instrumentos que habilitaram a sua aplicação a casos em que o legislador talvez não tivesse antevisto. Por exemplo: na colaboração [delação] premiada da lei contra o crime organizado, o legislador tinha presente que seria utilizada contra organizações criminosas como o PCC, mas não em casos de corrupção. Como diz aquela expressão: as leis às vezes revidam.

Moro faz referência ao fato de a Lava Jato ter atingido dezenas de parlamentares, incluindo aqueles que aprovaram, como resposta às manifestações de junho de 2013, a Lei de Organizações Criminosas que ampliou o alcance das delações durante o governo Dilma Rousseff. Ele cita também a Lei de Lavagem de Dinheiro, aprovada pelo Congresso no governo Fernando Henrique Cardoso.

Juiz responsável pelas principais decisões da operação de 2014 a 2018, Moro também havia participado, além do caso Banestado, do julgamento do Mensalão, como auxiliar de Rosa Weber, ministra do Supremo. Ele aponta a seguir outros aspectos que, na sua visão, permitiram à Lava Jato avançar no Brasil.

Havia uma insatisfação grande com a impunidade da grande corrupção. Nós vimos sucessivos escândalos nos jornais sem que tivessem reflexos concretos, isso desde o governo Fernando Collor, que sofreu impeachment, mas ao final não foi condenado pelo STF. Tivemos o escândalo dos Anões do Orçamento, Sanguessugas e assim por diante. Tivemos o caso do Mensalão, que foi uma exceção, e de certa forma o Mensalão acabou sinalizando que talvez uma nova era estivesse surgindo, na qual a lei seria aplicada a casos de grande corrupção. Então isso favoreceu o surgimento da Operação Lava Jato no Brasil.

A "nova era", nas palavras de Moro, começou, portanto, com o julgamento do Mensalão pelo Supremo no segundo ano de Dilma na presidência. Foi um julgamento que alçou o Judiciário a um papel até então inédito nas narrativas de disputa do poder nacional. De fato houve um divisor de águas.

LUZ, CÂMERA, AÇÃO!

O Supremo é a instância máxima do Poder Judiciário e acumula inúmeras funções: além de ser guardião da Constituição, lida com habeas corpus, mandados de segurança, ações penais de pessoas com foro privilegiado — o direito de ser julgado por instâncias judiciais mais altas —, recursos extraordinários, entre outras atribuições. É composto de onze ministros escolhidos pelo presidente da República e aprovados pelo Senado. Aos 75 anos, eles precisam se aposentar — ou podem se aposentar antes, a pedido.

Por muito tempo, o Supremo não chamou atenção da sociedade brasileira, mas ganhou protagonismo no país na segunda década do século 21. O tribunal reconheceu em 2011 a união estável homoafetiva, um tema que não avançava de jeito nenhum no Congresso. O julgamento do Mensalão, em 2012, pôs então os ministros da corte no centro de decisões criminais dois anos antes da Operação Lava Jato.

Gilmar Mendes, ministro indicado ao Supremo pelo ex-presidente Fernando Henrique Cardoso, lembra de uma questão que antecedeu o julgamento.

Nós tínhamos discussões envolvendo vários políticos, houve o recebimento da denúncia, muitos já tinham perdido o mandato. Mas nós decidimos prosseguir com o processo no STF. E chegamos então àquele julgamento, que tinha como fundamento a acusação de corrupção e compra de apoio de partidos.

Boa parte dos políticos denunciados já havia perdido seu mandato no Congresso, como lembra Gilmar Mendes. O Mensalão tinha sido revelado em 2005 — numa entrevista do deputado Roberto Jefferson, do Partido Trabalhista Brasileiro (PTB), à jornalista Renata Lo Prete, da *Folha de S.Paulo* — e logo em seguida a Comissão de Ética da Câmara dos Deputados analisou a quebra de decoro parlamentar dos envolvidos. Ao perder os cargos em Brasília, esses políticos perderam também o foro privilegiado. Em razão da perda desse direito, eles não precisariam mais ser julgados pela corte máxima do país.

Em resumo, a questão levantada pelos advogados dos réus era a seguinte: não seria o caso de desmembrar o julgamento, cortar a ação em pedaços e passar os réus sem o foro privilegiado para a primeira instância judicial, mantendo no Supremo só parlamentares que ainda estavam no exercício do mandato?

O relator do processo, ministro Joaquim Barbosa, porém, não queria que as acusações fossem dissipadas por outros tribunais. Barbosa, indicado por Lula, queria contar uma história em capítulos, a fim de mostrar que integrantes do governo petista — e dirigentes do partido que estava no poder — tinham montado um esquema de desvios de dinheiro público para comprar apoio no Congresso.

Era o maior julgamento da história do Supremo, com 38 réus, 50 mil páginas de ação e seiscentas testemunhas ouvidas. O julgamento foi transmitido ao vivo pela TV Justiça e acompanhado de perto por todos os canais de televisão do país, além de todo o restante da imprensa. A juíza Fabiana Alves Rodrigues cita o impacto da atenção da mídia:

O apelo eleitoral do tema "corrupção" e a realização de sessões de julgamento televisionadas mobilizaram a população. O processo também despertou o interesse dos partidos de oposição ao governo. Quando colocamos tudo isso junto — como foi o processo do Mensalão —, não tinha como resultar em algo menos explosivo.

Nelson Jobim, ex-deputado constituinte, ex-ministro da Justiça do governo FHC, ex-ministro da Defesa do governo Lula e ex-ministro do Supremo e do Tribunal Superior Eleitoral (TSE), lembra da criação da TV Justiça em 2002, quando ainda atuava na corte máxima do país. Ele conta uma história que expõe os efeitos das câmeras no plenário do tribunal.

A TV Justiça foi criada sob a justificativa de dar transparência ao Supremo. Antes, quem assistia [presencialmente] às sessões públicas do tribunal eram apenas os interessados. A população não ficava sabendo. Com o passar do tempo, esse objetivo de produzir transparência se transformou em visibilidade [para os ministros]. Teve um caso da época em que eu era presidente do Supremo. Eu pedi a um colega que não se alongasse [em seu voto] — tínhamos uma pauta enorme. Eu disse por meio do sistema de chat: "Está todo mundo concordando, concorda e pronto". E ele fez um sinal para mim: apontou para a câmera do plenário e respondeu no chat: "Entendeu?".

Jobim cita o caso de um ministro preocupado com aquilo que importava naquele momento: a câmera de TV. Em 2012, as câmeras — e não apenas as da TV Justiça — se voltaram de forma inédita aos ministros, como lembra Eloísa Machado, professora de direito constitucional:

Nós assistimos não só a uma ação penal direcionada a lideranças políticas que estavam no exercício do poder, mas também a um tribunal que se voltou exclusivamente ao julgamento daquela ação. O plenário do Supremo foi monopolizado por aquela pauta criminal.

O grupo político que estava sendo condenado era nada menos que a cúpula do partido da presidente, o PT, da qual faziam parte o ex-ministro e ex-deputado José Dirceu e o ex-deputado José Genoino. Também foram condenados dirigentes de partidos aliados, como Valdemar Costa Neto, do Partido Liberal (PL), além de empresários e operadores financeiros.

A tese central, de compra de apoio parlamentar, foi aceita pelo Supremo. Lula não teve o nome envolvido diretamente.

PUNIÇÕES QUE REDIMEM

Existem questionamentos jurídicos aos argumentos usados para condenar alguns dos réus do Mensalão: interpretações da legislação indevidas ou distorcidas, usadas na tentativa de alcançar figuras de relevo contra as quais não havia provas claras.

O resultado do julgamento, porém, repercutiu bem na opinião pública. Talvez fosse mesmo o início de uma "nova era", como disse Sergio Moro. Uma era de punições que traria certa redenção à população que não estava acostumada a ver figuras poderosas atrás das grades, como afirma Fábio Kerche:

> Hobbes, um filósofo político, falava que a sensação de justiça se dá sempre pela condenação. Quando se absolve, há um sentimento de que a justiça não foi feita. Quando se condena, há um sentimento de que a justiça foi feita. Naquele momento, de alguma maneira, a sociedade entendeu que se estava fazendo justiça pela primeira vez em relação aos políticos. Estavam prendendo políticos.

O cientista político lembra também como o julgamento projetou Joaquim Barbosa. O ministro do Supremo e relator do processo do Mensalão passou a ser comparado ao Batman, personagem justiceiro da fictícia cidade de Gotham City.

Negro, de origem humilde, ele estampou uma famosa capa da revista *Veja* cujo título era: "O menino pobre que mudou o Brasil". Nas eleições municipais de 2012, com o julgamento ainda em curso, Barbosa foi aplaudido por eleitores ao ir votar no Rio de Janeiro.

A socióloga Angela Alonso vê uma relação entre aquele julgamento e o que viria a acontecer nas ruas durante os protestos de junho de 2013. O Poder Executivo foi criticado pelos manifestantes. O Poder Legislativo foi criticado pelos manifestantes. Mas o Poder Judiciário, não.

O Judiciário, na verdade, foi apoiado. Esse poder saiu de 2013 fortalecido. E aí lembro que a mídia teve grande contribuição nisso, desde 2012, ao apresentar a ideia de que o Judiciário poderia ser uma espécie de poder moderador, de funcionar como uma espécie de regulador da vida coletiva, colocando os outros poderes para "funcionar devidamente".

As ruas em 2013 começaram pedindo a redução das passagens de ônibus. Apontaram as deficiências de outros serviços públicos. Depois chamaram atenção para a falta de representatividade política. No fim, o grito era bramido contra praticamente todo poder constituído, menos contra o Judiciário e contra o Ministério Público, segundo Angela Alonso.

O relator do Mensalão se aposentou do Supremo em 2014, ano inaugural da Operação Lava Jato, a pedido, de forma antecipada. Desde então, sempre que há eleição presidencial, seu nome é cogitado como candidato.

Num artigo escrito[1] dez anos antes de a Lava Jato ser deflagrada, Sergio Moro falou sobre a Operação Mãos Limpas, que prendeu políticos na Itália dos anos 1990. Ele destacou como aquela operação usou a opinião pública a seu favor. E citou métodos para garantir esse apoio, incluindo vazamentos de informações à imprensa. "Os vazamentos serviram a um propósito útil. O constante fluxo de revelações manteve o interesse do público elevado e os líderes partidários na defensiva", escreveu Moro.

MÉTODOS DISTORCIDOS, ESCALA INÉDITA

Esquemas de corrupção existem há décadas no Brasil. De forma resumida, os casos mais conhecidos envolvem um método. Primeiro, um político ou um partido indica apadrinhados para cargos na máquina pública, seja na administração direta, seja em estatais. Em seguida, esse apadrinhado chancela ou acoberta contratos superfaturados do poder público com empresas privadas. Por fim, as empresas privadas repassam parte do dinheiro excedente aos políticos ou partidos via operadores ocultos ou doações oficiais.

O pano de fundo é o financiamento de campanhas eleitorais, ou seja, a busca pela manutenção do poder. E, sim, quem se envolve nesses esquemas ilícitos também coloca dinheiro no próprio bolso. São esquemas que se repetem pelo menos desde 1946, segundo disse à Lava Jato o delator Sérgio Machado, ex-senador e ex-presidente da Transpetro, empresa de transporte e logística subsidiária da Petrobras.

Emílio Odebrecht, da família da empreiteira homônima, filho do fundador Norberto Odebrecht e pai de Marcelo Odebrecht, herdeiro do grupo, deu um depoimento a Sergio Moro em 2017 em que falou sobre esquemas de caixa dois de campanha eleitoral financiados por empresas privadas no Brasil: "Existia isso já. Sempre foi o modelo reinante no país e veio até recentemente [...]. Vem desde a minha época, da época de meu pai e também de Marcelo".

No ano de 2014, quando a Lava Jato foi deflagrada, o Brasil havia realizado sua disputa presidencial mais cara da história, com 5 bilhões de reais declarados pelos candidatos à Justiça Eleitoral e outros tantos gastos ilegalmente via caixa dois. Em 2015, o Supremo proibiu as doações oficiais de empresas privadas aos candidatos, limitando o apoio a aportes de pessoas físicas. O Congresso, posteriormente, viria a criar um fundo público de financiamento de campanhas.

A corrupção, portanto, vinha lá de trás, como disseram Sérgio Machado e Emílio Odebrecht. Mas as revelações da Lava Jato tinham uma escala inédita, assim como os negócios da Petrobras após a descoberta de reservas gigantescas de petróleo na camada do pré-sal, um fato determinante para que a corrupção atingisse um novo patamar.

O balanço da operação é impressionante: foram multas e devoluções de dinheiro envolvendo bilhões de reais. A própria Petrobras admitiu desvios de 6 bilhões de reais. A Lava Jato mostrou que houve de fato corrupção na estatal. Mostrou também que a empresa controlada pelo governo federal estava loteada politicamente.

Porém, para os críticos da operação, a questão que ficou no ar foi: será que os investigadores, incluindo procuradores do Ministério Público Federal e policiais federais, além dos julgadores — Sergio Moro à frente —, seguiram as regras do jogo para fazer denúncias e condenar à prisão pessoas específicas a partir de provas concretas? Os fatos mostram que, em pelo menos parte dos casos, isso não ocorreu. Assim, o método e o foco da operação são dois pontos a serem analisados. Fabiana Alves Rodrigues discute o primeiro:

> A Lava Jato adotou estratégias para criar acordos de colaboração premiada com características que não estavam autorizadas na Lei de Organizações Criminosas, como fixação de penas, invenção de regimes de penas e autorização para cumprimento antes do julgamento definitivo.

A juíza federal destaca um problema central da Lava Jato: uma interpretação distorcida da Lei de Organizações Criminosas, que deu nova dimensão às delações premiadas a partir da aprovação do Congresso em 2013, em resposta às manifestações de junho daquele ano. Uma interpretação que na época passou batida diante do apelo popular das denúncias que vinham à tona. Uma interpretação que colocava os procuradores num lugar de poder muito além do que estava previsto na lei, segundo Fabiana Alves Rodrigues.

E aqui vale lembrar que a delação é um instrumento de investigação importante. Ela dá chance a um suspeito, acusado, réu ou mesmo condenado, de dizer o que sabe em troca de redução da pena. No caso de crimes de corrupção, a ideia é sempre subir na pirâmide de poder em busca de quem manda no esquema. Para tanto, a delação tem de ser usada como base e tem que trazer provas concretas, a fim de que as acusações feitas pelo delator — uma pessoa desesperada para se livrar da prisão — sejam comprovadas. Na Lava Jato, o uso desse instrumento foi distorcido, segundo Fábio Kerche: "O problema da delação premiada está no uso que se fez dela na Lava Jato. Foi excessivo e indevido porque [as delações] não vinham acompanhadas de provas materiais em boa parte dos casos".

Os procuradores da força-tarefa em Curitiba fecharam 209 acordos de delação premiada. O braço da Lava Jato no Rio de Janeiro fechou outros 180. Já o Ministério Público Federal em São Paulo, que também tinha um grupo dedicado à operação, foi responsável por dez acordos. Como foi possível chegar a números tão expressivos? A chave da explicação está nas prisões preventivas (ou provisórias): aquelas que podem ser decretadas sem que a pessoa tenha sido julgada. Gilmar Mendes, ministro do Supremo, fala sobre o tema:

> Houve prisões provisórias alongadas em Curitiba [onde eram tomadas as decisões de Sergio Moro]. A estratégia é muito fácil de saber hoje: era manter preso [alguém] o mais longo período possível para obter uma delação premiada.

Mendes foi muito criticado por pensar dessa forma e, consequentemente, soltar presos da Lava Jato. No braço da operação do Rio de Janeiro, tirou da cadeia suspeitos como Jacob Barata Filho, empresário do setor de transportes cuja filha o ministro apadrinhou no casamento. Mendes disse que a relação com o empresário se resumia à festa de união do casal. E negou qualquer benefício pessoal.

O ministro dó Supremo acabou virando "pixuleco", um daqueles bonecos infláveis enormes que apareciam nas ruas durante as manifestações a favor da Lava Jato. E a máxima popular "A polícia prende, o Gilmar solta" ganhou destaque na época.

SUPREMO EM SUA HORA LAVAJATISTA

As prisões realizadas pela Lava Jato nos primeiros momentos eram prisões preventivas, sem tempo determinado para acabar.

Depois de doleiros e ex-diretores da Petrobras, Sergio Moro mandou para a cadeia — preventivamente — grandes empreiteiros que tinham contratos com a Petrobras. Havia muita gente presa de forma provisória.

Foi então que o Supremo entrou em cena de forma determinante. No início de 2016, os ministros do tribunal decidiram que condenados em segunda instância judicial já poderiam começar a cumprir pena em regime fechado, ou seja, atrás das grades. Se alguém fosse condenado por um juiz e tivesse a condenação confirmada por desembargadores, essa pessoa perderia o direito de recorrer a instâncias superiores em liberdade. Foi uma decisão que acabou por selar um quadro muito favorável à operação. E por quê?

Os processos já corriam na Justiça havia algum tempo. Sergio Moro condenava e os desembargadores do Tribunal Regional Federal da 4ª região, em Porto Alegre, confirmavam as condenações em boa parte dos casos.

Os réus que estavam presos preventivamente, se condenados nessas duas instâncias, provavelmente não sairiam mais da cadeia. Passariam direto da prisão provisória para o cumprimento de pena, mesmo com possibilidades de recursos no Superior Tribunal de Justiça (STJ) e no Supremo. Diante desse cenário, fechar uma delação premiada passou a ser visto pelos alvos da operação como a única saída para ficar livre da prisão no curto prazo, como explica Fabiana Alves Rodrigues:

> Não era segredo para ninguém que as colaborações premiadas celebradas na Lava Jato tiveram como principal incentivo o risco iminente de prisão, porque todas as pessoas que colaboraram mudaram sua situação prisional imediatamente. Quase todos foram para casa.

A juíza federal, que já falou sobre os problemas de método da Lava Jato, avança aqui para a questão do foco.

> Houve uma espécie de parceria da Justiça com o Ministério Público, principalmente na gestão dos processos judiciais e nas escolhas deliberadas com a finalidade de produzir os resultados pretendidos pela acusação, que basicamente eram constranger operadores financeiros e empresários a assinar acordos de colaboração premiada para atingir os reais alvos da operação, os políticos e, principalmente, o ex-presidente Lula. E esses objetivos foram facilitados com a decisão do Supremo [sobre as prisões em segunda instância], porque ela aumentou os incentivos à colaboração premiada.

Um ponto sempre destacado pelos críticos da Lava Jato está na ideia de que o problema não é punir políticos que cometem crimes, e sim criminalizar atos políticos, atitudes que acabavam sendo usadas como prova de envolvimento nos esquemas de corrupção. Por exemplo: se o governante indicava um diretor de determinada estatal, e esse diretor desviava dinheiro, fosse para uso pessoal, fosse para repassar a partidos, o governante era considerado parte de uma organização criminosa, mesmo que não houvesse prova de uma ligação direta entre a indicação e o desvio. O questionamento está no fato de que é preciso mais que uma presunção para condenar alguém como parte — ou chefe — de uma organização criminosa.

Segundo Eloísa Machado, o Supremo deixou a coisa correr solta por causa da pressão da opinião pública.

> O STF foi levado a encampar também o que eu tenho chamado de uma agenda de moralização da política, a partir da qual foi auto-

rizada, com base em argumentos excepcionais, uma interferência brusca no sistema político.

Além da série de iniciativas judiciais pelo país, que se desdobravam em Curitiba, São Paulo, Rio de Janeiro e Brasília, havia também a atuação da Procuradoria-Geral da República, nos casos de quem tinha foro privilegiado no Supremo — instância dedicada aos congressistas, ministros de Estado e presidentes da República — ou no STJ — instância dedicada aos governadores.

Responsável pelas acusações contra quem tinha foro privilegiado, o procurador-geral Rodrigo Janot, indicado ao cargo por Dilma Rousseff, entrou com ações contra o PT e aliados — PMDB e Partido Progressista (PP) — a partir da lógica presumida de que esses partidos atuavam de fato como organizações criminosas. O chefe do Ministério Público Federal chegou a batizar listas de políticos suspeitos: a chamada "Lista de Janot" aterrorizou Brasília por meses.

O centro da Lava Jato, porém, nunca deixou de ser Curitiba, onde atuavam Sergio Moro e a força-tarefa do Ministério Público comandada pelo então procurador da República Deltan Dallagnol. Ambos formavam um grupo de jovens profissionais que tinha, segundo Fábio Kerche, uma característica e uma visão de mundo específicas.

O que aconteceu na Lava Jato foi que esses atores, homens brancos, de classe média, provavelmente com visões conservadoras de mundo, tinham muita liberdade e muitos instrumentos institucionais para impor esses valores, para conduzir sua atuação a partir desses valores. Tinham uma visão negativa com relação a partidos políticos, em especial a partidos políticos de esquerda, mais especialmente ao PT.

Para Nelson Jobim, que também aponta distorções na atuação da Lava Jato, as iniciativas dos procuradores da República em Curitiba e as decisões de Sergio Moro eram convicções, não má-fé.

Você está convicto de que tem que fazer aquilo. E isso me lembra Nietzsche, que dizia o seguinte: o pior para a verdade não são as mentiras, são as convicções. Não acho que aquilo fosse má-fé. Eles estavam com aquela ideia de justiceiros.

LULA COMO ALVO FINAL

Numa sexta-feira, 4 de março de 2016, a Polícia Federal bateu na porta do apartamento de Lula em São Bernardo do Campo, no Grande ABC. Sob ordens de Sergio Moro, a casa do petista foi revistada. Materiais foram apreendidos. Os policiais levaram o presidente para depor à força no aeroporto de Congonhas, em São Paulo.

Naquele dia, a condução coercitiva foi usada contra um suspeito que nunca tinha se negado a depor. Diante do excesso, houve reação dos apoiadores do petista, que tomaram o saguão de Congonhas. Lá também havia opositores. A tensão era total. Os desdobramentos, imprevisíveis.

A ordem de levar Lula à força para depor foi considerada desnecessária por especialistas em direito. Houve críticas feitas até de dentro do próprio Supremo. Marco Aurélio Mello, indicado ao cargo de ministro da corte máxima do país pelo primo, Fernando Collor de Mello, lembrou que o petista não tinha sido intimado anteriormente.

E essa não foi a única decisão judicial controversa de março de 2016. A presidente Dilma Rousseff vivia um momento agudo de crise, com risco de perder o mandato. O processo de impeachment contra ela pela acusação de manobras fiscais avançava na Câmara. Completamente desarticulada no Congresso, ela chamou Lula para ser seu ministro da Casa Civil.

A nomeação era vista pelo meio político, sobretudo pelo PT, como uma tentativa de Dilma de retomar o diálogo com o Congresso. O cargo de ministro também garantiria ao ex-presidente o foro privilegiado. Nessa condição, as investigações que corriam contra ele em Curitiba sairiam das mãos de Sergio Moro e iriam para as mãos do Supremo.

Nos dias que antecederam a nomeação, a Polícia Federal tinha grampeado uma série de telefones no entorno de Lula com autorização de Moro. Estava ouvindo e gravando inclusive os advogados do ex-presidente, algo que praticamente anulava qualquer tentativa de defesa judicial do petista.

No dia 16 de março de 2016, uma quarta-feira, logo pela manhã, Moro deu ordem para que as gravações fossem interrompidas. Só que elas continuaram. Nas horas seguintes, o Palácio do Planalto anunciou oficialmente a nomeação do ex-presidente para a Casa Civil. Quando era uma e meia da tarde, Dilma ligou para seu novo ministro: "Lula, deixa eu te falar uma coisa. Seguinte: eu estou mandando o Messias [subchefe de Assuntos Jurídicos da Casa Civil], junto com o papel para a gente ter ele. E só usa em caso de necessidade, que é o termo de posse. Você espera aí, que ele está indo aí".

Moro então divulgou o áudio da conversa — um diálogo gravado fora do prazo legal das escutas e envolvendo uma presidente da República, cuja interceptação só poderia ter sido autorizada pelo Supremo. O áudio caiu como uma bomba no círculo político e foi parar nos telejornais.

O diálogo sugeria que Dilma estava enviando o termo de posse para Lula a fim de evitar que ele fosse preso por Moro.

Uma vez ministro, por causa do foro privilegiado, ele não poderia mais ser alvo de ordens do juiz de primeira instância.

A divulgação mobilizou os adversários do governo. Centenas de pessoas — vestidas de verde e amarelo — foram para a frente do Palácio do Planalto, sede do governo federal.

A interpretação dos adversários era de que Dilma e Lula estavam tentando driblar Moro, ou seja, obstruindo o processo judicial. E esse argumento foi usado por Gilmar Mendes para barrar a indicação do ex-presidente como ministro. Mendes diz o seguinte sobre aquela decisão:

> Quando o grampo foi feito, já tinha se encerrado o prazo que estava autorizado, mas Moro fez vazar isso. E eu disse: "olha, tudo indica que houve um desvio de finalidade" [na nomeação de Lula para o ministério], às vésperas daquele processo de impeachment.

Com a ordem de Gilmar Mendes, Dilma ficou sem a ajuda do padrinho político na articulação com o Congresso. O relator da Lava Jato, Teori Zavascki, chamou a atenção de Moro e apontou ilegalidades na divulgação do áudio. O juiz de Curitiba pediu "escusas".

Lula continuaria na mira do que ele chamou de "República de Curitiba", numa referência à "República do Galeão", expressão que leva o nome do aeroporto em que foi tocado um inquérito contra Getúlio Vargas nos anos 1950 — e cujos desdobramentos levariam a seu suicídio. O petista usou o termo numa de suas conversas com Dilma grampeadas por Moro. No áudio, Lula resumiu assim o que achava da classe política e do Poder Judiciário: "Nós temos uma Suprema Corte totalmente acovardada, nós temos um STJ totalmente acovardado, um parlamento totalmente acovardado. Somente nos últimos tempos que o PT e o

PCdoB [aliado tradicional] começaram a acordar e começaram a brigar. Nós temos um presidente da Câmara [Eduardo Cunha] fodido, um presidente do Senado [Renan Calheiros] fodido, não sei quantos parlamentares ameaçados. E fica todo mundo num compasso de que vai acontecer um milagre e todo mundo vai se salvar. Eu sinceramente estou assustado é com a República de Curitiba".

Dilma teve o processo de impeachment autorizado pela Câmara em abril de 2016, um mês depois dessa conversa. Em maio, foi afastada da presidência pelo Senado. Em agosto, a presidente foi definitivamente deposta. Ainda naquele ano, os procuradores da República em Curitiba apresentariam sua primeira denúncia formal contra Lula, no processo que ficou conhecido como o caso tríplex de Guarujá. Era quarta-feira, 14 de setembro de 2016.

"O Ministério Público Federal acusa o senhor Luiz Inácio Lula da Silva como comandante máximo do esquema de corrupção identificado na Lava Jato", disse ao microfone Deltan Dallagnol, coordenador da força-tarefa da operação em Curitiba, ao apresentar à imprensa a denúncia do caso tríplex contra Lula. Foi nesse dia que foi feita a folclórica apresentação de PowerPoint em que o nome do ex-presidente aparecia no centro da tela, cercado por setas que partiam de frases como: "pessoas próximas no Mensalão", "pessoas próximas na Lava Jato" e "poder de decisão".

Há um ponto que chama atenção nessa apresentação, para além da estética duvidosa. No papel, Lula era acusado de receber propina em forma de um apartamento tríplex reformado em Guarujá pela OAS, construtora que teria sido beneficiada pelo governo em contratos específicos da Petrobras, citados nominalmente pelos procuradores. O ex-presidente não era acusado formalmente, naquela denúncia, de ser "comandante máximo" de uma organização criminosa. Havia, portanto, uma discrepância entre o que Dallagnol achava de Lula e o que de fato ele colocou no papel para tentar condenar o petista.

Sergio Moro atendeu ao pedido do Ministério Público e abriu um processo criminal contra o ex-presidente, que depôs frente a frente com o juiz num encontro cercado de expectativas. Lula negou ser dono do apartamento tríplex, disse que não sabia da corrupção da Petrobras e falou sobre o processo de indicações de diretores da estatal. "O presidente da República, depois de ouvidos os partidos, as bancadas, os ministros, indicava [os nomes] ao conselho da Petrobras", disse o petista na audiência.

Em julho de 2017, Moro condenou Lula a nove anos e seis meses de prisão por corrupção e lavagem de dinheiro. A defesa do petista apresentou recursos a fim de tentar entender a sentença. Na resposta de Moro, algo se revelou, segundo conta o jornalista Reinaldo Azevedo.

> Sergio Moro diz [na resposta] que o tal do tríplex nada tinha a ver com os contratos da OAS. Bom, se nada tinha a ver com os contratos da OAS, então você tinha uma denúncia inepta, a condenação não tinha nenhuma relação com a denúncia.

TEMER NO OLHO DO FURACÃO

Em 2017, o relator da Lava Jato no Supremo, ministro Teori Zavascki, morreu na queda de um avião no mar de Paraty, no Rio de Janeiro. Ele foi substituído por Edson Fachin na relatoria da operação. A Procuradoria-Geral da República, ainda sob o comando de Rodrigo Janot, passou a mirar em Michel Temer, vice que virou presidente depois do impeachment de Dilma.

Numa tentativa de fechar um acordo de delação premiada num momento em que estava cercado de suspeitas, Joesley Batista, um dos sócios do megafrigorífico JBS, gravou conversas tanto com Temer quanto com Aécio Neves, senador derrotado por Dilma Rousseff nas eleições presidenciais de 2014 e um dos principais nomes do PSDB, partido que dava sustentação ao novo governo que se instalava no país.

Na conversa de Joesley com Temer, na área de garagem do Palácio do Jaburu — residência oficial ocupada pelo presidente —, o empresário afirmou estar "de bem com o Eduardo", disse a frase "todo mês" e ouviu de Temer: "tem que manter isso aí". Tal frase foi considerada pela Procuradoria-Geral da República como um aval do presidente para que Joesley continuasse pagando propina a Eduardo Cunha, ex-presidente da Câmara que tinha sido preso pela Lava Jato. As investigações do caso também produziram imagens de um antigo assessor de Temer correndo numa calçada em São Paulo com uma mala, em que carregava meio milhão de reais.

Temer então convocou a imprensa a fim de dar uma resposta oficial ao público. Jornalistas falavam numa possível renúncia. O discurso começou dúbio quanto ao que o presidente faria ali no púlpito do Palácio do Planalto. Ele negou enfaticamente que estivesse pagando propina a Cunha e disse: "Não renunciarei. Repito: não renunciarei".

Os áudios da conversa com Joesley e as imagens da mala de dinheiro serviram como base para denúncias criminais apresentadas por Janot contra Temer. Como se tratava de uma acusação formal contra um presidente da República, era preciso que os deputados autorizassem a análise do caso pelo Supremo. E a Câmara, bem alinhada ao novo governo, barrou o andamento dos casos.

O ritmo das denúncias do Ministério Público e das decisões da Justiça, com todos os seus impactos políticos, continuava alucinante. Numa entrevista durante um evento com jornalistas em São Paulo, ao ser perguntado sobre sua disposição para continuar acusando os políticos, mesmo a poucos meses de deixar o comando da Procuradoria-Geral, Rodrigo Janot afirmou: "Enquanto houver bambu, lá vai flecha".

A atmosfera era tensa em Brasília e também no restante do país. Em Curitiba, procuradores e juiz da Lava Jato miravam em Lula e no PT. No Rio de Janeiro, o braço da operação cercava o ex-governador Sérgio Cabral, preso por um esquema que envolvia deputados da Assembleia Legislativa e até conselheiros do Tribunal de Contas do Estado. Na capital federal, o procurador-geral da República lançava suas "flechas" e tentava derrubar o presidente da República.

Anos depois de deixar seu cargo, Janot viria a revelar que chegou a ter a intenção de matar o ministro Gilmar Mendes dentro do Supremo. Ele contou que naquele ano de 2017 entrou armado no prédio do tribunal, na praça dos Três Poderes, após um bate-boca público que incluiu menções aos familiares de ambos. A ideia, segundo ele, era atirar no ministro e depois cometer suicídio. Janot disse que acabou impedido de cometer o crime pela "mão invisível do bom senso".

PROCESSO ACELERADO, LULA NA CADEIA

O Brasil chegou ao ano eleitoral de 2018 avariado por uma crise política que não cessava. Cercado pela Lava Jato e condenado em primeira instância no caso do tríplex de Guarujá, Lula projetava disputar a presidência mais uma vez naquele ano.

Só que já em janeiro saiu a decisão em segunda instância. Os desembargadores João Pedro Gebran Neto, Leandro Paulsen e Victor dos Santos Laus, da Oitava Turma do Tribunal

Regional Federal da Quarta Região, em Porto Alegre, julgaram o caso de modo acelerado, confirmaram as condenações impostas por Sergio Moro e aumentaram a pena de Lula para doze anos e um mês de prisão. O timing da Justiça era político, segundo Fábio Kerche.

> Foi um processo que aconteceu muito rapidamente quando se compara a outros, não só da Lava Jato, mas em relação à média do tempo da Justiça no Brasil. Obviamente isso foi feito com vistas a impedir que Lula disputasse a eleição de 2018.

O petista já tinha acionado o Comitê de Direitos Humanos da Organização das Nações Unidas (ONU) dizendo que estava sendo perseguido politicamente por vias judiciais. Seus advogados recorreram então ao Supremo, pedindo um habeas corpus preventivo a fim de que o ex-presidente não fosse preso antes que os recursos se esgotassem.

Naquele momento, o Supremo tinha em mãos ações que pediam a revisão da prisão em segunda instância de forma geral. E tinha também um caso específico: o habeas corpus de Lula. Fabiana Alves Rodrigues lembra do quadro no tribunal.

> A corte já tinha maioria para voltar a vedar a prisão após a decisão de segunda instância, pela mudança no voto do ministro Gilmar Mendes. Mas isso não ocorreu exatamente porque a ministra Cármen Lúcia, presidente da corte, escolheu não incluir as ações de constitucionalidade na pauta do plenário.

A juíza federal cita a "mudança no voto" de Gilmar Mendes. Em 2016, quando o Supremo decidiu que penas de prisão poderiam já ser cumpridas após decisões de segunda instância, o ministro havia votado a favor da tese que beneficiava a estratégia da Lava Jato. Seu voto foi determinante num placar apertado: 6 a 5.

Mas, em 2018, Mendes, convertido em um dos mais duros críticos da operação, dizia ter mudado de avaliação: não era mais a favor das prisões antecipadas, antes do fim dos recursos. O ministro do Supremo explica a mudança de posição dizendo que votou em 2016 a favor das prisões em segunda instância por pensar na aplicação da regra apenas em casos de crimes extremamente graves. Ao mudar de avaliação, o ministro afirma que chegou a pedir que a presidente do Supremo, Cármen Lúcia, colocasse as ações de constitucionalidade na frente do habeas corpus de Lula.

A ordem de julgamento era determinante. Se essas ações de constitucionalidade fossem julgadas antes do habeas corpus do ex-presidente, o tribunal mudaria de entendimento — por causa do novo posicionamento de Mendes — e o petista poderia recorrer em liberdade. Mas, se o caso específico de Lula fosse julgado antes, suas chances de êxito seriam reduzidas.

Presidente do Supremo responsável por determinar a ordem de votação no plenário, Cármen Lúcia decidiu julgar antes o habeas corpus de Lula, como destacou Fabiana Alves Rodrigues.

O julgamento foi marcado por outras duas situações excepcionais. A primeira foi a atitude do comandante-geral do Exército, general Eduardo Villas Bôas. Ele publicou tuítes na véspera falando em repúdio à impunidade, numa pressão militar sobre o Supremo. A segunda foi o voto da ministra Rosa Weber. Ela optou por um argumento inusitado: disse que era contra mandar para a cadeia quem ainda tinha direito a recursos — como Lula —, mas votaria a favor da prisão do ex-presidente porque deveria seguir o entendimento do Supremo adotado a partir de 2016. Ou seja, o petista deveria ser preso porque estava condenado em segunda instância e assim determinava a interpretação do tribunal naquele momento, mesmo ela sendo contra essa tese. O placar registrou 6 a 5 contra o habeas corpus de Lula.

O ex-presidente foi preso num sábado, 7 de abril de 2018, na sede do Sindicato dos Metalúrgicos do Grande ABC, em São Bernardo do Campo, onde havia começado sua carreira política como líder sindical no final dos anos 1970. Antes de se entregar à Polícia Federal, ele fez um discurso aos apoiadores em que afirmou: "Não adianta eles acharem que vão fazer com que eu pare. Eu não pararei porque eu não sou mais um ser humano, eu sou uma ideia". Discursando sobre um caminhão de som diante de milhares de pessoas, afirmou que cumpriria a pena olhando no olho de quem o condenou. E completou: "Quanto mais dias me deixarem lá, mais Lulas vão nascer neste país".

Em setembro de 2018, em virtude de a Lei da Ficha Limpa proibir candidaturas de pessoas condenadas em segunda instância por corrupção, o TSE cassou a candidatura do petista à presidência. E, apesar de estar preso, naquele momento ele aparecia como líder em todas as pesquisas de intenção de voto.

SUPER-HOMEM NA BERLINDA

Sergio Moro acabou se transformando no novo super-herói brasileiro. O país, que já havia elevado Joaquim Barbosa à condição de Batman, associava o juiz federal de Curitiba à figura do Super-Homem.

Na campanha presidencial de 2018, às vésperas do primeiro turno, Moro divulgou o conteúdo da delação premiada de Antonio Palocci, ex-ministro da Fazenda de Lula que fazia uma série de acusações ao ex-chefe. O conteúdo da delação — posteriormente descartado por falta de provas — foi usado nos programas eleitorais de TV pelos adversários políticos do PT, que tinha substituído a candidatura de Lula pela do também petista Fernando Haddad.

E antes que o ano eleitoral terminasse, Moro resolveu entrar oficialmente para a política. Foi sondado por Paulo Guedes, assessor econômico do candidato à presidência Jair Bolsonaro, entre o primeiro e o segundo turno das eleições. Confirmada a vitória de Bolsonaro, Moro foi anunciado como "superministro" da Justiça e da Segurança Pública.

Assim o juiz deixava a magistratura, jogando mais uma sombra de suspeitas sobre sua imparcialidade e sobre a Lava Jato. Para Eloísa Machado, àquela altura, o viés da operação já estava bem claro.

A Lava Jato interferiu nas eleições de 2018, afastando o principal candidato da possibilidade de concorrer às eleições. E, no desenrolar desses acontecimentos, tudo isso contribuiu para que nós tivéssemos a ascensão de um político de extrema direita, autoritário, claramente com um projeto anticonstitucional, que gerou uma degradação sem precedentes nas instituições democráticas brasileiras desde o primeiro dia de seu mandato, em 1º de janeiro de 2019.

Um novo elemento reforçou as suspeitas contra a operação. Em junho de 2019, o site The Intercept Brasil, em parceria com outros veículos de comunicação, revelou uma série de mensagens trocadas pelo aplicativo Telegram em que procuradores da Lava Jato falavam entre si e também com Moro quando ele ainda era juiz em Curitiba. As mensagens apontaram para um conluio entre acusadores — no caso, os procuradores — e magistrado, que deveria ser imparcial.

As mensagens também mostravam a disposição da Lava Jato para incriminar Lula a qualquer preço. E deixavam explícito que outros políticos foram poupados. Os vazamentos das mensagens de Telegram ficaram conhecidos como Vaza Jato e passaram a ser investigados pela Polícia Federal na Operação Spoofing, que traria à tona mais mensagens comprometedoras. Tanto os procuradores quanto Sergio Moro nunca reconheceram a legitimidade das mensagens, apesar de nunca terem negado seu conteúdo. Moro comenta o caso:

> Essa questão das mensagens é uma farsa. As pessoas roubaram a Petrobras descaradamente durante anos, enriqueceram ilicitamente, e a crítica vem em relação a essas mensagens. Nada existe nelas que aponte um inocente condenado injustamente ou que alguma prova de inocência de alguém foi ocultada ou qualquer comportamento ilícito.

Para a juíza federal Fabiana Alves Rodrigues, as conversas privadas entre procuradores e juiz da Lava Jato deixaram a operação numa situação difícil.

> A Vaza Jato certamente contribuiu muito para abalar a credibilidade da Lava Jato e legitimar as ações de revisão e controle da operação, que já estavam havia algum tempo no radar de parte considerável das elites políticas e judiciárias.

Em março de 2019, o STF decidiu que casos de corrupção ligados a caixa dois de campanha deveriam ser julgados não mais pela Justiça comum, e sim pela Justiça Eleitoral — foi uma derrota para a Lava Jato. Em novembro do mesmo ano, o Supremo mudou de entendimento sobre as prisões após condenações em segunda instância. A partir dali, condenados poderiam responder em liberdade até que todos os recursos fossem analisados pela Justiça. Lula deixou a cadeia após 580 dias preso na Superintendência da Polícia Federal em Curitiba.

No Congresso, ainda em 2019, parlamentares aprovaram a Lei de Abuso de Autoridade. Também criaram a figura do "juiz de garantias", a fim de monitorar a imparcialidade de julgamentos — a medida seria suspensa em 2020 pelo ministro do Supremo Luiz Fux.

Eleito, na esteira do lavajatismo e na onda anticorrupção, Bolsonaro indicou para a Procuradoria-Geral da República Augusto Aras, um nome que não fazia parte da lista tríplice do Ministério Público Federal. Os temores de perda de independência do órgão logo foram concretizados. O novo procurador-geral passou a atuar de forma alinhada aos interesses do presidente da República.

Bolsonaro minou, na prática, a Lava Jato. Aras extinguiu os modelos de força-tarefa, em que procuradores se juntam e trabalham com dedicação exclusiva a determinado caso. A Lava Jato em Curitiba e em outras capitais acabou. Em Brasília, suspeitas de desvios de dinheiro surgiram no Ministério da Saúde e no Ministério da Educação. Denúncias de desvios de verbas parlamentares enviadas a municípios por meio do orçamento secreto surgiram aos montes, a partir de uma série de reportagens iniciada em maio de 2021 pelo jornalista Breno Pires, do *Estado de S. Paulo*. Mas a disposição de Aras para investigar o Congresso e o presidente nunca foi grande.

Sergio Moro, que se tornara ministro da Justiça do novo governo em 2019, deixou o cargo dezesseis meses depois, após sucessivos desentendimentos com Bolsonaro, acusando o presidente de tentar interferir na Polícia Federal para proteger aliados e familiares.

A Polícia Federal, de fato, passou a ser conduzida com rédea curta por Bolsonaro. Delegados foram trocados de superintendência. A ideia de independência funcional do órgão se enfraqueceu. Os instrumentos de controle, no geral, foram afetados por ordem do presidente da República, segundo Fábio Kerche.

> Bolsonaro, embora tenha se beneficiado da Lava Jato, da criminalização da política, embora tenha se associado a essa luta pela corrupção, na sanha punitivista da Lava Jato, na verdade não teve nenhum compromisso com o combate à corrupção. O que assistimos foi a um desmonte da rede de *accountability* do Estado brasileiro.

Os escândalos de desvio de dinheiro público não foram embora mesmo com um governo antissistema que tentava colar nos adversários a pecha de "ladrões". Mas, com os órgãos de controle enfraquecidos e um procurador-geral da República alinhado ao presidente, poucas investigações avançaram e resultaram em denúncias formais.

Ao Supremo coube um novo papel. O tribunal tinha diante de si um desafio que ia muito além da corrupção. Os ministros da mais alta corte do país passaram a se debruçar sobre redes de desinformação, atos antidemocráticos, gabinetes do ódio, milícias digitais e tentativas de golpe de Estado.

LIBERDADE DE AGRESSÃO

Tão logo o governo Bolsonaro começou, o novo presidente do Supremo, Dias Toffoli, abriu uma investigação criminal que acabou batizada como "inquérito das fake news". Não houve sorteio para escolha do relator, como é de praxe. O ministro

Alexandre de Moraes foi nomeado para a função. A instauração do procedimento também não teve um parecer do Ministério Público, como também é de praxe.

Os passos adotados pelo Supremo no inquérito, embora chancelados pelo regimento interno do tribunal, foram alvo de questionamentos, algo que ficou ainda mais intenso quando Bolsonaro colocou a mais alta corte do país na condição de inimiga do governo.

O presidente da República e o Supremo entraram em choque por inúmeros motivos. Um deles ocorreu em torno da pandemia de Covid-19. Os ministros do tribunal deram autonomia a governadores e prefeitos a fim de que fechassem o comércio para reduzir a transmissão da doença. Bolsonaro era contra o isolamento social por causa dos impactos da medida na economia.

Num período de medo da morte e também de luto coletivo, o presidente passou a participar de uma série de manifestações com apoiadores e a espalhar negacionismo científico. Nesses atos, além de aglomerações — não recomendadas pela Organização Mundial da Saúde (OMS) e outros órgãos —, havia ataques diretos ao Supremo.

O tribunal abriu novos inquéritos e mirou nos grupos mais radicalizados: decretou prisões preventivas, quebrou sigilos bancários e mandou derrubar conteúdos de desinformação e ódio nas redes sociais. Gilmar Mendes vê nesse período uma degradação institucional crescente.

Com todas aquelas manifestações, com [a bolsonarista radical] Sara Winter soltando fogos de artifício sobre o STF, certamente já teríamos tido o tribunal invadido se não fosse o inquérito das fake news. Descobriu-se até que empresários estavam financiando esses grupos.

Um dos momentos mais tensos da degradação institucional ocorreu em 7 de setembro de 2021, em meio a manifestações insufladas por Bolsonaro, nas quais ele disse que não mais obedeceria a ordens judiciais do ministro Alexandre de Moraes.

Eloísa Machado, professora de direito constitucional, cita o emblemático caso de Daniel Silveira, deputado federal bolsonarista preso no começo de 2021 por incitar violência contra ministros do Supremo:

> Se a origem do inquérito das fake news falava em ameaças genéricas aos ministros do STF, elas passaram a ficar bem delimitadas no que se refere aos ataques às instituições democráticas e a ações penais como no caso de Daniel Silveira. São pessoas com prerrogativa de foro [privilegiado] sendo julgadas não por crimes contra ministros, mas por crimes contra as instituições democráticas de direito.

Silveira foi condenado pelo Supremo por ameaças como esta, direcionada a Edson Fachin, ministro do tribunal: "Quantas vezes eu imaginei você, na rua, levando uma surra. O que você vai falar? Que eu tô fomentando a violência? Não. Eu só imaginei".

Mas Bolsonaro, usando suas prerrogativas presidenciais, perdoou o deputado. A justificativa usada para livrar o aliado político foi garantir a liberdade de expressão. "Surgiu uma nova classe de ladrão, que são aqueles que querem roubar a nossa liberdade", disse Bolsonaro.

O deputado perdoado pelo presidente, que tinha ficado conhecido nacionalmente na campanha eleitoral de 2018 ao quebrar uma placa com o nome da vereadora Marielle Franco — mulher negra, periférica, feminista e bissexual brutalmente assassinada no centro do Rio de Janeiro naquele mesmo ano —, foi recebido em abril de 2022 no Palácio do Planalto, num evento oficial em que se anunciava uma luta pela liberdade de expressão no Brasil.

Silveira voltaria a ser preso em fevereiro de 2023, por ordem do ministro Alexandre de Moraes, por descumprimento de ordens restritivas do Supremo.

SUPREMO, INIMIGO MEU

Interessava a Bolsonaro fazer das instituições suas inimigas. Político que se alimenta do sentimento antissistema, ele elegeu inicialmente o Congresso como inimigo em 2019. Depois, fechou acordos com a "velha política" do centrão para manter alguma estabilidade parlamentar.

No segundo ano, 2020, o Supremo virou alvo especialmente por causa da pandemia. Pela retórica bolsonarista, o tribunal estaria tolhendo a liberdade das pessoas de ir e vir ao chancelar as quarentenas de prefeitos e governadores. Depois, a corte máxima do país virou alvo por estar, desta vez, tolhendo a liberdade de expressão de quem destilava ódio nas redes sociais.

No terceiro ano, 2021, o presidente passou também a atacar o sistema eleitoral brasileiro, falando em fraudes em urnas eletrônicas sem apresentar provas. Essa foi uma investida usada para manter sob ataque os ministros que também integravam o TSE. Afinal, a tentativa de reeleição estava logo ali, no ano seguinte.

Bolsonaro adotou ainda uma outra via de discurso a fim de tentar minar o judiciário, associando seus integrantes a adversários políticos. Isso começou a ser feito após uma decisão tomada em março de 2021 por Edson Fachin: o ministro anulou as condenações de Lula na Lava Jato.

Além do caso tríplex — em que Lula já havia tido a condenação confirmada até pelo STJ —, o ex-presidente tinha sido condenado em duas instâncias no caso do sítio de Atibaia, no qual também foi acusado de corrupção e lavagem de dinheiro por receber benefícios de empreiteiras, entre as quais a Odebrecht. Moro conduziu o processo, mas a sentença foi de Gabriela Hardt, juíza substituta — o titular já tinha entrado oficialmente na vida política.

Fachin considerou que os processos não deveriam ter sido julgados em Curitiba, porque não tinham a ver com a Petrobras, que era o alvo da Lava Jato da capital paranaense.

Há um detalhe interessante nesse imbróglio jurídico. Apesar de bolsonaristas atacarem Fachin pela decisão, o ministro-relator da Lava Jato tentava ali poupar a figura de Sergio Moro. Isso porque a Segunda Turma do Supremo, um colegiado formado por cinco ministros, estava prestes a avaliar o pedido de suspeição do já ex-juiz.

A ideia de Fachin ao anular os processos era evitar o julgamento de suspeição, segundo informações de bastidores e avaliações de profissionais do direito na época.[2] Uma vez anulados os processos, Moro sairia da berlinda e não poderia ser tachado de parcial. Mas a Segunda Turma decidiu julgar o ex-juiz mesmo assim. E Moro foi considerado suspeito ao sentenciar Lula. A Lava Jato ganhou assim um "carimbo" de atuação política, como lembra o jornalista Aguirre Talento, coautor do livro *O fim da Lava-Jato: como a atuação de Bolsonaro, Lula e Moro enterrou a maior e mais controversa investigação do Brasil*:

> Bolsonaro foi eleito com discurso lavajatista, mas quando chegou ao poder atuou para enfraquecer as instituições de combate à corrupção, os órgãos de controle, por meio do aparelhamento dessas

instituições, com vistas a blindar seus aliados e seus familiares em investigações. Lula usou sua defesa para desmontar uma imagem de imparcialidade da Lava Jato, e através dos recursos que a defesa apresentou. Principalmente no STF, conseguiu comprovar uma falta de parcialidade do juiz Sergio Moro na condução das investigações. Foi a primeira vez que o Supremo deu um carimbo dizendo que o juiz daqueles processos não havia atuado dentro do ideal que se espera de um juiz. E Sergio Moro, quando deixou a 13ª Vara Federal de Curitiba para se tornar ministro do governo Jair Bolsonaro, transmitiu uma imagem de combate à corrupção e deu, de certa forma, o seu respaldo a um governo que, por dentro, nos bastidores, estava trabalhando para minar as instituições de combate à corrupção.

MELANCOLIA LAVAJATISTA

A decisão de Fachin de anular as condenações de Lula foi confirmada pelo plenário do Supremo, por 8 votos a 3. O ex-presidente recebeu de volta seus direitos políticos.

O julgamento que decretou a parcialidade de Moro, com placar de 3 votos a 2, devolveu os casos que envolviam o petista à estaca zero. Essas e outras suspeitas que pairavam sobre Lula foram sendo arquivadas, numa série de vitórias da defesa do ex-presidente.

O Comitê de Direitos Humanos da ONU concluiu que a Lava Jato violou as garantias do devido processo legal, a privacidade e os direitos políticos de Lula.

O ex-presidente então se colocou mais uma vez como candidato ao Palácio do Planalto em 2022 e venceu as eleições, numa disputa acirradíssima contra Bolsonaro, que tentava se reeleger.

A respeito do destino dos outros personagens desse capítulo da história, Temer, depois que deixou a presidência, chegou a ser preso, mas os processos contra ele vêm sendo arquivados. Ele deu dicas a Bolsonaro em momentos de crise, mas perdeu relevância política. Aécio Neves foi absolvido da acusação de receber propina da JBS. Ele ainda tenta permanecer no jogo político, mas, assim como o aliado Temer, carece de relevância.

Em dezembro de 2022, o ex-governador do Rio de Janeiro Sérgio Cabral obteve o direito de prisão domiciliar. Em fevereiro de 2023, a Justiça liberou o político também dessa restrição, deixando-o circular com tornozeleira eletrônica. No mesmo mês, o juiz Marcelo Bretas, responsável por decisões do braço da Lava Jato fluminense, foi afastado do cargo, sob suspeitas de irregularidades na condução de processos. Chamado de "Sergio Moro do Rio", Bretas era próximo de Wilson Witzel, eleito governador do estado na onda de extrema direita e cassado num processo de impeachment em 2021.

Moro, por sua vez, tentou virar candidato à presidência como um nome da chamada "terceira via" — contra Lula e contra Bolsonaro. Com pouca experiência política, não conseguiu apoio no primeiro partido ao qual se filiou, o Podemos, nem no segundo, o União Brasil. Optou por concorrer ao Senado, e já durante a campanha fez as pazes com Bolsonaro e até tentou ajudá-lo em sua tentativa frustrada de reeleição na reta final. Moro foi então eleito senador pelo Paraná.

Coordenador da força-tarefa da Lava Jato em Curitiba, Deltan Dallagnol deixou o Ministério Público e entrou também para a política, filiando-se ao Podemos. Foi eleito para a Câmara dos Deputados pelo mesmo Paraná de Moro. No segundo turno da campanha presidencial de 2022, declarou voto em Bolsonaro.

JUDICIÁRIO COMO PEÇA DE TABULEIRO

Depois de o Supremo dar carta branca à Lava Jato nos primeiros anos da operação, houve ajustes de rota. Além de decisões como barrar o cumprimento de pena após decisões de segunda instância judicial, o tribunal limitou as conduções coercitivas e regulou o uso das delações premiadas nos processos.

No Ministério Público, a atuação dos procuradores também passou por contestações, para além das suspeitas de conluio e influência política levantadas pela Vaza Jato. Houve questionamentos sobre as tentativas de pressionar o Legislativo na defesa, por exemplo, do projeto que ficou conhecido como "dez medidas contra a corrupção". Houve também questionamentos ao plano dos procuradores de atropelar as regras a fim de administrar 2,5 bilhões de reais pagos em multas pela Petrobras por meio de uma fundação privada, num processo movido nos EUA. Um plano que foi barrado em razão da sua ilegalidade.

Já a Procuradoria-Geral da República deu um cavalo de pau entre os governos petistas e o bolsonarista. Passou de uma extrema autonomia a uma atuação bastante criticada por se submeter às vontades do presidente da República.

No geral, trata-se de uma discussão que ainda não terminou. E que é fortemente influenciada pela conjuntura. Ministros podem mudar de entendimento. E a composição do Supremo — a ocupação das onze cadeiras na corte — nem sempre é a mesma. Com a aposentadoria dos integrantes do tribunal, seus sucessores podem mudar os rumos das interpretações legais.

Mesmo diante da derrota eleitoral de Bolsonaro, o clima de animosidade em relação às instituições não foi debelado. Os apoiadores do ex-presidente viram sua saída do Palácio do Planalto como um conluio do "sistema". Pela lógica bolsonarista, o Supremo e o TSE teriam se unido para fraudar as urnas a fim de dar a vitória para Lula. A partir dessa teoria da conspiração, levaram a cabo ataques violentos à democracia brasileira.

A narrativa desprovida de provas, porém, não exclui do debate algumas questões legítimas a respeito do papel da Justiça como pretenso poder "moderador" nacional. Alexandre de Moraes virou relator de praticamente todos os inquéritos que emparedaram o bolsonarismo no Supremo. A partir deles, determinou prisões, cassou passaportes e quebrou sigilos de suspeitos de golpismo, com boa parte de suas decisões confirmada pelo plenário do Supremo. Em agosto de 2022, também passou a presidir o TSE. No cargo, diante do caos informativo e das ameaças recorrentes de ruptura institucional nas eleições, ganhou amplos poderes para barrar discursos de ódio e conteúdos falsos nas redes sociais, nos programas de rádio e TV dos candidatos e também em órgãos de imprensa. Muitas de suas decisões foram contestadas, e não apenas por bolsonaristas.

Xandão, como passou a ser chamado popularmente, acabou por repetir a sina que acompanha o país desde o início da década de 2010. Depois de Joaquim Barbosa e Sergio Moro, ele virou o novo juiz super-herói nacional, ao comandar a reação às tentativas de acabar com a democracia do Brasil diante de uma Procuradoria-Geral da República inoperante. Para Fabiana Alves Rodrigues, é preciso levar em conta alguns pressupostos diante de uma situação tão excepcional:

> Cada um de nós pode ter suas opiniões sobre o que esperar da atuação do Judiciário. Também é possível apresentar argumentos técnicos ao se discutir a correção ou não das decisões judiciais, inclusive as do STF. Mas as decisões da Suprema Corte são a última palavra em termos de legalidade e constitucionalidade. A democracia não funciona se seus principais jogadores não aderem às regras do jogo.

E a verdade é que não há regras jurídicas capazes de dar conta de um cenário de delinquência institucional.

Quanto à Lava Jato — cujas descobertas escandalosas e atitudes persecutórias mexeram na balança de poder nacional —, seu legado ainda permanece em disputa. Um dos pontos em aberto é o peso que a operação teve na grave recessão econômica enfrentada pelo Brasil entre 2014 e 2016. Uma recessão que, para alguns, seria profunda de qualquer maneira, com ou sem Lava Jato. Mas que, para outros, só foi tão grande por causa das decisões judiciais tomadas no Brasil a torto e a direito.

Da euforia à fome

A economia afeta a política. E a política afeta a economia. O bom funcionamento desse círculo cria bem-estar geral. O mau funcionamento tem impactos profundos, especialmente em países com dívidas sociais históricas.

Os brasileiros experimentaram, por alguns anos, uma realidade de crescimento, redução da pobreza, mais empregos e salários mais altos. Mas algo deu errado. O PIB desandou. A inflação e o desemprego viraram de novo um problema. O círculo virtuoso que ligava a economia e a política se quebrou, expondo o fato de que ele tinha tempo limitado.

Mas quais fatores internos e externos expuseram esse limite? E quais fatos impuseram uma recuperação lenta e excludente? De um país solapado por uma pandemia, emergiu um cenário trágico, com metade da população do país ficando em situação de insegurança alimentar e 33,1 milhões de pessoas passando fome.

Nos últimos dias do mês de agosto de 2015, Dilma Rousseff chamou os principais jornais do país a fim de dar uma entrevista.

Lidando com uma crise econômica que já se mostrava bastante preocupante naquele primeiro ano de segundo mandato como presidente da República, disse aos repórteres: "Errei em ter demorado tanto para perceber que a situação era mais grave do que imaginávamos. Talvez, tivéssemos de ter começado a fazer uma inflexão antes".

Essas palavras foram ditas a poucos dias da divulgação oficial de dados do PIB, que é a soma de todos os bens e serviços produzidos em um país. Quando os números vieram a público, a palavra recessão entrou no noticiário e de lá não saiu por um bom tempo. A retração da atividade econômica era resultado de uma desaceleração que vinha desde o ano anterior, 2014.

As forças políticas, que nunca param de farejar brechas de poder, começaram a pôr novas cartas na mesa. Michel Temer lançou em outubro de 2015 um documento intitulado "Ponte para o Futuro". Era um programa de viés liberal para a economia do Brasil. O país via ali o vice-presidente, primeiro na linha sucessória, apresentando publicamente um programa de governo alternativo, com mudanças muito mais profundas do que aquelas defendidas por Dilma.

Com esse movimento, o PMDB de Temer se afastava da presidente de forma clara, mesmo que estivesse formalmente aliado a ela. O partido tinha ainda outro desafeto da petista numa posição estratégica: Eduardo Cunha presidia a Câmara dos Deputados desde o início daquele ano. Sob seu comando, parlamentares tentavam emplacar a chamada "pauta bomba" — medidas que poderiam aumentar os gastos públicos. E o governo passava sufoco para tentar barrá-la. A economia e a política caminhavam de mãos dadas para o descarrilamento.

BASES DA ECONOMIA BRASILEIRA

O Brasil estabilizou sua economia em 1994, com o Plano Real, após anos de hiperinflação. Em 1999, diante de crises em países emergentes que pressionaram o câmbio, o presidente Fernando Henrique Cardoso, já reeleito, desfez a paridade entre real e dólar e promoveu uma desvalorização da moeda nacional. Criou então o chamado tripé macroeconômico, que é formado por três regras:

CÂMBIO FLUTUANTE: taxa de câmbio definida por variáveis como oferta e demanda de dólares e reais no mercado. Se há instabilidade, o Banco Central pode comprar ou vender moeda estrangeira para interferir no preço.

META DE INFLAÇÃO: limite estabelecido para o aumento geral de preços no ano. Se começa a haver descontrole, o Banco Central age para frear a atividade econômica, aumentando a taxa básica de juros.

META FISCAL: comprometimento do governo em obter um determinado resultado primário — diferença entre tudo que ele arrecada e tudo que gasta, sem contar o pagamento dos juros da dívida pública. O ideal é que haja superávit, ou seja, que sobre dinheiro para mostrar a investidores que o país tem capacidade de pagar seus compromissos.

A economista Laura Karpuska aponta um período, que perpassa os governos FHC e Lula, como central para a consolidação das bases econômicas que são paradigmas no país.

De 1999 a 2007 houve um foco econômico na estabilização da economia a fim de que o país pudesse crescer e distribuir renda. Isso ocorreu tanto no governo FHC como no governo Lula, a partir do modelo de tripé macroeconômico.

Entre a saída de FHC e a chegada de Lula à presidência, a economia brasileira passou por momentos de instabilidade, causados pela desconfiança quanto à chegada de um líder de esquerda ao poder. Para aplacar os temores de empresários, investidores, rentistas e demais agentes que formam aquilo que costumamos chamar de mercado, Lula lançou, ainda durante a campanha de 2002, sua Carta ao Povo Brasileiro, em que se comprometia a manter o tripé macroeconômico.

Naquele início de década, o mundo havia começado um superciclo de commodities impulsionado especialmente pelo boom econômico chinês. Guido Mantega, economista que comandava o Ministério do Planejamento no princípio do governo Lula, fala sobre as prioridades do governo à época:

> Tinha que apagar o incêndio. Apagar o incêndio era resolver o problema do endividamento brasileiro. Nós tivemos que assumir uma estratégia mais conservadora naquele momento, mesmo porque o governo Lula trazia desconfiança.

Segundo Mantega, o governo aproveitou o momento de "vacas gordas" daqueles primeiros anos para acumular reservas em dólar e pagar a dívida com o FMI contraída em 2001 e 2002. "Nós começamos com uma política mais austera, fazendo um superávit primário maior, mas já com políticas sociais", diz o economista.

As políticas sociais citadas por Mantega tinham como carro-chefe o Bolsa Família, programa de distribuição de renda que unificou vários outros que já existiam no governo FHC, mas com uma ampliação significativa em termos de alcance da população.

Esse período, classificado pelo economista Samuel Pessôa como "Malocci", já que unia características dos ministros da Fazenda Pedro Malan, de FHC, e Antonio Palocci, de Lula, viria a durar até 2006. "Eu já imprimi uma dinâmica um pouco diferente, que foi aumentar o investimento, aumentar as obras de infraestrutura", diz Mantega, que assumiu o ministério da Fazenda naquele ano.

VARIAÇÕES ECONÔMICAS

O debate econômico sobre o período em que o PT esteve no governo costuma ser dividido em Lula 1, de 2003 a 2006; Lula 2, de 2007 até 2010; e a Nova Matriz Econômica, nome do modelo adotado pela presidente Dilma Rousseff de 2011 até 2014. É consensual que o comportamento da economia nacional foi impactado de forma significativa pelo superciclo das commodities em boa parte desses anos, como lembra a economista Vilma da Conceição Pinto:

> Quando a gente olha esse período de boom de commodities, pegando um horizonte do primeiro e do segundo governo Lula, de 2003 a 2010, o crescimento econômico foi de fato mais elevado. Tivemos um período de crescimento um pouco mais elevado do que no período anterior [do governo FHC].

Durante esses oito anos citados pela economista, a dinâmica de fato ficou "um pouco diferente". Do primeiro para o segundo mandato de Lula o governo passou a adotar uma política mais desenvolvimentista ou mais intervencionista, a depender de quem faz a classificação.

Em 2006, ano da virada de Lula 1 para Lula 2, o Brasil havia descoberto no fundo do mar a grande reserva de petróleo na camada do pré-sal, cuja dimensão seria conhecida no ano seguinte. Ainda em 2007, o otimismo em torno de um Brasil

Grande — abastecido pela promessa de combustível fóssil em abundância — transbordaria para uma área intrinsecamente ligada à cultura nacional, com o anúncio de que o país fora escolhido para ser sede da Copa do Mundo de Futebol de 2014.

Nesse começo do seu segundo mandato, Lula lançou o Programa de Aceleração do Crescimento (PAC), com estímulos a investimentos em obras de infraestrutura. O PIB crescia e a arrecadação de impostos crescia junto, assim como os gastos públicos.

Em 2008 veio a quebra do Lehman Brothers, o centenário banco de investimentos americano, com o mundo entrando numa crise histórica. O economista Bernard Appy, que foi secretário-executivo do Ministério da Fazenda e também secretário de Política Econômica de 2003 a 2009, fala do impacto imediato que o colapso financeiro teve no Brasil:

> Estruturalmente, o Brasil estava numa situação muito melhor que os países desenvolvidos. Nossos bancos estavam muito menos alavancados, com muito menos exposição ao *subprime*, aos ativos que de fato geraram o problema no mundo inteiro, mas você teve, via expectativas, um processo muito complicado.

Quando Appy menciona alavancagem, ele se refere à situação na qual uma instituição opera com empréstimos superiores a seu patrimônio. Já o *subprime* citado pelo economista é um empréstimo de risco, com baixíssimas garantias. Foi esse tipo de empréstimo no setor imobiliário que originou a crise financeira de 2008, a mais profunda desde a quebra da bolsa de Nova York em 1929. Diante desse "processo muito complicado" por causa das expectativas do mercado, o governo Lula reagiu bem, segundo Laura Karpuska.

Havia espaço naquele momento, exatamente pelo tripé macroeconômico anterior, para que o governo pudesse intervir na economia a fim de suavizar os efeitos da crise de 2008. Havia uma boa situação fiscal, isso realmente permitia esse tipo de política.

Guido Mantega lembra que o governo lançou um programa de refinanciamento de dívidas de empresas para que elas não ficassem inadimplentes e reduziu impostos para determinados setores, como o automobilístico. Lembra também da oferta de crédito por parte dos bancos públicos, Banco do Brasil e Caixa Econômica Federal.

Nós ativamos os bancos públicos. Porque os bancos privados frearam, o que é uma reação natural quando há uma crise, especialmente financeira. Eles se fecharam, subiram os juros e diminuíram o crédito. Nós colocamos os bancos públicos em ação, aumentando o crédito e baixando as taxas de juros.

No dia 22 de dezembro de 2008, Lula fez um pronunciamento na TV em que se dirigiu à população brasileira: "Não tenha medo de consumir com responsabilidade. Se você está com dívidas, procure antes equilibrar seu orçamento. Mas, se tem um dinheirinho no bolso ou recebeu o 13º e está querendo comprar uma geladeira, um fogão ou trocar de carro, não furte seu sonho com medo do futuro. Porque, se você não comprar, o comércio não vende. Se a loja não vender, não fará novas encomendas à fábrica. E aí a fábrica produzirá menos e, a médio prazo, o seu emprego poderá estar em risco".

Os brasileiros consumiram. O mercado interno se aqueceu. O tsunami virou mesmo uma "marolinha". O clima de otimismo cresceu ainda mais em outubro de 2009, com a escolha do Rio de Janeiro como sede da Olimpíada de 2016. Lula terminou o segundo mandato com mais de 80% de aprovação popular. Mantega descreve aqui aquele quadro:

> O governo Lula, em oito anos, gerou 15 milhões de novos empregos, um fato inédito. O salário mínimo cresceu 50% em termos reais. A população passou a ter acesso a crédito, foi criado o consignado, modalidades de crédito acessíveis. Foram "bancarizados" mais de 20 milhões de brasileiros. Com Bolsa Família, crédito, aumento de salário, a demanda explodiu.

Enquanto a pobreza caía e uma nova classe média surgia, empresários e banqueiros também se beneficiavam. O pacto entre capital e trabalho, que o líder petista tinha prometido, parecia estar dando certo. Foi assim que Lula conseguiu eleger sua sucessora, a ex-ministra de Minas e Energia e ex-ministra da Casa Civil Dilma Rousseff.

NOVA MATRIZ ECONÔMICA

Bernard Appy lembra que a expansão da demanda citada por Mantega, com o aumento do consumo e dos investimentos, tornou-se um problema a ser enfrentado naquele início de governo Dilma, já que apontava para a aceleração da inflação, que é o aumento generalizado de preços. Isso porque, quanto mais demanda há, maior é a tendência de os preços subirem. "Se você pegar o primeiro ano do governo Dilma, em 2011, havia uma percepção de que a economia estava muito aquecida. Houve uma sequência de medidas para conter a expansão."

O remédio foi elevar a taxa básica de juros. Essa taxa, também conhecida como Selic,[1] é definida pelo Comitê de Política Monetária do Banco Central (Copom). Seu aumento ou sua queda influencia os juros cobrados dos clientes pelos bancos. Se a taxa aumenta, os juros dos bancos tendem a aumentar e os empréstimos ficam mais caros. Isso desestimula o consumo das famílias e o investimento das empresas. Com demanda menor, os preços sobem menos, não sobem ou podem até baixar.

A taxa de juros, portanto, é uma ferramenta de controle da inflação. Se a taxa baixa, os empréstimos ficam mais baratos e isso estimula o consumo das famílias e o investimento das empresas. Com demanda maior, a economia fica aquecida. Só que os preços também podem subir mais, gerando inflação.

O aumento dos juros para que a inflação não saísse do controle impactou a atividade econômica no primeiro ano de governo Dilma, assim como o cenário externo. Em 2011, os Estados Unidos ainda viviam os efeitos da crise financeira. Na Europa, os países enfrentavam a crise do euro, a qual envolvia a dívida pública[2] de uma série de países do bloco econômico, como lembra Guido Mantega:

> O Banco Central subiu os juros e a economia mundial deu uma despencada, porque é tudo interrelacionado: quedas nos Estados Unidos e na Europa afetam o Brasil imediatamente. O comércio internacional deu uma despencada, então você não tinha para quem exportar, perdeu-se riqueza. Em função desse cenário desafiador, foi preciso tomar novas medidas.

Depois do movimento inicial de contenção, vieram as "novas medidas", com o objetivo de fazer a economia voltar a deslanchar e chegar aos níveis de crescimento do governo Lula. Surgia assim a Nova Matriz Econômica, termo usado pela primeira vez publicamente em 2012 por Márcio Holland, secretário de Política Econômica do Ministério da Fazenda. Em resumo, essa nova matriz consistia em:

BAIXAR A TAXA DE JUROS: para estimular o crescimento da economia

DESVALORIZAR O REAL: para estimular exportações e o setor industrial

BAIXAR IMPOSTOS: nas chamadas desonerações das empresas

EXPANDIR EMPRÉSTIMOS DO BNDES: para que empresas pudessem investir

REDUZIR TARIFAS DE ENERGIA: intervindo em contratos do setor elétrico

Além das medidas citadas, o governo Dilma passou a usar a Petrobras para segurar a inflação. Com o real desvalorizado frente ao dólar, a maior estatal do Brasil gastou muito dinheiro para importar combustível. Além dos altos volumes de importação de diesel — algo comum —, a empresa petroleira bateu recorde de importação de gasolina em 2012. E o gasto extra não foi totalmente repassado para os preços internos: a Petrobras bancou a diferença.

Políticas microeconômicas, como subsídios e redução de impostos para determinados setores da economia, já vinham sendo adotadas pelo governo Lula, mas foram ampliadas por Dilma, que também reduziu impostos para que empresas tivessem menos gastos com empregados, na chamada desoneração da folha de pagamento.

"A Nova Matriz Econômica, além de ter essas mesmas políticas intervencionistas de natureza mais microeconômica, tentou mudar os preços da macroeconomia", afirma Samuel Pessôa. As políticas macroeconômicas que o economista menciona foram a redução da taxa básica de juros, a intervenção no câmbio, a ação para reduzir o preço da energia e o represamento do preço dos combustíveis.

Além de forçar a queda da Selic, o governo Dilma atuou para estimular uma redução mais consistente dos juros bancários dos empréstimos que os bancos fazem para os clientes, como afirma Guido Mantega: "Nós fizemos uma campanha para baixar o spread dos bancos brasileiros, operando no Brasil, e fizemos com que os bancos públicos competissem com eles".

Na estratégia de pressão, os bancos públicos Banco do Brasil e Caixa Econômica Federal reduziram seu spread, que é a diferença entre o que os bancos pagam de juros para captar dinheiro e o que eles cobram de juros para emprestar dinheiro ao cliente. O Brasil tem um dos spreads mais altos do mundo, o que faz com que os clientes também paguem uma das taxas de juros mais altas.

A vitória do governo Dilma na batalha do spread foi simbolizada, em 2012, por um comercial de TV do Itaú, maior banco privado do Brasil. Na peça, o apresentador Luciano Huck, garoto-propaganda da marca, dizia em tom jovial que o país vivia "um momento de sonhos", que o país "sonhou em crescer e cresceu", que "a economia mudou", "o mercado mudou" e, portanto, o Itaú estava ali "fazendo sua parte, com taxas de juros cada vez mais competitivas".

Além do Itaú, outros bancos privados, como Bradesco e Santander, baixaram seus juros. Em setembro daquele ano, os juros bancários em transações de pessoas físicas atingiram o menor valor desde 1994.

COMEÇO DO FIM DO GOVERNO

Dilma entrou em 2013 com a popularidade em alta. Só que os primeiros sinais de que algo não ia tão bem na economia começaram a surgir. A inflação voltou a acelerar e o Banco Central reagiu elevando a taxa básica de juros, interrompendo uma sequência de quedas de mais de um ano e meio. Uma sequência de quedas artificiais, segundo Samuel Pessôa:

> Tentou-se uma política de redução da taxa de juros sem que houvesse condições macroeconômicas para a taxa de juros cair. Porque o regime de metas de inflação prevê que as condições estejam dadas, e não estavam dadas daquela forma. E a queda dos juros foi muito mais intensa do que o razoável e durou muito mais tempo.

Até que, em junho, começaram as manifestações que atordoaram a política. A popularidade de Dilma despencou, assim como as de outros governantes. O país entraria em 2014 já em ritmo de desaceleração econômica. O consumo das famílias cairia, assim como os investimentos no geral. A Operação Lava Jato já estava em curso, mirando contratos da Petrobras com grandes empreiteiras.

O governo se esforçava para manter o nível de emprego e os programas sociais. A FAO, agência das Nações Unidas para alimentação e a agricultura, anunciava a saída do Brasil do chamado "Mapa da Fome". O plano Brasil Sem Miséria havia tirado milhões de pessoas da extrema pobreza, criando dinâmicas locais de desenvolvimento, com um amplo programa de cisternas para o semiárido. Só que a economia não deslanchou com a Nova Matriz Econômica. Pior que isso: entrou em declínio. Dilma usou a máquina federal para segurar o quanto possível um Estado de bem-estar no ano eleitoral em que tentava renovar o mandato. Apesar da desaceleração do crescimento, 2014 terminou com uma inédita sensação de pleno emprego, com uma taxa de desocupação muito baixa, próxima dos 4%. Dilma venceu a disputa contra o tucano Aécio Neves.

Depois de passar a campanha inteira dizendo que não haveria mudança de rumo — que o Estado continuaria como protagonista na busca pelo desenvolvimento —, a presidente reeleita enfim incluiu a expressão "ajuste fiscal" em seu discurso. Guido Mantega, economista historicamente ligado ao PT, foi substituído no Ministério da Fazenda por Joaquim Levy, executivo do Bradesco.

"Nós vamos fazer, sim, ajustes na economia, mas isso sem revogar direitos conquistados ou trair nossos compromissos sociais", afirmou Dilma no parlatório do Palácio do Planalto, no evento de posse do segundo mandato, em 1º de janeiro de 2015. Porém, naquele mesmo ano o governo restringiu o acesso a pensões, ao seguro-desemprego e ao auxílio-doença. Uma política não mudou: a renúncia fiscal a favor das empresas. Dilma insistiu nas desonerações, fosse à espera de investimento privado, fosse à espera da manutenção de empregos.

A crise econômica se somava a uma crise política cada vez mais presente. Dilma se relacionava muito mal com o Congresso. Os partidos da base de apoio começaram a se afastar. A recessão no Brasil, enfim, entrou no radar dos órgãos que medem a atividade econômica.

Num pronunciamento em rede nacional de TV em 7 de setembro de 2015, Dia da Independência, Dilma resumiu o quadro: "As dificuldades e os desafios resultam de um longo período em que o governo entendeu que deveria gastar o que fosse preciso para garantir o emprego e a renda do trabalhador, a continuidade dos investimentos e dos programas sociais. Agora temos que reavaliar todas essas medidas e reduzir as que devem ser reduzidas".

A presidente afirmou ainda que os problemas "também vieram lá de fora", numa referência ao quadro econômico internacional.

As tarifas de energia aumentaram, impactando a população e também a produção, já que faziam crescer os custos da indústria. A Petrobras parou de segurar os preços, e os combustíveis registraram alta significativa. A inflação chegou a dois dígitos no fim daquele ano. O Brasil perdeu o selo de bom pagador das agências de risco, uma espécie de chancela de credibilidade para investidores que o país havia conquistado no governo Lula. O desemprego começou a acelerar, chegando a 11% em maio de 2016, mês em que Dilma foi afastada da presidência por causa do processo de impeachment em que era acusada de manobras fiscais por realizar gastos não autorizados pelo Congresso.

A economia desandou, com uma das piores recessões da história nacional. A política também desandou, com um dos períodos mais conturbados de uma democracia que acabava de completar trinta anos.

FREIO DE MÃO PUXADO

Anos após a crise econômica de 2014 e 2016, o Brasil ainda trava um debate sobre os motivos da recessão daquele período. Laura Karpuska ressalta a falta de consenso sobre o que há de endógeno e de exógeno ao governo Dilma.

O superciclo das commodities, que havia se iniciado no começo da década de 2000, encerrou-se em meados dos anos 2010, exatamente quando começaram os primeiros sinais da crise brasileira. As exportações foram atingidas. O país também passou por uma crise hídrica, que desarranjou ainda mais o setor elétrico.

Ao mesmo tempo, segundo a economista, o governo errou na dose ao tentar manter por mais tempo as políticas bem-sucedidas do Brasil na reação à crise financeira de 2008.

Em algum momento, essas políticas passaram a não ser temporárias. Tínhamos desonerações tributárias setoriais, concessões de subsídios creditícios pelo BNDES, alguns estímulos ao investimento privado... Houve uma discussão sobre manutenção da taxa de juros abaixo do que seria adequado para um regime de metas de inflação. No pós-crise, já não era mais adequado manter esse tipo de política, porque ela funciona de forma adequada suavizando choques negativos ao crescimento, à demanda e à renda quando você tem a necessidade de fazer essa suavização. Quando você não tem, pode gerar uma crise de confiança na economia, que se entende que foi o que aconteceu.

O economista Bráulio Borges publicou um artigo[3] em 2017 no qual analisa a Nova Matriz Econômica e busca as origens da crise. Borges concluiu que algo entre 40% e 60% da desaceleração econômica se deveu a fatores exógenos. O restante pode ser atribuído a erros do governo. Samuel Pessôa respondeu[4] ao colega, dizendo que no máximo um terço de toda a queda brasileira pode ser atribuído a fatores exógenos, como o fim do superciclo das commodities e a falta de chuvas que atingiu o sistema elétrico. Pessôa aponta a adoção de uma agenda intervencionista, ainda no governo Lula, como origem da crise.

Era uma situação de desequilíbrio potencial que estava encoberto pelo boom de commodities. Quando o boom passou, aquela situação que estava escondida foi desvelada. Primeiro acabou o dinheiro para manter o crescimento do Estado de bem-estar social. E o intervencionismo se esgotou: passamos por um ciclo de investimento liderado pelo Estado que maturou mal, porque as decisões de investimento não foram tomadas a preço de mercado. Investimento que matura mal gera endividamento nas empresas, e não capacidade produtiva. No final de 2014, estávamos chegando a essa situação. Então a economia despencou.

Bernard Appy vê motivações essencialmente domésticas para a recessão de 2014 a 2016.

A crise decorreu exatamente dos excessos da política econômica no período de 2012 a 2014. Essa política excessivamente expansionista e muito intervencionista acabou tendo um custo. Por exemplo: você conteve tarifas de eletricidade de uma forma artificial. Chegou 2015 e a opção de Joaquim Levy, ministro da Fazenda, foi falar: "Olha, vamos fazer o ajuste todo de uma vez". Essa opção levou a uma contração forte da economia, teve impacto sobre a arrecadação, e esse impacto acabou levando à mudança da meta de resultado primário em meados do ano, com uma reação muito negativa do mercado, que acabou inclusive levando à perda do grau de investimento do Brasil.

O ex-secretário-executivo do Ministério da Fazenda no governo Lula cita a mudança da meta fiscal naquele ano de 2015. Ela mudou de uma previsão de superávit para uma previsão de déficit. Um déficit que já tinha sido registrado no ano anterior e do qual o Brasil não viria a se recuperar por vários anos seguintes.

O economista Pedro Rossi diz que toda grande crise é um fenômeno complexo, cujas causas são muitas. Mas toda grande crise também tem um fator fundamental.

Esse fator fundamental é o choque recessivo de 2015, algo induzido pela política econômica do governo, que puxou o freio de mão da economia. E não foi só austeridade fiscal, não foi só corte de gastos, porque o gasto público do governo federal caiu em termos reais. Foi corte de gastos, foi liberação dos preços administrados. Liberou-se o preço dos combustíveis e da energia no primeiro trimestre de 2015, o que representou um choque de custos para a economia, uma perda do poder de compra do trabalhador e uma redução do consumo.

Vilma da Conceição Pinto chama atenção para o aspecto da falta de transparência na política de benefícios de impostos, as chamadas desonerações — ou também gasto tributário:

> Houve um aumento significativo na quantidade de benefícios fiscais que foram concedidos. Muitos deles não tinham avaliação *ex-ante* nem *ex-post*. Há uma questão de transparência e também uma questão de eficiência. Isso de fato está atingindo os objetivos esperados? Esse gasto tributário não seria mais eficiente se fosse feito de fato via gasto?

A economista destaca a falta de um prognóstico e de análises posteriores dos resultados dessas políticas de concessão de benefícios fiscais. Segundo ela, esse dinheiro poderia, por exemplo, ter sido usado em gastos diretos do setor público em vez de incentivar o setor privado sem perspectiva real de retorno. Esse é um tema que a economista Laura Carvalho explora em seu livro *Valsa Brasileira: do boom ao caos econômico*. Ela diz que Dilma errou ao abandonar prioridades de Lula, como o estímulo ao mercado interno, usando crédito e investimento público. Esse é, aliás, um dos erros que Guido Mantega admite ter cometido: "Foi o primeiro erro que cometemos. Eu não devia ter diminuído o investimento do governo em 2011. Porque investimento público puxa o investimento privado, principalmente em infraestrutura".

Outro erro que o ex-ministro da Fazenda já admitiu publicamente foi ter mexido no setor elétrico a fim de tentar reduzir a tarifa de energia para os consumidores.

A aposta de Dilma em reduzir impostos e oferecer subsídios à indústria para fazer a economia andar com investimento privado não vingou porque esse tipo de investimento, no fim, não veio. O porquê de isso ter acontecido é motivo de mais discussões sobre a Nova Matriz Econômica.

Numa entrevista em março de 2017 ao canal de televisão suíço RTS, a própria Dilma admitiu ter errado ao reduzir impostos de empresários esperando um investimento privado. No lugar de investir, afirmou a petista, "eles [os empresários] aumentaram a margem de lucro".

Segundo Guido Mantega, mesmo diante das políticas de estímulo do governo, havia um descontentamento empresarial com Dilma por causa do aumento dos salários durante os governos petistas. "O empresariado estava descontente porque o lucro estava caindo, e os salários, aumentando. Então houve um conflito distributivo no governo Dilma."

O conflito distributivo, que é a disputa por recursos disponíveis — coisa que se agrava em tempo de vacas magras —, teve um capítulo importante quando a recessão veio à tona e o governo tentou recriar a CPMF. A Fiesp reagiu com a campanha Não Vou Pagar o Pato, que se converteu depois numa campanha pelo impeachment de Dilma.

Mantega aponta também uma reação do setor financeiro. O ex-ministro da Fazenda cita como fatores de instabilidade a pressão do governo sobre os bancos privados a fim de reduzir o spread, a redução da taxa básica de juros e a taxação do fluxo de capitais. "Eu tomei medidas para regular a entrada de capital externo, taxei a entrada, o que desagradou a vários setores. Não era controle de capitais, era para conter o capital especulativo, não o investimento."

O cientista político André Singer, porta-voz da presidência nos primeiros anos do governo Lula, busca as origens da desarticulação econômica em seu livro *O lulismo em crise: um quebra-cabeça do período Dilma (2011-2016)*. Ele explica a mudança de atitude do setor produtivo em relação ao governo da petista.

A relação entre Dilma e o empresariado, sobretudo o empresariado industrial, foi marcada por uma grande oscilação. A ex-presidente, em seu primeiro mandato, buscou executar um programa que atendesse aos interesses dos industriais. Desse ponto de vista, era esperado que houvesse um apoio entusiástico do empresariado da indústria ao governo, o que de fato, em certo ponto, aconteceu particularmente até o final de 2012. De 2013 em diante começou a se perceber uma mudança desse clima na direção de uma insatisfação e uma oposição dos empresários industriais a Dilma, acompanhando um sentimento de desgosto do capital, em geral, com relação à orientação do governo.

Segundo André Singer, a relação oscilante entre os empresários e o governo Dilma acabou em choque.

Dilma entrou em conflito com o núcleo do capital, que é o setor financeiro. E, com essa medida, mobilizou a direção do capital na contramão das suas intenções, arrastando consigo os empresários industriais e acabando por formar aquilo que chamo de uma "frente burguesa antidesenvolvimentista".

O cientista político completa seu raciocínio levantando outros pontos que poderiam justificar esse conflito entre Dilma e o empresariado, mas reforçando sua tese de frente antidesenvolvimentista:

Uma das hipóteses para o conflito é a de que houve uma queda da lucratividade. Outra hipótese poderia ser a de que teria havido um aumento do endividamento das empresas. Todas essas hipóteses são válidas e merecem ser pesquisadas. O que me parece reforçar a hipótese de uma frente antidesenvolvimentista está no fato de que os empresários industriais não procuraram mostrar quais seriam as alternativas, se é que eles estavam tendo problemas causados pela política do governo, o que não me parece ser o caso. Seria de se esperar de aliados que eles procurassem convencer o governo de que novas medidas do tipo A, B ou C fossem necessárias para corrigir eventuais problemas, o que não houve. O que houve foi a adesão a uma proposta bastante ortodoxa, bastante neoliberal de ajuste fiscal, o qual acabou efetivamente ocorrendo no segundo mandato de Dilma, com consequências desastrosas para a própria presidente em termos de popularidade e também para o país.

Samuel Pessôa descarta qualquer tipo de choque gerado por interesses contrários e diz que não houve investimento privado porque, em meados da década de 2010, as empresas estavam fortemente endividadas.

A nossa queda brutal é a soma da má alocação de capital, do esgotamento do intervencionismo, que gerou empresas endividadas, sem capacidade de gerar caixa. Os números mostraram que a rentabilidade das empresas caiu. E o investimento caiu porque o retorno caiu. É verdade que Dilma tentou várias medidas artificiais para sustentar o retorno do investimento. Mas sabemos que essas medidas não funcionam.

IMPACTOS DA LAVA JATO

Existe um aspecto incontornável no debate a respeito da longa e profunda recessão registrada no Brasil entre 2014 e 2016: o impacto da Lava Jato na economia. A operação contra a corrupção na Petrobras começou em março de 2014. Prendeu doleiros, ex-diretores da estatal, políticos e grandes empreiteiros. Mas paralisou obras da empresa de petróleo.

O economista Gesner Oliveira fez estudos sobre a paralisação de obras de infraestrutura da estatal. Ele estima que a Lava Jato tenha sido responsável pela maior parte da queda do PIB brasileiro em 2015. O tombo naquele ano foi de 3,5%.

Guido Mantega era presidente do Conselho de Administração da Petrobras quando a Lava Jato estourou. Ele acumulava essa função junto ao cargo de ministro da Fazenda. O economista fala dos impactos dentro da própria empresa.

A Lava Jato acabou paralisando toda a cadeia de gás e petróleo do Brasil. Havia ações em que a Polícia Federal entrava na empresa, pegava celulares de 2 mil funcionários, fazia um estardalhaço. E a Petrobras foi sendo paralisada. Os diretores não queriam pagar as empresas que trabalhavam com a estatal. Ninguém queria assinar nada, porque todo mundo tinha medo de ser preso, de ser denunciado por corrupção, gente que não tinha cometido nenhum crime. Mas quando você assina o negócio, você pode sofrer uma ação.

Mantega nega que os prejuízos registrados na Petrobras entre 2014 e 2017 tenham sido causados por corrupção. A estatal chegou a admitir perdas de 6,2 bilhões de reais em seu balanço devido aos desvios apontados pela Lava Jato. Segundo o ex-ministro da Fazenda, naquele período os prejuízos da estatal ocorreram por causa da queda do preço do barril de petróleo, algo que atingiu todas as petroleiras do mundo.

De fato, você tinha focos de corrupção ali. Só que, curiosamente, os diretores que haviam cometido corrupção tinham sido demitidos em 2012. Não tinha diretores corruptos na Petrobras em 2014.

Mantega chama atenção para o que ele considera o principal erro da Lava Jato ao detectar os desvios.

Sim, era correto que se fizessem as investigações, como se faz em outros países quando se tem indícios. Mas o que esses outros países, como Estados Unidos e Suíça, fazem quando detectam corrupção? Punem os responsáveis, mas preservam a empresa. Você não paralisa a empresa. Você não desmobiliza a empresa. Então, você tinha empresas que tinham 150 mil funcionários e hoje têm 10 mil. Essas empresas eram competitivas no nível internacional e foram desmontadas. Elas exportavam tecnologia. As construtoras brasileiras eram de padrão internacional. Tinha corrupção? Tinha. Mas o que era preciso fazer era pegar a família [dona da empresa], prender os responsáveis, prender os diretores e manter a empresa, mas não. Destruíram onze empresas brasileiras para a felicidade dos concorrentes americanos.

Bernard Appy reforça a questão levantada pelo ex-ministro da Fazenda e também aponta para outros aspectos das perdas que envolveram a indústria brasileira.

Tem uma coisa que ainda está mal resolvida. Ok, teve corrupção, as empreiteiras estavam envolvidas, mas, em vez de penalizar a empreiteira, deveria ser encontrada uma forma de penalizar os acionistas. Ok, os acionistas, os controladores, talvez até os acionistas minoritários teriam que ter tido algum custo em cima disso, mas não a empresa. No fim, acabou-se levando a uma perda de know-how que o Brasil vinha adquirindo nessa área de obras de infraestrutura desde a época dos militares. Esse é um tópico que o Brasil não resolveu.

Samuel Pessôa acredita que a situação econômica do país estava de tal forma deteriorada que é difícil atribuir à Lava Jato uma responsabilidade direta.

O grosso da parada da construção civil ocorreria com ou sem Lava Jato, porque o que parou a construção civil foi um ciclo de investimento de péssima qualidade, com uma governança horrorosa, que gerou endividamento sem capacidade de geração de caixa das empresas.

Laura Karpuska diz acreditar que esse debate tem que ir além de cálculos econômicos sobre perdas e danos.

Existe muita gente que tenta dizer que a Lava Jato cortou empregos, porque as empresas pararam de operar. Mas essa é uma forma muito limitada de você ver um problema de corrupção, porque se você tem um modus operandi constante em que as empresas operam de forma inadequada institucionalmente, você não sabe o contrafactual que seria o país vivendo num ambiente institucional menos corruptível.

DEPOIS DA FREADA, O CAVALO DE PAU

A chegada do vice Michel Temer à presidência, em maio de 2016, após o afastamento de Dilma no processo de impeachment, marcou uma mudança importante na contenção de despesas. Elas já vinham sendo seguradas, mas acabaram limitadas, com travas incluídas no texto da Constituição. Dilma tinha puxado o freio de mão com seu ajuste fiscal. Temer tratou de virar o volante, dando um cavalo de pau na economia, com a aprovação do teto de gastos em dezembro de 2016.

A regra do teto de gastos estabeleceu que o governo não poderia aumentar suas despesas em relação ao ano anterior, descontada a inflação, por um período de vinte anos. Ficaram fora do teto algumas despesas específicas, como aquelas destinadas ao Fundo de Manutenção e Desenvolvimento da Educação Básica (Fundeb) e às transferências obrigatórias para estados e municípios.

A promessa era restringir despesas para reequilibrar as contas, impedindo o crescimento exagerado da dívida pública, algo que diminuiria o risco de investir no país e levaria a uma queda da taxa básica de juros. Como um todo, tal movimento restauraria a confiança do setor privado e atrairia investimentos. E o plano de longo prazo era reduzir as despesas obrigatórias do governo por meio de reformas. Assim, seria possível abrir espaços também para investimentos públicos.

Entretanto, o teto de gastos é outro tema em disputa. Samuel Pessôa diz acreditar que a medida escancarou o conflito distributivo nacional:

> O teto impôs limite ao crescimento do gasto. E a função dele foi política, não econômica. Ao travar o crescimento do gasto, ele explicitou o conflito distributivo. E por que ter um teto de gastos? Por um motivo muito simples: o Congresso brasileiro, já há muitos anos, se recusa a entregar mais recursos para o Estado.

O economista fala mais sobre esse conflito distributivo que, segundo ele, os parlamentares se recusam a resolver:

> O grosso do conflito distributivo ocorre no orçamento público: quem é tributado e para quem vai o dinheiro. Esse é o conflito distributivo numa sociedade moderna. E vivemos no Brasil não só um conflito distributivo, mas também um desequilíbrio fiscal estrutural. Não é um problema técnico. Para solucionar o conflito distributivo, vou ter que aumentar a carga tributária. Aí vou

aumentar o imposto de quem? Todo mundo quer que o conflito distributivo seja solucionado, ninguém quer inflação. Mas ninguém quer pegar o seu [ônus].

Segundo Samuel Pessôa, o Brasil tem, portanto, este desafio pela frente: ou o país diminui o Estado ou aumenta impostos. E quando a questão dos impostos entra em debate, as discordâncias são múltiplas. Não à toa é muito difícil aprovar uma reforma tributária. Há quem defenda apenas simplificar o emaranhado tributário brasileiro. Há quem defenda reduzir a carga de impostos para estimular o setor privado. E há quem defenda aumentar a taxação dos mais ricos.

Bernard Appy lembra que, quando era secretário-executivo do Ministério da Fazenda, a ideia de limitar despesas entrou na pauta do governo Lula: "Houve uma discussão dentro do governo de colocar um teto para a expansão de gastos. Aquela famosa reunião em que as pessoas falam que a Dilma disse: 'Não, gasto corrente é vida'".

O economista se refere a uma reunião de 2005 em que a equipe do então ministro da Fazenda, Antonio Palocci, apresentou um plano de contenção de despesas. Segundo relatos dos presentes, Dilma, à época chefe da Casa Civil, teria dito: "Gasto corrente é vida. Ou você proíbe o povo de nascer, de morrer, de comer ou de adoecer ou vai ter despesas correntes".

Gasto corrente é o gasto fixo do governo que faz a máquina pública andar. Bernard Appy diz ser a favor de limites da expansão das despesas, uma vez que isso abriria caminho para baixar a taxa básica de juros e possibilitaria uma eventual expansão econômica. Mas também afirma ser contra o modelo de teto aprovado pelo governo Temer, de aumento zero de despesas (descontada a inflação): "O teto de gastos foi um pouco exagerado. É o famoso cavalo de pau. Em vez de desacelerar o carro, que era algo claramente necessário, você travou tudo".

Pedro Rossi considera o teto de gastos uma medida extremamente radical pelo impacto que tem na vida das pessoas.

> Eu tenho que mexer em direito adquirido, eu tenho que reformar a Previdência Social muito mais do que ela já foi reformada. Eu tenho que furar os pisos de educação e de saúde, eu tenho que demitir funcionário público para o teto ser viável.

Além do teto de gastos, o governo Temer aprovou uma reforma que mexeu na Consolidação das Leis do Trabalho (CLT) numa intensidade inédita. A justificativa era flexibilizar regras — ou reduzir direitos — em troca de mais vagas de trabalho. Mas os empregos não vieram na quantidade prometida. A economia até saiu da recessão, recuperando-se lentamente, mas sem sequer chegar a 2% de crescimento.

O vice que virou presidente adotou uma nova política de redução de empréstimos no BNDES. Na Petrobras, adotou uma política de preços de combustíveis atrelada ao mercado internacional. Temer deixou o governo no fim de 2018 com uma popularidade baixíssima — a porcentagem de quem considerava seu governo ótimo ou bom não chegava a dois dígitos.

LIBERALISMO DE EXTREMA DIREITA

Jair Bolsonaro, um político de extrema direita que fez carreira defendendo pautas corporativas de militares e policiais, chegou ao Palácio do Planalto em 2019 associado a Paulo Guedes, um economista de discurso fortemente liberal.

Guedes falava em levar adiante uma série de reformas. Dizia que obteria 1 trilhão de reais com privatizações de estatais. Afirmava que o déficit público seria zerado em um ano. E prometia reduzir o preço do botijão de gás pela metade.

Mas a realidade política foi dura com Guedes, que acumulou funções do Planejamento e da Fazenda no novo Ministério da Economia. Ele logo se enrolou nas negociações com o Congresso e perdeu cedo o protagonismo na condução das reformas. As mudanças constitucionais nas aposentadorias, aprovadas ainda no primeiro ano de governo, por exemplo, tiveram como vetor o presidente da Câmara, Rodrigo Maia.

O economista Pedro Rossi vê princípios econômicos muito parecidos entre o governo Temer e o governo Bolsonaro:

> Bolsonaro foi a continuação de Temer. Bolsonaro inovou em outros aspectos, mas foi eleito com a agenda de 2016. Inclusive era o candidato perfeito para isso, porque não precisou trazer os temas econômicos para o primeiro plano. Se fizesse isso, perderia a disputa. Se a direita tradicional fosse argumentar racionalmente pelo teto de gastos, pela reforma trabalhista, pela reforma da Previdência, não iria ganhar as eleições de 2018.

A economia em 2019 andou devagar. O PIB ficou pouco acima de 1%. No ano seguinte, veio a pandemia de Covid-19, a mais grave crise sanitária em cem anos.

Diante de um vírus que se espalha pelo contato social, ficar em casa e paralisar as atividades presenciais passou a ser questão de vida ou morte. Mas não para o presidente brasileiro, que atropelou recomendações da ciência e insistiu na defesa da abertura do comércio. Ele não escondia sua preocupação com os impactos políticos de uma nova recessão econômica.

Enquanto Bolsonaro estimulava a manutenção das atividades e espalhava desinformação sobre a doença, centenas de milhares de brasileiros morriam, um número que ultrapassaria os 700 mil em março de 2023 — menor apenas do que o registrado nos Estados Unidos.

Assim como outros países, o Brasil adotou estímulos e compensações econômicas durante a pandemia. Uma parte central da reação à crise sanitária, porém, acabou tendo novamente o Congresso como protagonista.

O governo propôs a criação de um voucher ínfimo, de duzentos reais, a ser oferecido à população de baixa renda. Os parlamentares então articularam o Auxílio Emergencial com um valor maior. Bolsonaro correu atrás. No fim, o benefício de seiscentos reais foi aprovado pelo Congresso, como lembra Bernard Appy:

> A condução econômica no auge da pandemia, em 2020, foi boa no geral: houve rapidez no Auxílio Emergencial. Mas quem de fato criou as condições para que o país tivesse uma política [de auxílio] foi o Congresso Nacional, não o governo.

Como esperado, a economia afundou em 2020, entrando numa nova recessão. O resultado foi uma queda de PIB de 3,3%. A compra das vacinas, que estavam sendo desenvolvidas em várias partes do mundo e poderiam agilizar a retomada das atividades, foi sabotada por Bolsonaro. Ele atrasou as negociações com laboratórios e jogou dúvidas infundadas sobre um imunizante que poderia salvar vidas.

As vacinas só foram compradas após forte pressão pública. E também a partir de uma pressão política: o então governador paulista, João Doria, aliado eleitoral que virou desafeto de Bolsonaro, fechou uma parceria com um laboratório chinês para compra e produção compartilhada dos imunizantes, algo que obrigou o presidente a se mexer. O Sistema Único de Saúde (SUS), detentor de uma ampla expertise em vacinação, imunizou rapidamente a população — sempre que teve doses disponíveis.

O PIB se recuperou em 2021, com um resultado positivo de 5% — o alto índice foi alcançado em boa medida porque a base de comparação do ano anterior era muito baixa. Enquanto isso, outras grandes reformas econômicas prometidas por Bolsonaro não andaram, entre elas a reforma administrativa, que prevê mudanças no funcionalismo público, e a reforma tributária, dedicada à cobrança de impostos.

O governo Bolsonaro também viveu em 2021 uma crise hídrica, a mais severa em noventa anos. A situação pressionou as hidrelétricas e o preço da energia subiu.

Paulo Guedes não obteve seu trilhão com privatizações. Mas vendeu algumas estatais. Privatizou a Transportadora Associada de Gás (TAG), a Liquigás e a BR Distribuidora. A maior privatização levada adiante pelo ministro da Economia foi a da Eletrobras, gigante do setor elétrico do país, em 2022.

Uma das principais vitórias de Guedes veio com a autonomia do Banco Central, a partir da lei de 2021 que fixou mandatos para presidente e diretores da instituição, dificultando a interferência do governo, que antes fazia trocas quando quisesse.

O BNDES manteve a política de redução de empréstimos adotada por Temer. A Petrobras também continuou a política de preços atrelada ao mercado internacional. Bolsonaro reclamou muito publicamente, mudou presidentes da estatal, mas não mexeu na política de preços.

Em 2022, a petroleira repassou para os combustíveis a série de aumentos impulsionados pela guerra iniciada em fevereiro na Ucrânia. Os preços na bomba dispararam. O valor do gás doméstico, em vez de cair pela metade, como prometia Paulo

Guedes, foi para as alturas. Os lucros da estatal foram bilionários. E os dividendos pagos aos acionistas — governo incluído — bateram recordes.

Uma série de medidas foi tomada ao longo de 2022 para conter a alta dos combustíveis e reforçar o projeto de reeleição do presidente. O governo criou a Bolsa Caminhoneiro, a Bolsa Taxista, baixou impostos federais sobre a gasolina e o etanol e patrocinou a redução também de impostos estaduais — medida que deixou rombos nos cofres administrados pelos governadores. A Petrobras represou temporariamente o repasse dos aumentos do barril de petróleo no mercado internacional, mesmo sem alterar sua política de preços no papel. O principal programa social do país — o Bolsa Família, que havia sido rebatizado de Auxílio Brasil — foi turbinado, passando de quatrocentos para seiscentos reais por família.

Sem levar em conta a situação emergencial da pandemia, em que o teto de gastos foi furado — e esperava-se mesmo que fosse —, o governo Bolsonaro adotou uma política sistemática de ampliação de despesas, desrespeitando o mecanismo de contenção seguidas vezes.

Vilma da Conceição Pinto afirma que a credibilidade do governo, que já havia sido um problema para Dilma, acabou novamente solapada.

De novo vimos mudanças na Constituição com esse espírito de flexibilizar o teto de gastos, algo que virou recorrente. E isso afetou, do ponto de vista fiscal, a credibilidade na condução das contas públicas.

Samuel Pessôa, por sua vez, aponta um conflito interno vivido pelo governo Bolsonaro: um presidente que pensava de um jeito e um ministro da Economia que pensava de outro.

A contradição maior era que o presidente não era liberal. O presidente era um sindicalista de corporações do setor público. Isso não é nada liberal. Houve uma contradição dentro do governo, entre o presidente e seu ministro da Economia.

As medidas de viés eleitoral impactaram o crescimento, impulsionado também pela retomada plena das atividades presenciais e por uma nova alta das commodities. O PIB anual de 2022 cresceu próximo dos 3%, mas as condições que levaram o país a atingir tal índice não eram duradouras, assim como o bom resultado das contas públicas: com ajuda de uma arrecadação acima do esperado — em boa parte por causa de um petróleo valorizado em consequência da guerra na Ucrânia —, os cofres nacionais registraram um superávit primário no último ano de governo Bolsonaro, interrompendo uma sequência de déficits que vinha desde 2014.

Os resultados, além de circunstanciais, tiveram um custo: uma máquina pública desarticulada, funcionando a partir de estímulos temporários, com subfinanciamento de áreas centrais, como saúde, educação e habitação.

Para lidar com demandas urgentes em 2023, o novo governo Lula conseguiu aprovar a PEC da Transição, que garantiu um dinheiro extra — com mais um furo no teto de gastos. O presidente e seu ministro da Fazenda, Fernando Haddad, prometeram então acabar com o teto, substituindo-o por outro mecanismo de equilíbrio das contas públicas.

FOME COMO RESULTADO

O Brasil que emergiu da pandemia virou palco de uma crise social grave. A inflação de alimentos afetou as famílias de baixa renda. O desemprego, que havia atingido picos nos anos de 2020 e 2021, ficando em alguns momentos próximo dos 15%, começou a ceder. Já em meados do ano eleitoral de 2022, estava abaixo dos 10%. Mas essa recuperação no mercado de trabalho teve uma característica: a renda média do trabalhador ficou muito baixa. E a qualidade dos empregos piorou, com muita informalidade.

O número da população de rua das grandes metrópoles brasileiras explodiu. A insegurança alimentar — quando há incerteza de se obter comida de qualidade e quantidade suficientes — aumentou, passando a atingir mais da metade da população, cerca de 125 milhões de pessoas. O Auxílio Brasil — substituto do Bolsa Família — teve pagamentos inconstantes. O vaivém de decisões relativas ao programa agravou a insegurança alimentar, segundo o economista Marcelo Neri, diretor da FGV Social.

No dia 2 de agosto de 2022, Miguel, menino de onze anos que mora com a mãe e os irmãos em Santa Luzia, região metropolitana de Belo Horizonte, ligou para a polícia. "190, qual é a sua emergência", disse a atendente. Ele então explicou: "Ô, seu policial, aqui... É por causa que aqui em casa não tem nada pra gente comer. Aqui, minha mãe só tem farinha e fubá pra gente viver". Sim, sem ter mais a quem recorrer, Miguel ligou para a polícia.

O garoto representava a face mais trágica da insegurança alimentar: a fome. No Brasil, 33,1 milhões de pessoas não tinham o que comer nos primeiros meses de 2022, segundo dados da Rede Brasileira de Pesquisa em Soberania e Segurança Alimentar e Nutricional. O número equivalia a 15,5% da população. O Brasil só tinha registrado algo dessa magnitude no começo dos anos 1990, antes do Plano Real.

Era um quadro muito diferente de quando parecia que as coisas iam dar certo, de quando o país caminhava para erradicar a miséria. Mas, no fim, não foi nada daquilo. Numa década, o país foi da euforia à fome.

Rupturas

A palavra "ruptura" apareceu de forma recorrente no debate público brasileiro nos anos que sucederam junho de 2013. Da esquerda à direita, dos autointitulados centristas ao famigerado centrão, todos viram algo se romper na estrutura de poder nacional.

Antes mesmo das investidas golpistas do bolsonarismo, o próprio establishment político testou seus limites. E quem dava as cartas em Brasília perdeu o controle da situação. Enquanto se patinava para achar soluções, as portas ficaram abertas para um tipo de líder que já estava em evidência em outras partes do mundo. Um tipo de líder que se apresenta como capaz de enfrentar um sistema apodrecido. Um sistema que, na prática, acabou por colaborar com a própria implosão.

Às nove da manhã de 29 de agosto de 2016, Dilma Rousseff desceu do carro na porta do Congresso. Estava acompanhada de seu antecessor e padrinho político, Luiz Inácio Lula da Silva, e do cantor e compositor Chico Buarque. Nem Dilma, nem Lula, nem Chico acreditavam que o depoimento da presidente aos senadores naquele dia poderia livrá-la do impeachment. O objetivo ali, naquela segunda-feira, era outro.

Em pé na tribuna do Senado, a presidente petista começou seu discurso com uma comparação. Segundo ela, aquele momento era similar à derrubada de João Goulart pelos militares em 1964. "Como no passado, resisto. Não esperem de mim o obsequioso silêncio dos covardes. No passado com as armas, e hoje com a retórica jurídica, pretendem novamente atentar contra a democracia e o estado de direito", afirmou Dilma ao plenário lotado. Nos 45 minutos de discurso, ela usou a palavra "golpe" nove vezes. Após terminar sua fala, a presidente passaria mais treze horas respondendo à acusação de crime de responsabilidade por manobras fiscais.

O depoimento acabou perto da meia-noite. Dois dias depois, em 31 de agosto de 2016, os senadores concluiriam o julgamento e destituiriam Dilma do cargo, do qual já estava afastada havia três meses. Era o segundo impeachment de um presidente eleito pelo voto direto no país desde a redemocratização. O presidencialismo de coalizão brasileiro tinha colapsado mais uma vez, 24 anos depois da queda de Fernando Collor de Mello.

Originalmente descrito pelo cientista político Sergio Abranches em 1988, o presidencialismo de coalizão é um modelo de alianças entre Executivo e Legislativo. Para explicá-lo, Abranches partiu do fato de que, no Brasil, o presidente, chefe do governo, nunca conquista maioria no Congresso só com o próprio partido e, às vezes, nem mesmo ao somar todos os partidos da aliança eleitoral. Isso acontece em razão da alta fragmentação partidária brasileira. No ano em que Abranches escreveu seu famoso artigo, o país contava com quase duas dezenas de legendas registradas no TSE. Desde então, o número aumentou, atingindo a soma de 32 ao final de 2022.

Diante desse quadro, o presidente precisa somar à sua aliança eleitoral outras forças, isto é, montar uma coalizão que inclua adversários, com quem não tem nenhuma afinidade programática. E, para atrair adversários que não necessariamente compactuam com o projeto de país vitorioso nas urnas, o governo precisa ceder espaços — algo comum na política, da Dinamarca ao Brasil. Uma prática que, entretanto, costuma estar cercada de fisiologismo, com o presidente eleito atendendo a interesses particulares de políticos e de seus partidos em troca de apoio. Tudo para garantir a governabilidade. É daí que surgem os centrões.

"Centrão" é o termo usado para descrever um grupo de parlamentares de diversos partidos que dão apoio ao governo da vez — independentemente da orientação político-ideológica de quem ocupa o Executivo — em troca de cargos na máquina pública e de acesso privilegiado ao Orçamento. É um quadro que, muitas vezes, descamba para a corrupção, dentro da dinâmica em que o indicado permite superfaturamentos, recebe parte do dinheiro superfaturado e repassa esse dinheiro para o político que o indicou.

O centrão já teve várias composições ao longo do período democrático, a partir da Assembleia Constituinte que funcionou de 1987 a 1988. E, diferentemente do que o nome sugere, não se trata necessariamente de políticos de "centro". A maioria está ligada a um conservadorismo de direita.

FAXINA E DESARRANJO NA COALIZÃO

Em 2010, a aliança que elegeu Dilma pela primeira vez era numerosa, uma herança do governo Lula, que havia deixado o Palácio do Planalto com uma aprovação popular acima dos

80%, um desempenho histórico. Ela contava com dez partidos, incluindo o PT da própria presidente e o PMDB do vice Michel Temer. Tinha ainda o apoio informal do PP, um dos ícones do centrão que já garantia ao governo maioria tanto na Câmara dos Deputados como no Senado. O cenário, portanto, era relativamente confortável.

No entanto, Dilma queria impor sua própria marca, sem repetir o modelo do antecessor. À época, colocou o combate à corrupção como prioridade. A petista começou então a afastar ministros de partidos aliados envolvidos em suspeitas. Sete nomes do primeiro escalão foram demitidos — cinco deles ocupavam o cargo desde o governo Lula. Tais mudanças foram chamadas de "faxina ética".

O cientista político Fernando Limongi lembra que a "faxina" não se limitou à Esplanada dos Ministérios:

> A origem da crise é a faxina. A faxina não no Ministério, e sim na Petrobras. Dilma demitiu três diretores da estatal e trocou a presidência da empresa. E com isso ela cortou uma fonte de recurso dos partidos aliados.

Fernando Limongi se refere ao que ocorreu no governo no início de 2012, segundo ano de Dilma na presidência, paralelamente à adoção da Nova Matriz Econômica. Num momento em que registrava alta popularidade, coisa que lhe garantia força política, a presidente mudou o comando da Petrobras, colocando à frente da estatal Graça Foster, funcionária de carreira da empresa. E demitiu os diretores Renato Duque, da área de serviços, Jorge Zelada, da área internacional, e Paulo Roberto Costa, da área de abastecimento. Eles eram indicados do PT, do PMDB e do PP, respectivamente. Por que a petista fez tais mudanças? O cientista político aponta o que vê como motivação:

Dilma fez isso não por amor ao bem público ou porque ela fosse avessa a qualquer tipo de corrupção ou qualquer tipo de *Realpolitik*. Ela estava tentando salvar o projeto do PT, que era a industrialização do país, a promoção de uma indústria nacional usando o pré-sal como trampolim para montar um setor naval poderoso de navios-sondas, toda uma infraestrutura para o setor petroleiro, que viria com um alto investimento estatal. E isso virou um sorvedouro de recursos, com uma ineficiência enorme. Dilma e Graça Foster tentaram dar um freio de arrumação nessa história e demitiram os diretores que eram os responsáveis pelo varejo desse projeto.

Tais mudanças nas diretorias — que, ao atuarem no "varejo", participavam de desvios de dinheiro em conluio com as empreiteiras contratadas pela Petrobras — desagradaram aos aliados e a setores do próprio PT, segundo lembra Fernando Limongi:

Os estudos sobre escândalos de corrupção, pelo menos os mais sérios, mostram o quê? Corrupção só se evidencia se o grupo que está se beneficiando dela briga entre si. Corrupção, por definição, é feita escondida, é protegida. Se não há uma briga interna, todo mundo fica contente: "estamos ganhando o nosso". Se não há uma briga pelo botim e um desarranjo nessa briga, a coisa não aparece aos olhos públicos. É a briga interna que abre um escândalo. Começa sempre assim.

Portanto, as demissões na Petrobras romperam um dos laços que ajudavam a amarrar a coalizão herdada do governo Lula. Ao tirar os indicados dos partidos aliados da estatal, Dilma teria aberto um dissenso interno e levado à "briga pelo butim". Enquanto essa briga se desenrolava nos bastidores, o país assistia pela TV à condenação dos principais líderes do PT no julgamento do Mensalão ao fim de 2012. Assistia também às ruas sendo tomadas pelas manifestações de junho de 2013, o que derrubou a popularidade da presidente e de outros governantes. Assistia, por fim, à reorganização de um novo centrão em torno de uma figura cada vez mais poderosa no Congresso: Eduardo Cunha, líder do PMDB, partido do vice-presidente. Um político eficiente em seus propósitos, afirma o cientista político.

> Não tem paralelo na história um político tão eficiente do ponto de vista da armação de negócio, de transformar toda e qualquer atividade parlamentar e política em uma fonte de recursos. Se existe um gênio dessa arte, esse cara se chama Eduardo Cunha. E todos os políticos foram reconhecendo isso: "é melhor não enfrentar Cunha, é melhor se aliar a ele".

MEU MALVADO FAVORITO

Eduardo Cunha era tratado inicialmente apenas como um aliado incômodo pelo governo. Ainda no primeiro mandato de Dilma, era chamado de forma jocosa pela presidente de "meu malvado favorito", uma alusão a Gru, o vilão da animação homônima ao apelido, lançada nos cinemas em 2010, e que tinha como ajudantes os desastrados e irreverentes Minions. A relação entre o Palácio do Planalto e o líder do PMDB, no entanto, passava longe da comédia e já caminhava para o drama.

Segundo Cunha, um dos motivos que ajudaram a minar tal relação foi o avanço de petistas sobre espaços eleitorais de aliados.

> Os partidos aliados de Dilma estavam sendo sufocados pelos deputados do PT em suas bases. Isso, de certa forma, gerou a

perda de apoio por parte de Dilma. O Congresso ficou com aversão ao PT. Vou dar um exemplo banal: se um deputado em Minas Gerais [da aliança do governo] tivesse sua base num município do estado, vinha um deputado do PT, invadia o município e tentava tomar a base, cheio de coisas da máquina, dos ministérios que estavam com o PT, notadamente Educação e Saúde. Ele [o petista] chegava lá com dinheiro e tirava votos do deputado [da aliança do governo].

Deputado federal pelo PT, Paulo Teixeira fala numa busca pela desocupação de espaços na máquina por partidos aliados de Dilma, mas a partir de outra lógica:

Eles [os aliados] tinham presença num estado profundo, na máquina. Foi quando Dilma falou: "sai". Ali ela começou a perder governabilidade, porque tentou fechar todas as torneiras por onde se praticava corrupção dentro do governo. A presidente perdeu a governabilidade porque o projeto de Eduardo Cunha era ganhar dinheiro.

O professor de filosofia Marcos Nobre afirma que o governo Dilma tentou mexer no pemedebismo, aquele fenômeno de supercoalizões no qual a oposição de fato é exercida dentro da própria aliança governista — um arranjo que é consequência da existência de centrões.

O governo Dilma tentou reorganizar o capitalismo brasileiro de cima a baixo e de uma vez. A ideia era simples. Dando certo, produziria mais crescimento, geraria mais legitimidade política, mais votos, maior capacidade eleitoral; e ao mesmo tempo reduziria o preço do PMDB e do pemedebismo. Porque, quanto mais popular, quanto mais capaz de entregar crescimento econômico e distribuição de renda, mais difícil fica para os partidos especializados em venda de apoio parlamentar — que são praticamente todos — cobrar um preço muito caro. E o contrário também. Enquanto a capacidade de vencer a eleição diminui, o preço sobe. Deu muito errado [a aposta de Dilma]. Ao mesmo tempo, não dá para dizer que foi só Dilma que fez isso. Nas eleições municipais de 2012, o PT foi para cima do PMDB em quase todos os lugares. Não era uma coisa isolada, que só Dilma estava tentando fazer. Foi um equívoco total, porque tentar sufocar o pemedebismo dentro do pemedebismo é um equívoco monumental.

Eduardo Cunha virou líder do PMDB na Câmara dos Deputados no começo de 2013. Um ano depois, em 25 de fevereiro de 2014, ano eleitoral, ele reuniu líderes de sete partidos da coalizão governista, além do líder do Solidariedade — partido de oposição —, e tirou uma foto para anunciar publicamente a criação do chamado "blocão", uma espécie de centrão ampliado que se unia a parlamentares de oposição, como relembra o próprio Cunha:

> Esse blocão era uma resposta. O objetivo era dar um freio de arrumação, era impedir que o PT fizesse o que estava fazendo nas bases dos parlamentares. Qual era a forma de resolver isso? Era dar resposta no voto [no Congresso]. Então era para derrotar o governo mesmo em alguns momentos. À oposição interessava derrotar o governo de qualquer maneira. Você chamava para combinar: "Olha, num tema tal aqui, hoje nós vamos votar para derrotar o governo". Aí derrotava o governo. Era isso que acontecia. O blocão foi formado desse jeito.

Era essa a situação enfrentada por Dilma no fim de seu primeiro mandato. O líder do PMDB, partido governista, havia criado um grupo para aumentar ainda mais seu poder de negociação dentro do governo, um grupo que se unia à oposição em algumas votações. E os opositores, PSDB à frente, aproveitavam-se dessa dissidência para desgastar ainda mais o governo. Além dos embates na coalizão, havia disputas também dentro do próprio PT, onde grupos mais alinhados a Dilma brigavam por espaço com outros mais alinhados a Lula.

A socióloga Monalisa Soares resume aqui aqueles primeiros anos da relação de Dilma com o Congresso:

> O primeiro mandato de Dilma foi o laboratório em que se gestou a insatisfação do Parlamento com o Executivo, mostrando a dificuldade que o governo tinha para gerenciar relações tão importantes no presidencialismo de coalizão brasileiro.

A relação pioraria consideravelmente a partir de 17 de março de 2014, com a deflagração da Lava Jato. Paulo Roberto Costa, demitido da Petrobras dois anos antes, viria a se tornar um dos principais delatores da operação, ao lado do doleiro Alberto Youssef.

Fernando Limongi explica como o emaranhado de disputas políticas na base aliada deu tração aos procuradores que investigavam a corrupção na estatal de petróleo:

> Todo o deslanchar da Lava Jato se dá no interior de um conflito intracoalizão, entre grupos do PT e grupos aliados. Quem liderou tudo isso foi Eduardo Cunha. Ele cresceu no segundo governo Lula e no primeiro governo Dilma com fortes aliados dentro do grupo majoritário do PT. E Dilma tentou barrar esse grupo. O conflito interno da coalizão alimentou a Lava Jato e toda a maluquice que foi esse processo. Começou com uma briga intracoalizão e depois uma parte da coalizão foi fazer aliança com a oposição. E a oposição não viu problema em radicalizar.

FRUSTRAÇÃO E AUDITORIA NAS URNAS

A campanha presidencial de 2014 já começou em clima conturbado por causa da Lava Jato. E outros fatores excepcionais se somaram a isso. Na manhã de 13 de agosto, uma quarta-feira, o jatinho particular que levava o candidato do Partido Socialista Brasileiro (PSB) à presidência, o ex-governador de Pernambuco Eduardo Campos, que havia acabado de completar 49 anos, caiu num bairro residencial de Santos, no litoral paulista. Campos era uma promessa eleitoral com potencial de furar a tradicional polarização entre PT e PSDB, que vinha desde as eleições de 1994.

Com a morte do ex-governador pernambucano, a candidatura do PSB foi assumida por Marina Silva, vice na chapa de Campos. Ela chegou a encostar nos primeiros colocados durante a campanha, mas, sob fortes ataques do PT, ficou pelo caminho. A polarização entre petistas e tucanos se manteve, completando ali duas décadas.

O domingo de 26 de outubro de 2014, dia do segundo turno das eleições presidenciais entre Dilma Rousseff, que tentava reeleição, e Aécio Neves, do PSDB, começou com um boato forte nas redes sociais. A notícia falsa dizia o seguinte: Alberto Youssef, que havia fechado um acordo de delação premiada com a Lava Jato, tinha sido envenenado e morto na prisão. Três dias antes, a revista *Veja* havia publicado uma reportagem de capa na qual o doleiro afirmava que Dilma e Lula sabiam da corrupção na Petrobras. O boato do envenenamento de Youssef se espalhou depressa. E chegou também aos eleitores por disparos de WhatsApp, fato que inaugurou o uso massivo do aplicativo de mensagens para espalhar mentiras com intuito de interferir em eleições.

José Eduardo Cardozo, ministro da Justiça de Dilma, foi a público ainda pela manhã para desmentir a notícia falsa. Youssef estava bem. A verdade era que ele tinha ido para o hospital fazer exames no coração, mas não tinha sido envenenado. Aquela foi a primeira desinformação do dia. No fim da tarde, um novo boato começou a circular, como lembra Cardozo.

Quando nós estávamos no Palácio da Alvorada [residência oficial da presidência] acompanhando os resultados, houve um momento em que chegou a informação de que nós havíamos perdido. Nossos advogados que estavam no TSE começaram a ver pessoas da oposição comemorando. Uma informação tinha vazado, não sei como nem por quem: Aécio tinha ganhado. Eram mais ou menos umas seis e meia da tarde. E os nossos advogados falaram: "Olha, parece que a vaca andou para o brejo".

O clima de dúvida descrito pelo então ministro da Justiça tomou conta da residência oficial da presidência devido à antiga regra do TSE de não começar a divulgar números parciais da apuração antes que todas as urnas estivessem fechadas. Naquele momento, por causa do fuso horário brasileiro, muitas delas ainda estavam abertas e diversos eleitores ainda votavam. Mas alguém vazou dados parciais num momento em que Aécio estava na frente na apuração. E o tucano achou que rumava para a vitória. Momentos depois, com todas as urnas fechadas — e com votos de regiões do país onde o PT vai tradicionalmente melhor devidamente computados —, o TSE divulgou a parcial da apuração oficial. E Dilma já tinha tomado a dianteira. A partir dali, ela não seria mais ultrapassada.

Na noite de 26 de outubro de 2014, Dilma foi declarada reeleita presidente do Brasil. Aquela havia sido a disputa mais acirrada da história até então, com 51,64% de votos válidos para a petista e 48,36% para o tucano. A diferença foi de 3,5 milhões de votos.

José Eduardo Cardozo afirma que o boato a respeito da vitória de Aécio e a reversão das expectativas tiveram um impacto forte nos tucanos e seus apoiadores.

Os adversários já estavam indo organizar a festa, fretando avião. O resultado frustrou muito os setores que queriam a vitória de Aécio. E a reação imediata [dos tucanos] foi: "Como é que pode um negócio desse, nós tínhamos recebido a informação [de que Aécio estava na frente]; foi roubado". E aí começou aquela bobageira de auditoria.

Cardozo se refere à auditoria nas urnas eletrônicas pedida pelo PSDB logo após o resultado da eleição. A demanda, que jogou suspeição sobre a segurança de urnas eletrônicas usadas desde 1996 sem registrar fraudes, foi baseada em boatos da internet. Nara Pavão, cientista política que pesquisa o fenômeno das fake news, aponta os danos da auditoria solicitada pelos tucanos:

Quando o PSDB questiona o resultado das eleições em 2014, envia, na verdade, um sinal muito forte para a opinião pública de que as eleições não são confiáveis, e isso reforça uma crença latente de parte da população de que não podemos confiar no resultado delas. Sabemos que grande parte do que as pessoas pensam, das percepções e das crenças dos eleitores, é moldada pelos sinais que as elites enviam. As elites têm um poder muito forte de moldar a opinião pública. Esse evento de alguma forma ajudou na construção de uma narrativa de fraude nas urnas, de falta de confiança nos resultados eleitorais.

Aquele era um momento novo na disputa entre PT e PSDB, partidos que desde os anos 1990 protagonizavam as eleições presidenciais brasileiras. Antes, travavam embates fortes, mas sempre respeitavam resultado eleitoral e a alternância de poder, como lembra Fernando Limongi:

A contestação [com a auditoria nas urnas em 2014] é um ponto de ruptura. Algo que não tinha ocorrido até então, em nenhuma das eleições anteriores havia ocorrido contestação do resultado, qualquer dúvida sobre a lisura do processo. E o PSDB fez seu pedido de forma completamente irresponsável. Eles não tinham nenhum elemento para fazê-lo. Ali já era uma conexão de uma parte do PSDB com a extrema direita.

A auditoria dos tucanos veio acompanhada de uma ação no TSE a fim de cassar a chapa de Dilma e Temer por abuso de poder econômico. Havia várias acusações. Uma delas era de que a dupla tinha recebido doações de empreiteiras envolvidas na Lava Jato. O PSDB pedia que a presidência fosse dada a Aécio.

Carlos Sampaio, deputado federal do PSDB que coordenou o setor jurídico da campanha presidencial tucana em 2014, defende as iniciativas do partido naquele momento.

Não tenho a menor dúvida de que a nossa indignação e mesmo a indagação que fizemos ao TSE foram muito importantes. Precisamos lembrar que essa onda de questionamentos foi voluntária, espontânea por todo o país, não foi nenhum movimento orgânico de ataque às urnas.

Segundo Sampaio, apesar de não ter encontrado fraude naquelas eleições, a auditoria ajudou a aumentar a transparência do processo de votação.

EDUARDO CUNHA NO COMANDO

O movimento de radicalização do PSDB, sob comando de Aécio, aconteceu simultaneamente a uma aproximação com Eduardo Cunha. O líder do PMDB tinha apoiado o tucano no Rio de Janeiro durante a campanha presidencial de 2014, a despeito de seu partido ocupar a vaga de vice na chapa de Dilma. E quando o segundo mandato da presidente petista começou, em 2015, a instabilidade política do governo se agravou.

Arlindo Chinaglia, deputado federal do PT, foi lançado pela bancada do partido para concorrer à presidência da Câmara em fevereiro de 2015, batendo de frente com as intenções de Cunha, que se preparava para concorrer ao cargo. O petista nega que tenha sido uma afronta ao então líder do PMDB. Ele afirma que, antes do confronto, tentou chegar a um acordo na coalizão governista, mas sem sucesso. "A bancada do PT primeiro decidiu que deveria oferecer meu nome [aos partidos da base aliada]. Não impôs, não definiu, falou: 'Olha, tem o nome do Arlindo para vocês avaliarem'. E assim foi feito."

Chinaglia teria pela frente um adversário forte, com controle de outros deputados da base aliada e, principalmente, respaldado por boa parte da oposição, incluindo o PSDB. O jornalista Reinaldo Azevedo aponta o passo em falso do partido de Dilma naquele momento:

> É claro que PT e Dilma cometeram um erro ao não apoiar Eduardo Cunha para a presidência da Câmara a fim de tentar impedir a ascensão dele, porque qualquer avaliação objetiva indicava que ele venceria. E qual é o sentido de uma presidente da República ter um inimigo na presidência da Câmara, considerando que esse cargo, depois do vice, é o primeiro na linha sucessória e tem em mãos o ato monocrático de botar para tramitar um pedido de impeachment?

Dilma apoiou a candidatura do deputado do PT e acabou derrotada. Eduardo Cunha virou presidente da Câmara. Muitos petistas consideram aquele momento um episódio-chave para o que viria depois. Mas Chinaglia questiona o que poderia ter sido feito de diferente:

> Teve gente no PT que entendeu que deveríamos apoiar Eduardo Cunha. Mas gostaria que cada um que à época defendeu isso pudesse agora, depois dos fatos — especialmente depois do impeachment —, dizer que estava certo ao permitir que Cunha chegasse à função que chegou. Eu tenho essa curiosidade.

José Eduardo Cardozo nega que o governo Dilma tenha errado ao não se unir com o líder do PMDB:

> Não acho um erro seguir princípios. Se tivéssemos feito um acordo com Eduardo Cunha, seria a negação daquilo que nós defendemos. Poderia ter salvado do impeachment? Não sei. Mas seria um erro incomensurável do ponto de vista daquilo que sempre defendemos.

Seja erro político, seja manutenção de princípios, o fato é que a partir dali o Congresso, que já andava hostil, virou uma fonte de problemas constantes para Dilma, como lembra a socióloga Monalisa Soares: "O não apoio do PT logo depois da reeleição de Dilma à candidatura de Cunha só adensou um processo de tensão e de insatisfação que já existia com o Executivo".

Naquele início de 2015, no âmbito econômico, o Brasil estava em recessão. Dilma já havia abandonado o discurso de campanha segundo o qual a economia ia bem. A presidente adotou um ajuste fiscal, segurou gastos e, ao mesmo tempo, liberou preços de energia elétrica e de combustíveis, que estavam represados. Ao mesmo tempo os deputados votavam uma série de projetos que poderiam criar mais despesas para o governo, a chamada "pauta bomba".

Eduardo Cunha nega que tenha criado mais gastos significativos naquele momento de crise, apesar de ter deixado o governo atribulado na tentativa de desarmar as bombas fiscais que poderiam agravar ainda mais uma economia que já estava em frangalhos. Cunha atribui à presidente a desestabilização política daquele momento:

> Dilma foi para a reeleição dentro de um processo de maquiagem da situação econômica, praticamente um estelionato eleitoral que foi praticado ali. E esse estelionato eleitoral foi uma ruptura. Quando ela deu início ao segundo mandato, a gente tinha a impressão de que o governo já estava velho antes de ter começado.

Para Cunha, as coisas poderiam ter sido realmente diferentes se Dilma tivesse apoiado seu nome na disputa pela presidência da Câmara dos Deputados:

> Quando você tem um candidato que acaba apoiado pelo governo, ele fica de certa forma numa situação de compromisso. Quer dizer, ele não vai ter condição nenhuma de abrir o processo de impeachment se tiver sido apoiado.

SPAGHETTI WESTERN

Ao descrever o quadro político nacional do fim do primeiro semestre de 2015, Fernando Limongi recorre ao filme *Três homens em conflito*, o épico *spaghetti western* de 1966. Numa cena clássica, os personagens dos atores Eli Wallach, Lee Van Cleef e Clint Eastwood estão num círculo, um com vontade de eliminar o outro, trocando olhares, prontos para disparar, sob a trilha de Ennio Morricone.

Você tinha três forças: oposição, Cunha e governo. Nenhum tinha força sozinho para matar o outro. Então ficou tudo em banho-maria. É como no filme de Sergio Leone: um trielo. Quem atirasse primeiro morreria.

Naqueles meses iniciais do segundo mandato de Dilma, a oposição via o governo se enfraquecer diante da situação econômica ruim e após grandes protestos de rua de grupos da nova direita, como MBL. Mas nem no PSDB a aposta do impeachment era consenso. O senador tucano Aloysio Nunes dizia preferir ver o PT "sangrar" a tirar do Palácio do Planalto a presidente recém-reeleita. Para Fernando Henrique Cardoso, que havia governado o país de 1995 a 2002, não era recomendável fazer nada "fora da regra democrática".

Havia ainda a sombra da Lava Jato sobre toda a classe política tradicional. O procurador-geral da República, Rodrigo Janot, apresentara no começo daquele ano de 2015 uma lista de cinquenta políticos de inúmeros partidos suspeitos de envolvimento em desvios na Petrobras. Era a famosa lista de Janot. Eduardo Cunha estava nela.

O presidente da Câmara fazia suas investidas contra o governo e realizava reuniões com grupos da nova direita que queriam o impeachment ao mesmo tempo que mantinha influência em cargos federais. Cunha era forte, mas estava na mira de Janot e não contava com todo o PMDB a seu lado. Aliás, quem fazia a articulação política no Congresso para o governo naquele momento era o vice Michel Temer. Enquanto isso, Dilma tentava se segurar usando o peso da máquina pública à sua disposição. Esse equilíbrio perigoso, esse "trielo" em que todos estavam com a mão no coldre, desfez-se em 17 de julho de 2015.

O tiro não saiu nem do PSDB de Aécio nem do governo Dilma. Foi Eduardo Cunha quem sacou a arma, ao anunciar oficialmente sua saída da base aliada do governo. Disse que a partir dali faria oposição aberta. O presidente da Câmara sabia que estava prestes a ser denunciado formalmente por corrupção pela Procuradoria-Geral da República. Com o gesto, deixou claro que, se caísse, não cairia sozinho: levaria mais gente com ele.

A denúncia aguardada por Cunha se concretizou em agosto, quando Rodrigo Janot, procurador-geral, pediu ao Supremo a condenação do presidente da Câmara por corrupção. No mesmo mês, o vice Michel Temer abandonou a articulação política do governo no Congresso. E então começou o tiroteio.

Em 1º de setembro de 2015, o advogado Hélio Bicudo, um dos fundadores do PT, entrou com um pedido de impeachment contra Dilma. Rompido com o partido da presidente havia anos, Bicudo fez uma série de acusações, entre as quais citava os escândalos da Petrobras e as pedaladas fiscais — maquiagem nas contas públicas que tinha sido apontada pelo Tribunal de Contas da União (TCU). Bicudo também questionava financiamentos de obras em Cuba e Angola por parte do BNDES.

Era um trunfo para os opositores do governo que o pedido tivesse sido feito por Bicudo, alguém historicamente ligado à esquerda, e não por um representante tradicional da direita — o advogado conservador Ives Gandra Martins, por exemplo —, como lembra Fernando Limongi:

Cunha foi atrás e falou para o pessoal do MBL: "Esse negócio de vocês trazerem Ives Gandra não soma. Vocês precisam pegar alguém que dê legitimidade ao pedido". Quem mais poderia dar legitimidade para isso do que o Bicudo, que veio do PT?

Mas o presidente da Câmara não ficou satisfeito com o pedido de impeachment entregue por Bicudo. Ele sugeriu então que o ex-petista refizesse o trabalho, incluindo acusações que tivessem a ver com o segundo governo Dilma, a partir de 2015 — um presidente só pode ser acusado de crimes de responsabilidade por atos cometidos no exercício do mandato em curso.

Bicudo passou a receber ajuda da advogada Janaína Paschoal, que foi remunerada pelo PSDB, e do advogado Miguel Reale Júnior, ex-ministro do governo FHC ligado aos tucanos. Limongi reforça a ideia de que a elaboração do novo pedido de impeachment foi toda coordenada por Cunha:

> Quem escreveu mesmo foi Janaína. Mas ela simplesmente não conseguia parar de falar no Petrolão [desvios na Petrobras revelados pela Lava Jato]. E Cunha disse: "Não é Petrolão, são as pedaladas, não pode, Petrolão não dá impeachment; e mais: é falar em corda em casa de enforcado, eu sou o principal acusado pelo Petrolão, aí não dá".

O novo pedido de impeachment, assinado por Hélio Bicudo, Janaína Paschoal e Miguel Reale Júnior, trouxe enfim acusações de manobras fiscais que teriam ocorrido a partir do segundo mandato de Dilma.

Cunha afirma que, sem a inclusão de tais atos — que versavam sobre gastos públicos extras sem autorização do Congresso —, a presidente não teria caído. Janaína Paschoal sempre negou que houvesse alguém por trás do documento elaborado por ela.

ESCOLHAS POLÍTICAS

A oposição tinha a carta do impeachment na mão. E tinha também outra frente para tentar derrubar o governo: o pedido de cassação da chapa Dilma-Temer via TSE. O tribunal eleitoral já havia arquivado a ação em que o PSDB acusava presidente e vice de abuso de poder econômico na campanha. Mas os tucanos recorreram. E o ministro do Supremo Gilmar Mendes, que atuava também no TSE, passou a defender a retomada do caso. A ação foi reaberta.

Por meses a oposição lidava com o seguinte cálculo: o que seria melhor, tirar Dilma por impeachment, acusando-a de crime de responsabilidade num processo político-jurídico no Congresso, ou tirar presidente e vice juntos, apostando numa cassação por eventuais crimes eleitorais por meio do TSE?

Enquanto a oposição não se decidia, o governo tentava retomar o controle da coalizão. Dilma nomeou como ministro da Ciência e Tecnologia Celso Pansera, deputado federal do PMDB ligado a Eduardo Cunha. A ideia era tentar acalmar os ânimos. Ela também tirou do Palácio do Planalto petistas de quem era próxima para colocar figuras mais próximas a Lula.

Em outubro de 2015, o novo pedido de impeachment foi protocolado com assinaturas do trio Bicudo-Paschoal-Reale. No mesmo mês, o PMDB de Temer lançou o "Ponte para o Futuro", programa de governo que indicava as ações do vice caso Dilma fosse deposta. Cunha ainda estava tenso, à espera de que algo acontecesse com ele no âmbito da Justiça. Ele descreve aquele momento:

> Antes do feriado de 2 de novembro, dias antes de eu sair para viajar, assinei a abertura do processo de impeachment, entreguei para o secretário-geral da Mesa Diretora da Câmara, Silvio Avelino,

e falei: "Guarda no cofre da Câmara; se acontecer alguma coisa comigo, se eu for afastado na calada da noite por uma decisão maluca do Supremo, se acontecer alguma coisa comigo, publica [o pedido de impeachment]".

A situação do presidente da Câmara ficou crítica após revelações de que ele era beneficiário de contas na Suíça. Quando voltou do feriado, Cunha foi alvo de um protesto no Congresso. Enquanto era entrevistado, manifestantes jogavam notas falsas de dólar sobre sua cabeça.

Então o Supremo tomou uma decisão impactante, embora não contra o presidente da Câmara: mandou para a cadeia o líder do governo no Senado na manhã do dia 25 de novembro de 2015. Por ordem da corte máxima do país, a Polícia Federal prendeu o petista Delcídio do Amaral no hotel onde ele morava em Brasília. Pela primeira vez na história, isso acontecia a um senador brasileiro no exercício do mandato.

Delcídio tinha aparecido em gravações que sugeriam uma tentativa de atrapalhar as investigações da Lava Jato. Ele tentava convencer um ex-diretor da Petrobras, por meio de um parente, a não fechar um acordo de delação premiada com a operação.

A prisão de um integrante do Poder Legislativo precisa ser confirmada pelos outros parlamentares. E no mesmo dia o Senado confirmou a prisão de Delcídio.

José Eduardo Cardozo, à época ministro da Justiça, responsável pela Polícia Federal, lembra de como sofria pressões de todos os lados.

Os aliados me acusavam de não fazer nada, de não intervir para corrigir os rumos da Lava Jato, enquanto os oposicionistas diziam que eu instrumentalizava as investigações da Polícia Federal para atingi-los.

As reclamações da classe política eram recorrentes também nos bastidores da imprensa. Em todas essas movimentações havia interesses políticos em jogo, inclusive dentro do próprio governo, segundo Fernando Limongi.

Atores políticos estimulavam a Lava Jato e sempre achavam que iriam sair ganhando. Dilma começou apoiando bastante a operação. Ela alimentava isso no início, dentro dessa luta interna dela no PT e com a coalizão. Ela não percebeu a hora que tinha que ter parado. Na verdade, ela nunca para.

Em resumo, é possível vislumbrar o seguinte desenrolar dos fatos: Dilma tentou ganhar luz própria, no início se descolando de Lula. Buscou "salvar o projeto do PT" com mudanças na Petrobras. Não o projeto do "varejo", que garante a governabilidade, mas o projeto de longo prazo, mais amplo, em que alguns aliados — inclusive petistas — teriam que ficar pelo caminho. Esse plano não deu certo nem política nem economicamente. Foi preciso recuar ao reabilitar lulistas dentro do governo e ao adotar um ajuste fiscal. Em dois pontos, porém, ela não mexeu: deixou a Lava Jato correr solta, sem interferência, e não cedeu a Eduardo Cunha, a despeito de um gesto ou outro.

NO BALANÇO DAS HORAS

O dia 2 de dezembro de 2015 marcou um momento determinante para o futuro de Dilma e do PT. A presidente trabalhou para colocar em votação no Congresso uma proposta para mudar a meta fiscal do ano, o que na prática significava regularizar os gastos públicos extras que o governo tinha realizado sem autorização do Congresso, um dos pontos que embasavam o pedido de impeachment.

Ao mesmo tempo, um processo por quebra de decoro parlamentar no Conselho de Ética, que poderia levar à cassação do mandato de Eduardo Cunha devido às contas na Suíça, entrou em seus trâmites finais.

Ocorreram então dois movimentos simultâneos: o Congresso pôs em votação a mudança da meta fiscal. E o PT deixou claro que não apoiaria o presidente da Câmara no Conselho de Ética.

Cunha viu nisso um acúmulo de investidas petistas contra ele: o lançamento de um candidato do governo — Arlindo Chinaglia — para ser seu adversário na eleição pelo comando da Câmara; a não interferência do Palácio do Planalto nos rumos da Lava Jato — operação em que estava denunciado por corrupção; e a falta de apoio no processo que poderia tirar seu mandato.

No fim da tarde, ele chamou a imprensa para anunciar que tinha aceitado o pedido de impeachment contra Dilma. Cunha justifica a decisão da seguinte maneira:

> Por que autorizei naquele dia? Porque o Congresso, para minha surpresa, iria votar o projeto de mudança da meta fiscal. Se fosse aprovado, certamente depois eu não teria condições jurídicas de aceitar o impeachment, porque o crime estaria, de certa forma, sanado. Aqueles decretos [com autorização de gasto extra] passariam a ser legais.

E assim o presidente da Câmara garantiu a sobrevivência do pedido de impeachment do trio Bicudo-Paschoal-Reale. Horas depois, à noite, o Congresso aprovou a mudança da meta fiscal. Já era tarde. Dilma convocou a imprensa para um pronunciamento. Acompanhada de ministros do governo, todos com um semblante fechado, ela fez um discurso de menos de três minutos em que não citou o nome de Eduardo Cunha, mas se referiu a ele a todo momento.

"No dia de hoje vocês viram: foi aprovado pelo Congresso Nacional o projeto de lei que atualiza a meta fiscal [...]. Ainda hoje, recebi com indignação a decisão do senhor presidente da Câmara dos Deputados de processar o pedido de impeachment contra o mandato democraticamente conferido a mim pelo povo brasileiro. São inconsistentes e improcedentes as razões que fundamentam esse pedido. Não existe nenhum ato ilícito praticado por mim", afirmou a presidente. "Não paira contra mim nenhuma suspeita de desvio de dinheiro público. Não possuo conta no exterior nem ocultei do conhecimento público a existência de bens pessoais. Nunca coagi ou tentei coagir instituições ou pessoas na busca por satisfazer meus interesses [...]. Nos últimos tempos — e em especial nos últimos dias —, a imprensa noticiou que haveria interesse na barganha dos votos de membros da base governista no Conselho de Ética na Câmara dos Deputados. Em troca haveria o arquivamento dos pedidos de impeachment. Eu jamais aceitaria ou concordaria com quaisquer tipos de barganha [...]", completou.

O dia acabou com a política brasileira em suspensão. A partir dali, as movimentações nos bastidores seriam ainda mais intensas. Ao público, Michel Temer fez vazar na noite de 7 de dezembro uma carta que tinha enviado a Dilma. Começando com a expressão em latim *verba volant, scripta manent*, cuja tradução é "as palavras voam, os escritos permanecem", Temer reclamava do fato de ser pouco ouvido no governo, de ser apenas uma figura decorativa.

A oposição foi de novo para as ruas naquele finalzinho de 2015, assim como os apoiadores do governo. O jogo ainda não havia terminado. Os verde-amarelos comandados pelos movimentos de direita bradavam "Fora, Dilma". Os vermelhos comandados pela esquerda gritavam "Não vai ter golpe".

COM O SUPREMO, COM TUDO

Quando o ano de 2016 começou, a crise política parecia ter arrefecido. Entretanto, o mês de março veio como uma avalanche. Juiz da Lava Jato, Sergio Moro mandou Lula depor à força, a fim de prestar esclarecimentos sobre o tríplex de Guarujá e o sítio de Atibaia, reformados por construtoras suspeitas na operação anticorrupção.

Preso, o senador Delcídio do Amaral negociou uma delação premiada para si e apareceu na capa da revista *IstoÉ* com acusações diretas a Lula e Dilma.

A oposição ao governo, com os movimentos políticos da nova direita à frente, realizou a maior manifestação de rua da história democrática brasileira.

Para completar a sequência de acontecimentos, Dilma tentou fazer de Lula ministro da Casa Civil, mas Moro voltou a agir, divulgando um áudio que sugeria que a nomeação era apenas para que o ex-presidente ganhasse foro privilegiado. O ministro do Supremo Gilmar Mendes barrou a nomeação, minando a última tentativa do governo de reorganizar sua base de apoio no Congresso.

O ex-presidente Fernando Henrique passou a defender o impeachment, dizendo que era a única maneira de o governo voltar a funcionar. A Fiesp, ao lado de outras centenas de entidades patronais, publicou um anúncio de catorze páginas nos principais jornais do país pedindo "impeachment já".

O PMDB, que havia apoiado Dilma nas eleições de 2010 e 2018, realizou uma breve reunião para depois anunciar aquilo que todos já esperavam: seguindo os passos de Eduardo Cunha, o partido deixou formalmente a base aliada do governo no Congresso.

Naquele mesmo mês de março, a classe política começou a planejar uma saída para a crise na qual estava atolada. Algo que costuma acontecer nesses casos, segundo Fernando Limongi: "Na dinâmica dos escândalos, sempre chega um momento em que você fala: 'bom, passamos a linha de giz, quem dançou, dançou, e a gente se protege e refaz o acordo'".

A Lava Jato registrou alguns diálogos dessa tentativa de acordo, como a gravação de Sérgio Machado, ex-presidente da Transpetro — braço de transportes da Petrobras —, que tinha fechado um acordo de delação premiada, numa conversa com o então senador do PMDB Romero Jucá. "Rapaz, a solução mais fácil era botar o Michel. É um acordo, botar o Michel, num grande acordo nacional", afirmou Machado. "Com o Supremo, com tudo", acrescentou Jucá. "Com tudo, aí parava tudo", continuou o ex-presidente da subsidiária da Petrobras. "É, delimitava onde está, pronto", concluiu o então senador.

Além de Michel Temer, vice que herdaria a presidência, nessa conversa são citados Renan Calheiros, presidente do Senado que estava contra "essa porra", ou, em outras palavras, contra o impeachment, e Eduardo Cunha, presidente da Câmara que, segundo Jucá, já estava "morto" política e judicialmente.

A conversa — gravada em março de 2016, mas só revelada meses depois — explicita de forma clara a lógica de riscar "a linha de giz" no chão. "Tem que mudar o governo para poder estancar essa sangria", disse Jucá em dado momento do diálogo com Machado. O "grande acordo nacional" salvaria quem ainda não estivesse "morto", independentemente do partido ou do alinhamento ideológico. Era a classe política tentando sobreviver à Lava Jato.

ESGOTO A CÉU ABERTO

No Congresso, o destino de Dilma já estava praticamente selado. Eduardo Cunha pôs o impeachment em votação em 17 de abril de 2016, um domingo que abrigou uma sessão constrangedora na Câmara dos Deputados. Não por causa das recorrentes menções a Deus e à família brasileira, nem por causa do rojão de papel picado estourado durante a votação nominal, tampouco pelas provocações em plenário, com musiquinhas infantis cantadas ao microfone, mas sim porque algo muito grave aconteceu naquele dia durante o voto de um deputado.

"Nesse dia de glória para o povo brasileiro, tem um nome que entrará para a história nessa data pela forma como conduziu os trabalhos desta Casa. Parabéns, presidente Eduardo Cunha!", começou Jair Bolsonaro. "Perderam em meia quatro, perderam agora em 2016. Pela família e pela inocência das crianças em sala de aula, que o PT nunca teve. Contra o comunismo, pela nossa liberdade, contra o Foro de São Paulo, pela memória do coronel Carlos Alberto Brilhante Ustra, o pavor de Dilma Rousseff. Pelo Exército de Caxias, pelas nossas Forças Armadas, por um Brasil acima de tudo e por Deus acima de todos, o meu voto é sim", completou.

Esqueça os elogios rasgados de Bolsonaro a Eduardo Cunha, que naquele momento já estava denunciado por corrupção. Esqueça a referência do ex-capitão do Exército ao golpe militar de 1964, que jogou o país numa ditadura de 21 anos. Esqueça a "inocência das crianças" que aquele parlamentar dizia defender contra um "kit gay" nunca distribuído nas escolas. Esqueça a paranoia anticomunista extemporânea do discurso.

Algo se rompeu na democracia brasileira quando um notório torturador, Carlos Alberto Brilhante Ustra, ex-chefe do DOI-Codi, foi celebrado dentro do Parlamento brasileiro sem que nada acontecesse. Mais que isso: naquele domingo, o país assistia, ao vivo, a um deputado incensando um torturador durante o impeachment de uma mulher que havia sido torturada nos porões da ditadura. E ficou por isso mesmo.

A Câmara autorizou a análise do impeachment pelo Senado, tornando a queda de Dilma irreversível. A partir dali, o foco dos petistas passaria a ser outro, segundo José Eduardo Cardozo, já alçado à condição de advogado-geral da União, a quem caberia fazer a defesa da presidente. "Nós estávamos ali fazendo uma briga pela história, pela versão, nós estávamos disputando a opinião pública, nós sabíamos que íamos cair."

Mas, antes que a presidente caísse oficialmente, quem caiu foi seu algoz, Eduardo Cunha. Em 5 de maio de 2016, o Supremo determinou o afastamento do deputado da presidência da Câmara e também a suspensão do mandato do parlamentar. A decisão judicial não foi submetida ao crivo de outros deputados. Nos meses seguintes, Cunha viria a renunciar. Depois, passaria três anos preso pela Lava Jato.

Dilma foi afastada temporariamente do cargo em 12 de maio de 2016, logo após o Senado abrir o processo de impeachment. A aprovação popular do governo, que já tinha sido superior a 60%, estava na casa dos 10%. O vice Michel Temer assumiu interinamente. Ao chegar à sala do Palácio do Planalto, de onde anunciaria seus ministros — nenhuma mulher entre eles —, Temer foi abraçado calorosamente por Aécio Neves. O tucano estava chancelando a chegada ao poder do novo presidente do Brasil, alguém que ele tinha ajudado a colocar lá.

NOTAS DE UM IMPEACHMENT

Em julho de 2016, a Câmara dos Deputados já estava sob nova direção. Rodrigo Maia, então deputado pelo DEM, substituiu Eduardo Cunha. Ele foi eleito pelos colegas para um mandato tampão. Maia defende a decisão do Congresso de tirar Dilma do poder:

> Se o impeachment não fosse aprovado, teríamos uma crise, uma convulsão social e um risco enorme de Dilma ser retirada do governo não pela política, mas pela sociedade. As manifestações iriam continuar aumentando. Poderíamos perder completamente o controle. Acho até que parte do PT se calou muito naquele processo. Você via que muitos entendiam que Dilma estava inviabilizando o futuro do partido.

Enquanto Maia dava vazão à agenda econômica do novo governo, o Senado concluía o processo de impeachment. Como esperado, Dilma foi oficialmente deposta em 31 de agosto de 2016. O PT e parte da sociedade viram naquele ato uma quebra da ordem democrática. "Houve uma ruptura e, como nós sempre dissemos, foi um golpe", afirma o deputado Arlindo Chinaglia.

A cientista política Nara Pavão aponta os traumas inevitáveis do impeachment dentro do sistema político, apesar de não ver na queda de Dilma uma ruptura democrática:

> Quando não se conseguem resolver conflitos através dos meios cotidianos e rotineiros que o sistema político oferece, o impeachment serve como instrumento extremo de resolução de conflitos muito grandes. Ele nunca é tranquilo, sempre acarreta uma ruptura enorme. O impeachment de Dilma teve esse efeito, apesar de não ser uma ruptura institucional, porque é um rito previsto.

O impeachment já havia sido usado contra Fernando Collor de Mello, primeiro presidente eleito pelo voto direto depois da ditadura militar. Nara Pavão aponta as diferenças entre a queda de Collor em 1992 e a de Dilma em 2016:

Dilma, diferentemente de Collor, fazia parte de um partido político muito grande, sério, organizado e estruturado. Um partido que tem muita raiz, muita penetração entre os eleitores. Isso fez com que, do ponto de vista da opinião pública, o impeachment de Dilma fosse um evento muito mais controverso que o de Collor.

Independentemente da terminologia usada para definir o que ocorreu com Dilma, a grave situação política brasileira não se resumia ao processo por crime de responsabilidade pelo qual a presidente havia sido condenada, como lembra Marcos Nobre:

> Quando você tem um cabo de guerra entre a oposição extrainstitucional e um sistema político fechado nele mesmo, o sistema político começa a funcionar de maneira disfuncional, entra num processo que eu chamo de autofagia. Ele começa a comer a si mesmo. Diante dessa situação, o que o sistema político quer é retomar o controle da política. E a estratégia escolhida pelo sistema político foi a seguinte: "Vamos entregar o nosso braço esquerdo para a oposição extrainstitucional para a gente poder passar a boiada rio acima". Qual foi o resultado disso? Uma catástrofe. O erro mais absurdo que um sistema político pode cometer é esse. Não vou nem falar que foi institucionalmente incabível, que foi institucionalmente destrutivo, porque foi. O que aconteceu foi que você, com a parlamentada, com o impeachment da ex-presidente Dilma Rousseff, você destruiu toda a possível convivência política entre as forças, porque ninguém mais confiava em ninguém.

Segundo Monalisa Soares, a Lava Jato — apoiada pelos opositores extrainstitucionais da nova direita — tem um protagonismo claro no impeachment de Dilma, mesmo que a petista não tenha tido seu nome envolvido diretamente nos escândalos de corrupção. "A ação da Lava Jato, que veio num contínuo desde a eleição de 2014, foi decisiva para montar uma conjuntura que tornaria o processo do impeachment um desenrolar muitíssimo difícil de evitar."

Ex-ministro da Justiça e ex-advogado-geral da União, José Eduardo Cardozo levanta um tema que permeia alguns debates da esquerda sobre o impeachment: os interesses estrangeiros na queda da Dilma, a partir de indícios como a espionagem promovida pelo governo dos Estados Unidos na Petrobras, fato revelado após o vazamento de documentos ultrassecretos que foram entregues pelo ex-analista da Agência de Segurança Nacional americana Edward Snowden:

> Tenho minhas convicções subjetivas de que um dia a história revelará até que ponto o golpe de Estado de 2016 foi influenciado por forças internacionais a partir de interesses políticos e econômicos que buscavam depreciar o Brasil, as empresas brasileiras e a ação internacional pujante que o Brasil tinha no mundo naquele momento.

Eduardo Cunha diz ter havido motivos reais para o impeachment. O ex-deputado defende suas ações entre 2015 e 2016:

> Dilma gastou sem autorização na Lei Orçamentária. Essa foi a motivação do crime de responsabilidade. Aquilo era factual. É a melhor decisão do ponto de vista político? Isso o Congresso como um todo tem que avaliar, não é o meu ato em si que tem que ser ou não. Mas eu não poderia ter uma decisão diferente da que foi tomada.

Carlos Sampaio, deputado do PSDB, também mantém sua visão da época do impeachment, segundo a qual havia provas de manobras fiscais de Dilma e também uma conjuntura desfavorável ao governo.

É claro que o governo do PT foi julgado também por um conjunto de fatores, como a corrupção desenfreada e generalizada, com o Petrolão sucedendo ao Mensalão, com a incompetência declarada para recuperar a economia.

Com tantas visões conflitantes diante do que ocorreu em 2016, o impeachment de Dilma ainda é um assunto insepulto. O ministro do Supremo Luís Roberto Barroso já deu declarações públicas dizendo que as manobras fiscais foram apenas uma justificativa formal para a queda da petista, porque o real motivo estava na perda de sustentação política. Também ministro do tribunal, Ricardo Lewandowski já classificou a derrubada de Dilma como um "tropeço da nossa democracia". Ele comandou o julgamento do Senado que selou a destituição da petista, uma vez que presidentes do Supremo têm como atribuição estar à frente de tais sessões.

Embora uma boa parte do PSDB mantenha sua posição sobre a queda da Dilma, há integrantes do partido que fizeram mea culpa. O ex-deputado federal Marcus Pestana, secretário-geral tucano na época do impeachment, já disse que houve ali "quebra da dinâmica democrática".

O senador Acir Gurgacz, do PDT, afirmou ter votado pelo impeachment ainda que não tenha havido crime de responsabilidade. O que havia, segundo ele, era apenas "falta de governabilidade". O ex-senador Telmário Mota, do Solidariedade, votou pelo impeachment, mas depois classificou o ato como "um dos maiores erros" de sua carreira parlamentar.

Diferentemente do que previa boa parte da classe política, a queda do governo petista não "estancou a sangria". O "grande acordo nacional, com o Supremo, com tudo", não foi concretizado. Depois de a Lava Jato engolir PT e Eduardo Cunha, outros viriam a entrar em desgraça, como lembra o deputado petista Paulo Teixeira:

> O impeachment quebrou a regra democrática, a regra do diálogo, a regra da construção de consenso. Levou a esse nível de polarização. Um grande erro de Aécio foi não ter ficado quieto em 2014.

FIM DA DISPUTA ENTRE PT E PSDB

O governo Temer pôs no poder alguns partidos que tinham ficado na oposição durante os treze anos de governos petistas, como PSDB e DEM. Ainda em 2016, deputados e senadores aprovariam o teto de gastos, limitando as despesas federais por vinte anos. Em 2017, o governo Temer conseguiu aprovar a reforma trabalhista.

Mas a crise política não foi embora. O empresário Joesley Batista, sócio do megafrigorífico JBS, gravou conversas que complicaram a situação de Temer. E também gravou conversas com Aécio. Num dos áudios, o empresário citou um encontro com Andrea Neves, irmã do senador, no qual acertou o repasse de 2 milhões de reais para o tucano pagar advogados. Joesley e Aécio então combinaram a entrega do dinheiro. No áudio, o empresário falou em enviar um emissário. E o senador indicou o primo Frederico Pacheco, o Fredy, para receber a quantia. "Tem que ser um que a gente mata ele antes de fazer delação", afirmou Aécio. A Polícia Federal filmou um executivo da JBS entregando dinheiro a Fredy.

As gravações das conversas de Temer e Aécio foram reveladas ao público em 17 de maio de 2017 pelo jornal *O Globo*, num dia que ficou conhecido como "Joesley Day". Era um tempo de "bangue-bangue" generalizado, segundo Fernando Limongi:

> O que a gente viu de gravação deve ser uma parte pequena do que os políticos gravaram uns dos outros para tentar se livrar, então virou um bangue-bangue, em que todo mundo entrega todo mundo para se salvar. O resultado final é esse terremoto, uma total autodestruição do sistema político.

O impeachment ainda não tinha completado um ano e o país já estava de novo em polvorosa com o vice que virou presidente numa situação cai não cai. Foi nesse contexto que o TSE julgou o processo de cassação da chapa Dilma-Temer. Anos antes, o PSDB de Aécio insistira nesse tema com mira na petista. Mas ela já não estava mais no cargo. Então, se a chapa fosse condenada pela Justiça Eleitoral, quem cairia seria o aliado dos tucanos, Michel Temer.

A cassação, porém, foi rejeitada em junho de 2017. O então presidente do TSE, Gilmar Mendes, deu o voto decisivo. No ano anterior, ele havia ajudado a ressuscitar a ação por abuso de poder econômico, num contexto em que a cassação da chapa derrubaria Dilma e Temer. Quando chegou a hora do julgamento, Mendes votou pelo arquivamento da ação, alegando que "não se substitui um presidente a toda hora". Temer se manteve no comando do país.

Apesar da vitória pontual, não houve trégua. Ainda em junho de 2017, Rodrigo Janot começou a apresentar uma série de denúncias por causa do escândalo da JBS. O procurador-geral da República denunciou primeiro Aécio, que chegou a ser afastado do mandato pelo Supremo. Mas, ao contrário do que tinha feito com Eduardo Cunha, o tribunal deu ao Senado a última palavra sobre o afastamento. Os parlamentares derrubaram a decisão da corte.

Janot também denunciou Temer. Por se tratar de um presidente da República, as acusações formais precisariam da chancela da Câmara dos Deputados a fim de que fossem analisadas pelo Supremo. E Temer, diferentemente de Dilma, estava mais bem articulado no Congresso. As denúncias de Janot foram rejeitadas.

Reinaldo Azevedo — que chegou a ser gravado pela Lava Jato numa conversa com Andrea Neves, num contexto bastante comum de relação entre jornalistas e fontes de informação — afirma que a operação cometeu abusos tanto com Dilma, Lula e PT como com Temer e Aécio.

O Estado não pode cometer crime para combater crime, porque senão quem passa a combater o crime também é um criminoso. Isso é inaceitável e infelizmente aconteceu. Também o presidente Michel Temer — as pessoas podem gostar ou não gostar etc. — foi alvo de ilegalidades escancaradas, o que depois acabou sendo reconhecido. Agora, tudo isso tem um custo imenso, o custo se chama demonização da política, e tudo isso preparou o terreno para a ascensão de Jair Bolsonaro. Aí então ficamos conhecendo um Estado verdadeiramente criminoso, em sentido amplo ou em sentidos múltiplos.

Em 2018, último ano do governo Temer, a classe política estava em frangalhos. Muitos partidos já tinham até mudado de nome. Passaram a evitar o "P", de partido. O PMDB, por exemplo, voltou a ser MDB, resgatando a sigla original de quando foi criado, ainda na ditadura militar. O PT tinha sido avariado pelo impeachment de Dilma, sofrido uma derrota acachapante nas eleições municipais de dois anos antes e via seu principal líder, o ex-presidente Lula, ser cercado pela Lava Jato. O PSDB, fora do foco inicial da operação, derreteu por causa das denúncias contra Aécio, assim como outras suspeitas que pairavam sobre governadores do partido, incluindo tucanos paulistas históricos, como José Serra e Geraldo Alckmin. A antipolítica ficava cada vez mais explícita. E a disputa entre PT e PSDB, que vinha desde 1994, estava prestes a virar passado.

Para Fernando Limongi, todos os atropelos institucionais levados adiante pelos tucanos para derrubar Dilma acabaram por prejudicá-los na disputa presidencial daquele ano.

Era a vez de o PSDB voltar [à presidência]. Mas quis antecipar isso com o impeachment. Adotou uma atitude radical desnecessária, boba, e pagou o preço. "Era a vez do PSDB? Não vai mais ser. Então, quem vai ser? Não vai ser o PT de novo, porque o PT ainda tem que pagar o preço de ter desempenhado mal entre 2010, 2014 e um pouco para a frente. Quem tem aí? Não tem tu [PSDB], vai com tu mesmo [Bolsonaro]."

Apesar do amplo desgaste, o Partido dos Trabalhadores ainda conseguiu chegar ao segundo turno de 2018 com Fernando Haddad, ex-prefeito de São Paulo e ex-ministro da Educação que substituiu Lula, preso pela Lava Jato e barrado pela Lei da Ficha Limpa. Já o PSDB obteve seu pior desempenho da história numa disputa ao Palácio do Planalto: o candidato tucano Geraldo Alckmin ficou em quarto lugar, com menos de 5% dos votos.

O partido de Fernando Henrique havia sido abandonado pela direita e por setores mais conservadores da sociedade, que agora tinham um novo representante: Jair Bolsonaro, um ex-capitão do Exército e deputado de pouca expressão que passou a se apresentar como símbolo antissistema e saiu candidato por um partido de aluguel, o pequeno Partido Social Liberal (PSL). Ao perceber os rumos do eleitorado, boa parte dos tucanos embarcou na canoa da extrema direita.

BOLSONARO LIVRE

Jair Bolsonaro chegou ao comando do Brasil em 1º de janeiro de 2019 com um discurso antipolítica. Não negociou inicialmente com o Congresso — a condução de reformas estruturais ficou nas mãos de Rodrigo Maia, presidente da Câmara que mantinha certo alinhamento com a política econômica do novo governo.

No ano seguinte, Bolsonaro teve de lidar com a pandemia de Covid-19, um desafio administrativo para qualquer governo, mas que nas mãos dele se converteu em tragédia. As ações e omissões do presidente, do negacionismo científico à inabilidade de gestão, contribuíram para o aumento das mortes.

Como se não bastasse, a falta de capacidade de lidar com a coisa pública era diretamente proporcional aos ataques institucionais, em especial ao Supremo, elevado à condição de vilão que não deixava Bolsonaro governar. Os ataques também foram dirigidos às urnas eletrônicas, o que elevou a um grau exponencial a desconfiança levantada pelo PSDB anos antes. Era uma repetição do que Donald Trump havia feito nos Estados Unidos: jogar suspeitas sem provas contra o sistema eleitoral para criar tumulto em caso de derrota.

Diante dos discursos e das atitudes de Bolsonaro, a pressão por seu impeachment já era enorme no meio do mandato. Então o presidente se agarrou ao centrão. Mais que isso: terceirizou a administração do país, deixando um enorme volume de recursos nas mãos do Congresso.

Rodrigo Maia, que havia votado pela queda de Dilma e que havia sido eleito pela primeira vez para comandar a Câmara em 2016, conseguiu se manter no cargo até fevereiro de 2021. Ou seja, o deputado do DEM chefiou a casa legislativa por dois anos no governo Bolsonaro. Na condição de responsável por aceitar ou não a análise de impeachments, ele não deu sequência a nenhum pedido. Maia justifica a decisão da seguinte maneira:

> Não tinha voto. Não aceitei porque vi o caso americano. Quando os democratas avançaram com o impeachment e perderam no Senado, Donald Trump se fortaleceu e só não foi reeleito por causa da atuação na pandemia. Eu entendia que, sem voto, se eu colocasse o processo de impeachment de Bolsonaro e perdesse, iria enfraquecer muito a presidência da Câmara e ficaria numa posição de muita dificuldade, tendo sido derrotado pelo governo e tendo que manter uma agenda, vamos dizer assim, mais próxima do governo.

Maia foi substituído por Arthur Lira, deputado do PP, um dos partidos líderes do centrão. Lira também não analisou nenhum pedido de impeachment contra Bolsonaro. Diferentemente do antecessor, que não tinha alinhamento automático com o governo, o novo presidente da Câmara aderiu ao bolsonarismo. Teve apoio do Palácio do Planalto em sua eleição e ajudou a selar um acordo que deu relativa estabilidade política a Bolsonaro no Congresso.

Para Marcos Nobre, Lira resgatou o modelo de Eduardo Cunha de controlar uma ampla gama de deputados. Mas foi além: levou tal modelo a um ponto antes impensável, negociando individualmente com cada colega a liberação de verbas do governo por meio do orçamento secreto.

REORGANIZAÇÃO DO ESTABLISHMENT

Os escândalos de corrupção, mesmo não tendo cessado durante o governo Bolsonaro, avançaram pouco na Justiça. A Procuradoria-Geral da República já não tinha um "lançador de flechas" como Rodrigo Janot. O órgão responsável por conduzir investigações e apresentar denúncias formais contra parlamentares — e presidente — era comandado por Augusto Aras, figura alinhada a Bolsonaro.

Com a sangria finalmente estancada, o establishment político começou a se reorganizar. Isso foi possível a partir de uma reformulação no uso de emendas parlamentares, especificamente no uso de um tipo delas: as emendas do relator.

Emendas parlamentares são um dispositivo por meio do qual os congressistas destinam recursos do orçamento federal a suas bases eleitorais ou a políticas públicas de seu interesse. Há vários tipos de emendas: individual, de bancada, de comissão e do relator. Elas sempre foram usadas como moeda de troca: o governo liberava dinheiro e parlamentares aprovavam projetos.

Em fevereiro de 2015, o Congresso transformou as emendas individuais em impositivas. Com isso, o governo passou a ser obrigado a liberá-las, reduzindo seu poder de barganha. Em junho de 2019, o mesmo aconteceu às emendas de bancada.

Com o espaço do toma lá dá cá reduzido — e precisando de uma base mínima de apoio para evitar um impeachment —, o governo Bolsonaro autorizou que a partir de 2020 as emendas do relator — antes usadas apenas para ajustes no Orçamento — fossem turbinadas, com valores anuais que chegaram à casa dos 20 bilhões de reais. O dinheiro passou a ser distribuído pelo relator da vez — que a cada ano é um parlamentar diferente — a partir da orientação dos presidentes da Câmara e do Senado.

O uso das emendas do relator por deputados e senadores foi batizado de "orçamento secreto", devido à pouca transparência quanto aos critérios de destinação de verbas aos municípios e quanto à identidade do parlamentar responsável pelo repasse.

O orçamento secreto se tornou uma moeda de troca valiosa para Bolsonaro. Como a emenda do relator não era impositiva, o dinheiro só era liberado com a autorização do governo. A cooptação da base aliada deixou de ser feita via estatais, como nos governos petistas, e passou a ser feita com verbas da própria administração direta. Não eram mais contratos superfaturados da Petrobras que alimentavam os caixas dos partidos — e eventualmente os bolsos dos políticos. Era dinheiro saído diretamente dos cofres públicos — aquele obtido com impostos da população —, num esquema cercado de suspeitas de fraudes em municípios e entidades que recebiam as quantias. O presidente eleito com o discurso antissistema abraçou assim a "velha política".

O maior beneficiado foi o centrão, que em sua versão bolsonarista tinha como principais integrantes parlamentares do PP — que mudou seu nome para Progressistas —, do Republicanos, ligado à Igreja Universal, e do PL, partido que acabou abrigando o presidente em sua tentativa de reeleição.

Nas disputas municipais de 2020, ano inaugural do orçamento secreto, os partidos do centrão obtiveram vitórias importantes pelo país. A antipolítica parecia ter arrefecido, mesmo que o orçamento secreto não viesse a durar até o fim do mandato de Bolsonaro — foi considerado inconstitucional pelo Supremo em dezembro de 2022.

ANTISSISTEMA ABRAÇADO AO SISTEMA

O presidente disputou a reeleição em 2022 pelo PL, partido do centrão transformado num consórcio que uniu políticos adeptos do fisiologismo a figuras da extrema direita. Mesmo perdendo para Lula num segundo turno acirradíssimo, conseguiu impulsionar candidaturas parlamentares que deixaram o Congresso ainda mais à direita.

Há um aspecto intrigante na maneira como Bolsonaro conduziu seu abraço à "velha política" — expressão que ele mesmo costumava usar. O movimento não levou seus apoiadores mais fiéis a rechaçá-lo. Os bolsonaristas viram ali um instinto de sobrevivência do presidente: para enfrentar o sistema, era preciso usar o sistema.

O discurso é pouco crível, mas se mostrou eficiente. Isso porque veio associado à ideia de que o sistema, em 2022, não era mais representado pela classe política tradicional, e sim pelo Supremo e pelo TSE, cortes que, na retórica bolsonarista, beneficiaram a esquerda para que o establishment pudesse restabelecer seu poder.

Mas de que maneira foi possível emplacar essa percepção nos corações e nas mentes de milhões de brasileiros? A explicação, certamente, passa pelos rumos do debate público, transferido para as redes sociais e suas lógicas de grupo, num ambiente em que cada um encontrou uma verdade para chamar de sua. O diálogo, já esgarçado por uma sequência de rupturas protagonizadas pelas elites políticas, se tornaria cada vez mais inviável.

Diálogo interrompido

A revolução tecnológica criou cidadãos hiperconectados. As redes sociais mudaram as relações interpessoais. Canais de intermediação — como a imprensa — passaram a sofrer fortes questionamentos. E a desconfiança em relação às instituições tradicionais só aumentou.

O debate público passaria a ser travado de forma diferente. E o poder estaria nas mãos de quem dominasse essa nova dinâmica.

Como o processo de digitalização da vida mexeu na comunicação em geral e na ação política, num movimento que parece estar minando, cada dia mais, a disposição para o diálogo?

Todo ano, a Oxford Dictionaries, área da universidade britânica responsável pela elaboração de dicionários, elege uma palavra ou expressão marcante da língua inglesa. Em 2016, ela foi *post-truth*, ou pós-verdade, na tradução para o português.

É bem comum ouvir a seguinte reação quando se fala em pós-verdade: "Para quê eufemismo, não é simplesmente uma mentira?". Não, o conceito é um pouco diferente. Na definição corrente, quando alguém fala em pós-verdade está se referindo a um fenômeno presente em sociedades nas quais os fatos comprováveis são menos influentes que convicções e crenças pessoais.

Steve Tesich, dramaturgo e romancista sérvio-americano, foi o primeiro a usar o termo, num artigo escrito ainda em 1992, ao dizer que, enquanto nos países sob influência da União Soviética a verdade era deliberadamente manipulada ou escondida pelos regimes, nos Estados Unidos eram as pessoas que preferiam não lidar com a verdade, tentando ficar longe das más notícias.

A partir do primeiro uso por Tesich, o termo ganhou novas interpretações até chegar à definição da Oxford Dictionaries: um império de opiniões impulsionado pelas redes sociais, que criaram bolhas, incentivaram lógicas de grupo, fortaleceram as convicções pessoais e radicalizaram setores da sociedade.

Naquele mesmo 2016, os ingleses tinham aprovado o Brexit, a saída do Reino Unido da União Europeia. A votação favorável se deu após uma campanha de intensa difusão de notícias falsas, com um resultado que chocou a política tradicional local, algo sem precedentes na história do país.

Os americanos, por sua vez, tinham elegido Donald Trump, um presidente que não vacilava em usar a desinformação como arma política e até invertia o discurso, chamando jornalistas de propagadores de notícias falsas.

Tanto no Reino Unido como nos Estados Unidos, a atuação de uma empresa de publicidade, a Cambridge Analytica, chamou atenção. Ela pegava dados de eleitores para executar planos de "comunicação estratégica". A partir de informações pessoais, fazia análises de personalidade deles para direcionar propagandas que estimulassem o apoio a determinadas ideias ou candidatos ou que reforçassem rejeições em relação a determinadas ideias ou candidatos.

Nos trabalhos para a campanha presidencial de Trump de 2016, a empresa usou milhares de dados dos eleitores a fim de direcionar a propaganda adequada à personalidade de cada um. A Cambridge Analytica acessou informações pessoais de mais de 50 milhões de usuários do Facebook. Foi um escândalo que atingiu em cheio a rede social de Mark Zuckerberg, porque envolvia vazamentos indevidos.

Um antigo funcionário da Cambridge Analytica chamado Christopher Wylie, jovem canadense que também tinha trabalhado para Steve Bannon — estrategista da campanha de Trump —, contou que a ideia era ir mudando a cabeça das pessoas não por persuasão, mas pelo "domínio informacional", a partir de uma série de técnicas que incluíam rumores e notícias falsas. "Estão brincando com a psicologia de um país inteiro sem o consentimento ou a ciência das pessoas", disse Wylie ao jornal britânico *The Guardian*.

Após um início de década em que as redes sociais tinham ajudado a organizar protestos por mais democracia e representatividade em diversos países, o olhar sobre o mundo hiperconectado ficou muito mais cético. A tecnoutopia, ideia de "aldeia global" em que as pessoas poderiam ampliar as possibilidades democráticas, virou um tecnoniilismo,[1] em que grandes conglomerados operam dentro da lógica do capitalismo de vigilância. São empresas cujos algoritmos não raro estimulam a radicalização, uma vez que disseminam desinformação de modo amplo e acabam por envenenar o debate público.

PRECEITOS DO DEBATE PÚBLICO

O que é exatamente debate público? O que é necessário para que ele funcione? O ensaísta Francisco Bosco, autor do livro

O diálogo possível: por uma reconstrução do debate público brasileiro, explica:

> É basicamente o lugar em que se tenta produzir a melhor ou a mais convincente interpretação da realidade para a coletividade, para que a coletividade possa conhecer, com mais precisão, os fenômenos sociais, econômicos e culturais. Enfim, conhecer os fenômenos que organizam a vida da comunidade. E, a partir desse diagnóstico o mais correto possível, no sentido de mais aderente à realidade possível, poder também pensar os encaminhamentos para os problemas que esses fenômenos sociais contêm. Os meios de que dispomos para a interpretação da realidade são evidências, fatos, dados empíricos, informações estatísticas e argumentos. O debate público é, portanto, a instância em que esse conjunto de meios se encontra.

Bosco lembra que integrar o debate público não é necessariamente participar dele de forma ativa:

> Basta ser um participante no sentido de estar exposto voluntariamente a esse conjunto de meios que procuram uma interpretação da realidade, para que, a partir da fricção, do choque desse conjunto de meios, das evidências, das informações estatísticas, dos dados empíricos, dos argumentos, cada participante do debate público aprimore a sua posição ou eventualmente a transforme completamente, se for o caso.

Está aí um aspecto importante para que uma sociedade tenha um debate público funcional: as pessoas que participam dele têm de estar dispostas a ouvir, a refletir e, eventualmente, a mudar de opinião.

No Brasil, tal debate nunca foi um exemplo de pluralidade, já que a sua intermediação sempre esteve nas mãos de elites intelectuais e econômicas, num ecossistema de comunicação dominado por poucos empresários. Muitas vozes não faziam parte desse ecossistema, como lembra o ensaísta:

> Até alguns anos atrás, o debate público no Brasil reproduzia as características da sociedade brasileira, que era uma sociedade muito hierárquica, cheia de filtros de exclusão. E o debate público reproduzia essa hierarquia e esses filtros. Os veículos de comunicação de massa, as universidades, a imprensa, o mercado editorial e todas essas instâncias eram muito restritivas, eram instâncias que operavam com os filtros da sociedade brasileira, filtro de classe, filtro de raça e filtro de gênero.

O cientista político Miguel Lago, coautor do livro *Linguagem da destruição: a democracia brasileira em crise*, fala da sombra de desconfiança que se projetava sobre a imprensa como um todo no fim da década de 2000:

> A partir da crise de 2008, a imprensa, por quem a informação era mediada, começou a ser malvista, pois ela não soube avisar a população que havia uma enorme crise econômica e financeira acontecendo e que afetaria todo mundo. Isso foi visto quase como uma traição por parte dos leitores.

Aquele ano da crise financeira, 2008, foi também o ano das eleições americanas em que o candidato democrata Barack Obama usou as redes sociais de forma eficiente. A campanha vitoriosa mobilizou eleitores no ambiente digital e conseguiu arrecadar, apenas pela internet, 500 milhões de dólares. Algo estava mudando. Mas, no geral, as redes sociais ainda engatinhavam.

No Brasil, país comandado desde 2003 por Lula, um líder de esquerda, surgiram blogs de defesa do governo sob a justificativa de fazer um contraponto à cobertura da imprensa tradicional, considerada refratária ao presidente. Essa rede de blogs destacava as ênfases e omissões adotadas pela imprensa tradicional.

Ao mesmo tempo, havia publicações bem vocais também à direita, como o blog do jornalista Reinaldo Azevedo, criado em 2006, logo depois do escândalo do Mensalão, e hospedado no site da revista *Veja*. Azevedo chamava os petistas de "petralhas", numa alusão ao partido de Lula, o PT, e aos Irmãos Metralha, personagens ladrões das histórias em quadrinhos.

Aquele era um tempo de embates duros na política. O discurso do "nós contra eles" era amplamente difundido. O PT de Lula era acusado de tentar separar a sociedade a partir dessa lógica. E se defendia dizendo que isso é inerente à política. Afinal, até a conservadora Margaret Thatcher usava o "nós contra eles" ao investir contra sindicatos de trabalhadores quando era primeira-ministra do Reino Unido nos anos 1980.

O fato é que a agressividade do debate público analógico brasileiro estava longe do tom de ódio que viria a caracterizar a era digital da política.

ASCENSÃO DAS REDES SOCIAIS

As transformações na comunicação ganharam uma nova dimensão na virada para a década de 2010. Aquele foi um momento em que as pessoas abraçaram as redes sociais, como lembra Miguel Lago:

> Essa migração aconteceu rapidamente. O que as pessoas comuns não conseguiam falar na mídia — que servia basicamente à agenda das empresas de comunicação —, conseguiam falar nas plataformas

livres — como se não fossem também empresas. Mas conseguiam falar o que pensavam. Uma "voz da verdade".

Em 2011, manifestações da Primavera Árabe foram organizadas localmente e divulgadas para o mundo por meio do Facebook e do Twitter. Grupos nos Estados Unidos e na Europa tomaram as ruas a partir de mobilizações pelas mesmas plataformas. Em 2013, as redes impulsionaram os protestos no Brasil, que tinham transmissões ao vivo das ruas pelas câmeras de celulares conectados no 4G.

O jornalista Bruno Torturra, que atuou com a Mídia Ninja nas manifestações de 2013, conta o momento mais marcante da cobertura que fez naquele ano:

> Talvez a transmissão mais importante tenha sido no Rio de Janeiro, no dia da chegada do papa Francisco. Havia uma manifestação do "Não Vai Ter Copa". E havia uma marcha de jovens católicos. Todos se juntariam em Copacabana. Foi uma situação única. Fizemos uma transmissão de mais de dezesseis horas, que começou muito tranquila. Transmitimos a chegada do papa e, assim que ele foi embora, a polícia começou a agir com uma violência que eu nunca tinha visto.

A Mídia Ninja inovou na cobertura dos protestos ao fazer longas transmissões ao vivo com uma abordagem diferente daquela adotada inicialmente pela grande imprensa, que criticava os bloqueios das vias públicas e os chamados *black blocs*. Torturra continua:

> Naquele dia, duas coisas aconteceram: registramos uma fraude, em que um policial se fingiu de *black bloc* e jogou um coquetel Molotov por trás da linha policial. E registramos a polícia pren-

dendo um jovem e jogando na mochila dele um falso Molotov. As imagens provavam isso. E aí prenderam Carioca, que estava fazendo a transmissão de celular junto comigo. Eu era o repórter, ele era o câmera. O que eles não sabiam era que a Mídia Ninja não era uma câmera, ela era um login. Carioca foi preso e eu passei a fazer a transmissão com o meu celular um minuto depois, mostrando a prisão.

A imprensa tradicional foi fortemente impactada pelas novas maneiras de contar histórias — para além da perda de publicidade, que migrou em peso para plataformas como Facebook, Google e YouTube. A questão era justamente a quebra de intermediação do debate público. Era preciso lidar com o protagonismo do cidadão digital, cujo perfil tinha passado a funcionar como um canal de ação política assim como um canal de consumo, conforme destaca Miguel Lago:

Facebook e Twitter viraram basicamente colunas de jornal de opinião. E o usuário é estimulado a dar opinião, porque quanto mais informações e preferências são reveladas para o algoritmo, mais vendável se torna o perfil.

A cientista política Nara Pavão lembra daquele momento inicial das redes, especialmente das portas que poderiam se abrir na representatividade política:

A primeira fase era de muito entusiasmo em relação à revolução digital e ao que ela poderia trazer de bom para a democracia. A ideia era que essa revolução aprofundaria a democracia, tornaria o mundo mais democrático. A ideia era que ela deixaria as pessoas muito mais próximas do sistema político. Falava-se até de "tecnologia da libertação", em referência à teologia da libertação. As pessoas teriam muito mais acesso à informação, seria uma quebra na estrutura hierárquica da política, dos meios de informação, com aumento de participação política, porque daria às pessoas canais menos custosos de participação.

IMPRENSA EM XEQUE

No início das manifestações de 2013, no Brasil, houve um choque de narrativas entre as redes sociais e a imprensa tradicional. A energia antiestablishment daqueles protestos atingiu poderes constituídos, inclusive jornalistas que estavam na rua para representar grandes veículos de comunicação. Havia muita hostilidade contra eles.

De início, as redes sociais mostravam cenas de uma rua vibrante e destacavam a violência policial. A imprensa tradicional — jornais, rádios e TVs —, por sua vez, apontava para o vandalismo dos *black blocs*, que quebravam vidraças de agências bancárias num ataque calculado ao símbolo máximo do capitalismo.

Durante o desenrolar das manifestações, porém, houve uma inflexão por parte da imprensa tradicional. Em determinado momento, ela se alinhou ao clima que imperava nas redes, segundo o qual o país vivia um momento histórico.

Houve então uma espécie de aproximação entre as narrativas das redes e da imprensa tradicional. Isso ocorreu também num momento posterior, com a deflagração da Lava Jato, em 2014. Ao dar uma resposta simples e direta às ruas, a operação engajou os novos movimentos políticos da direita que tinham forte atuação digital, entre eles o MBL e o Vem Pra Rua. As ações do Ministério Público e as decisões do juiz Sergio Moro receberam amplo apoio.

A historiadora Isabel Lustosa, autora do livro *O nascimento da imprensa brasileira*, vê no alinhamento midiático com a Lava Jato um dos grandes motivadores do desvirtuamento da operação. Ela cita como a imprensa tradicional e as redes sociais impactavam o comportamento de parte dos procuradores e policiais federais: "Eram jovens concursados com aquela base que a pessoa tem para concurso — e sabemos que é pouquíssima —, sem uma cultura geral, deslumbrados pela possibilidade de virarem estrelas".

Durante a Lava Jato, alguns personagens se destacaram, como os procuradores que atuavam em Curitiba chefiados por Deltan Dallagnol. Mas talvez a figura mais ilustrativa desse deslumbre pelos holofotes e *likes* tenha sido o "Japonês da Federal", o policial Newton Ishii, que aparecia sempre escoltando presos da operação. Depois de ficar famoso, Ishii chegou a ser preso, acusado de facilitação de contrabando. Entrou então para a política, passo seguido posteriormente por Dallagnol e Moro.

Lustosa diferencia os *likes* das redes sociais das manchetes dos jornais e dos holofotes das TVs, chamando atenção para a responsabilidade que a imprensa profissional precisa ter ao intermediar o debate público:

> É preciso fazer com que as pessoas acreditem nas instituições. E o papel da mídia tradicional deveria ser de contraponto [à espetacularização da operação], e não fazer parte do show, não ir à porta de uma pessoa que vai ser humilhada pela polícia, sair algemada ou mesmo acorrentada como aconteceu [com Sérgio Cabral]. Uma coisa medieval.

Crítico da Lava Jato, Reinaldo Azevedo afirma que o problema da imprensa tradicional foi que ela não se interessou em saber se o processo legal estava sendo de fato cumprido pelos procuradores e pelos juízes.

A imprensa serviu de porta-voz da Lava Jato, ignorou o direito de defesa, achando que resolveria tudo dando um paragrafozinho de outro lado: "Ah, fulano disse que é mentira". Os meios de comunicação viraram um canal de transmissão de vazamentos ilegais.

Para o jornalista Aguirre Talento, havia uma pressão sobre os repórteres no desenrolar da Lava Jato, causada justamente pela revolução digital que avançava naquele momento.

Era um processo muito difícil. Havia um fluxo muito grande de informações e havia uma concorrência, todo mundo queria publicar alguma coisa na frente do outro sobre as investigações. Era muito difícil abrir mão da cobertura, parar de cobrir, não publicar determinado documento. Foi ficando mais intensa essa questão da publicação de notícias muito rapidamente.

Num mundo acelerado e competitivo, com movimentos políticos da nova direita bem organizados nas redes, uma cobertura alucinante de fatos judiciais que não paravam de vir à tona, o impeachment da presidente Dilma Rousseff em 2016, o conturbado governo do vice Michel Temer, enfim, um carrossel de acontecimentos, políticos começaram a se organizar a fim de lidar com o mundo digital. Só que alguns já tinham começado bem antes.

Um ex-capitão do Exército brasileiro que atuava como deputado federal sem muita expressão mantinha uma conta aberta no Facebook desde 2012. Quando o Brasil entrou em ebulição, ele já tinha uma teia de conexões digitais para espalhar seu discurso.

Um tipo de discurso, aliás, que crescia globalmente: que saiu vitorioso das urnas em 2016 no Reino Unido, com o Brexit, e que levou Donald Trump à presidência dos Estados Unidos no mesmo ano. Um discurso que encontrou nos algoritmos das redes sociais um poderoso aliado.

LÓGICA DE GRUPO

Francisco Bosco recorre ao paradigma do psicanalista francês Jacques Lacan para explicar o impacto do mecanismo de algoritmo das redes sociais no debate público:

> No espaço público tradicional, se você escreve um texto para a imprensa, você escreve para todos e para ninguém. Você não tem um interlocutor, um grupo de interlocutores em mente. Você está num registro que a gente poderia chamar de simbólico, que é o registro da impessoalidade da linguagem na sua dimensão impessoal. É como uma carta solta ao mar. Já nas redes sociais, você atua para outros "eus" na sua dimensão imaginária. Ou seja, eles estão com seus narcisismos ali colocados também, e tudo isso está dentro de uma dinâmica de reconhecimento feita por *likes*, por correntes de opinião, pelos famigerados algoritmos que produzem bolhas de comunicação. Esse conjunto de características das redes propicia o que a psicanálise costuma chamar de lógicas de grupo. É um fenômeno muito importante para entender o que eu chamaria de estado de disfuncionalidade do debate público.

Os algoritmos são sequências de códigos que fazem com que um programa execute determinadas tarefas. Ao captar informações dos usuários das redes sociais, eles personalizam e individualizam conteúdos potencialmente consumíveis, impulsionando assim a lógica de grupo ao criar as chamadas bolhas, nas quais as pessoas convivem com quem pensa mais ou menos igual a elas.

A convivência dentro dessas bolhas vai fazendo com que as pessoas se fechem cada vez mais dentro do seu grupo.

A lógica de grupo é um laço de identificação, algo que pode se dar em torno de um time de futebol, uma religião, um partido ou um posicionamento político. E quando o indivíduo opera na lógica de grupo, ele perde, segundo Francisco Bosco, um dos pressupostos essenciais para que haja um debate público funcional: a disposição de ouvir, refletir e, eventualmente, mudar de opinião diante de evidências racionais.

Para completar, o ser humano tem um viés cognitivo, uma espécie de bug ou vício de pensamento, chamado viés de confirmação. É uma distorção que faz com que pessoas se interessem por teses que corroboram aquilo com que já concordam, ou prestem mais atenção nelas. É muito mais fácil dar atenção a um tuíte que confirma nossa própria opinião do que a argumentos que vão contra nossas convicções pessoais.

A falta de disposição para o diálogo não está restrita ao ambiente on-line. Em 2013, um grupo de manifestantes obrigou a organização da Festa Literária Internacional de Cachoeira, na Bahia, a cancelar a participação no evento do sociólogo Demétrio Magnoli, contrário às cotas raciais nas universidades. Em 2017, a exibição na Universidade Federal de Pernambuco (UFPE) do filme *Jardim das aflições*, de Josias Teófilo, sobre o polemista ultraconservador Olavo de Carvalho (1947-2022), acabou em briga. Em 2019, a comissão organizadora da Feira do Livro de Jaraguá do Sul, em Santa Catarina, cancelou a participação da jornalista Miriam Leitão e do cientista político Sérgio Abranches porque um grupo da cidade associava os dois à esquerda e não os queria ali. Também em 2019, num evento paralelo à Festa Literária Internacional de Paraty (Flip), o jornalista Glenn Greenwald, que ajudou a revelar os abusos da Lava Jato por meio de uma série de reportagens

no The Intercept Brasil, teve sua fala encoberta e depois interrompida por apoiadores da operação, que soltavam fogos
de artifício e tocavam em alto-falantes o hino nacional. Em
2022, um protesto impediu Fernando Holiday, vereador de São
Paulo alinhado à direita conservadora e contrário às cotas, de
falar em um evento na Universidade Estadual de Campinas
(Unicamp).

Todos esses são casos de diálogo interrompido. Quando
mundos — ou grupos — diferentes não conseguiram interagir,
debater, talvez se entender. Chocaram-se a partir da lógica de
grupo. Francisco Bosco explica:

> O pacto deixa de ser um pacto com a interpretação mais honesta da
> realidade e passa a ser um pacto com a reprodução dos interesses
> do próprio grupo. O sujeito prefere manter o circuito de obtenção
> de prazeres narcísicos, de pertencimento a um grupo, a se chocar
> com os interesses do grupo. A dinâmica onipresente — porque
> ela existe à direita e à esquerda — de lógicas de grupo no debate
> público é um dos fatores principais de sua deterioração. A gente
> está diante de um debate público que por um lado se tornou mais
> democrático, mas que por outro lado não consegue fazer com que
> aquilo que seria uma virtude, que é a participação, possa levar a um
> esclarecimento da realidade e, logo, a melhores encaminhamentos
> de políticas públicas e escolhas eleitorais.

A hiperconectividade também abriu espaço para uma maior
visibilidade das teorias da conspiração. "Antes, alguém que
achasse que a família real britânica era composta por lagartos
em forma humana teria pouca chance de encontrar outra pessoa com a mesma opinião, mas hoje os adeptos de teorias da
conspiração com ideias parecidas estão a apenas um clique de
distância uns dos outros", escreve o cientista político britânico

David Runciman em seu livro *Como a democracia chega ao fim*. "Essa visibilidade não quer dizer que exista uma quantidade maior dessas ideias do que no passado, só que hoje a probabilidade é maior de vê-las adquirir massa crítica."

A jornalista Patrícia Campos Mello explica como a percepção a respeito do papel das redes sociais mudou e faz uma ponderação:

> Passamos da fase muito otimista — do uso das redes sociais na política, com Obama, e na mobilização social, com a Primavera Árabe — para um outro extremo: achar que as redes são veneno, que estão acabando com o debate público. Não podemos desmerecê-las ou condená-las completamente. Temos que entender que a democratização da informação é importante, mas que isso foi manipulado. E está sendo manipulado. A nova praça pública está sendo manipulada por alguns atores políticos, e as plataformas fazem muito pouco para impedir, porque elas têm muito pouco a perder.

Lidar com uma nova praça pública manipulável foi uma grande oportunidade, especialmente para políticos que não eram levados em consideração no debate por não terem argumentos razoáveis, por desprezarem evidências e por ignorarem dados empíricos. Um tipo de político com potencial de tirar proveito da era da pós-verdade, em que os fatos comprováveis são menos influentes que as convicções e crenças pessoais.

POLÍTICO PERFIL

As redes sociais não quebraram apenas a intermediação feita pela imprensa. Elas quebraram também a intermediação feita pelos partidos, como explica a cientista política Nara Pavão:

As redes sociais trouxeram uma revolução na maneira de se fazer política e na maneira de se comunicar politicamente. E o jogo das redes sociais é completamente diferente, porque a comunicação dos políticos nas redes não é mediada pelo partido, não é mediada pelos jornais. É uma comunicação muito mais direta e muito mais personalizada, muito mais pessoal.

Quando o perfil de um político fala diretamente à população — sem o trabalho jornalístico de checagem de informações e sem as amarras das diretrizes partidárias —, cria uma sensação de proximidade e informalidade. Como disse o ensaísta Francisco Bosco: a relação sai do campo simbólico para adentrar na dimensão imaginária. E aí entra o trabalho dos algoritmos: os políticos mais eloquentes — ou aqueles que dizem mais absurdos — ganham mais projeção, destaca Miguel Lago: "Trump e Bolsonaro se beneficiaram muito disso. Quanto mais bobagem falam, mais reações geram em seus perfis e, portanto, maior é a audiência que alcançam".

O cientista político vê essa conexão de Bolsonaro com as redes sociais de tal forma que chega a classificá-lo como "político perfil":

Há um elemento em Bolsonaro de dinâmica de rede social, do *like*, do gostar, do concordar. É muito mais "eu concordo com Bolsonaro" do que "eu acho que Bolsonaro está defendendo meus interesses". Porque a relação representado-representante era assim: "Voto em alguém que é transacional, voto em alguém que vai representar os interesses da minha classe, do meu território, voto na pessoa que vai me representar". Mas isso mudou e Bolsonaro encarnou muito bem a figura que fala pelos outros. Ele é total um "político perfil". Ele é memético.

Segundo Miguel Lago, nem todo político consegue atingir esse patamar de compatibilidade com o mundo digital. Ele cita como exemplo João Doria, ex-prefeito e ex-governador de São Paulo: "Doria seguiu o manual certinho e não funcionou. Os trejeitos dele foram estudados, tenho certeza de que vieram de pesquisas qualitativas. E, no entanto, ele fica muito artificial para a rede social".

Bolsonaro, além de ser alguém "memético", além de ser um "político perfil", estava preparado para o novo ambiente político que surgiu com a revolução digital. Mesmo com três décadas de mandato parlamentar nas costas, ele conseguiu se apresentar como um outsider, como alguém antissistema. Trabalhou para que o contato direto com seus seguidores parecesse, na própria forma, algo despretensioso, corriqueiro, livre de burocracia e da institucionalidade do que ele chamava de "velha política". E mesmo palavrões e preconceitos que emanavam de seu discurso eram vistos como provas de "autenticidade".

Essa figura de pouca expressão no Congresso tinha usado suas conexões entre militares e policiais. Tinha se articulado nas redes. Tinha se aproximado das lideranças evangélicas. Tinha se aliado aos caminhoneiros e herdado o uso de centenas de grupos de WhatsApp. Seu filho Eduardo, deputado como ele, tinha se encontrado com Steve Bannon, ex-coordenador de campanha de Trump e guru da extrema direita mundial. Bolsonaro tinha, portanto, uma máquina a seu dispor, ou uma prancha, como diz o professor de filosofia Marcos Nobre:

Bolsonaro surfou uma onda que não foi produzida por ele. Mas ele era o único que tinha a prancha. E a prancha era justamente essa organização digital que eu chamo de "partido digital bolsonarista". O que é isso? É um processo de organização em que você vai expandindo a rede a partir de um núcleo autoritário, fanático, convicto, que tem estratégias de propaganda e desinformação muito bem-feitas. Dali ele vai se ampliando para círculos maiores.

ALGORITMO COMO ALIADO

Os partidos de fato envelheceram mal ao priorizarem os próprios interesses em detrimento de uma abertura para as novas relações e demandas do século 21. Desse modo, saber usar os algoritmos se tornou uma tarefa básica para quem está na disputa política. Mas Bolsonaro foi além em seu entendimento da dinâmica empresarial das redes sociais, segundo Bruno Torturra:

> Você sempre tem uma vantagem muito grande em qualquer jogo, qualquer esporte, qualquer relação, se você joga baixo e não tem mecanismo de punição. Se você tem garantia de impunidade e está disposto a não jogar limpo, sua chance de ganhar o jogo é muito grande. E a infraestrutura das redes sociais permite precisamente isso.

A constatação de Torturra passa pela falta de interesse das plataformas em combater a desinformação e os discursos de ódio. Passa também pela falta de regulação — ou de estímulos para que as *big techs*, isto é, grandes empresas de produtos tecnológicos, possam se mexer e criar mecanismos a fim de ajudar na desintoxicação do debate público. A jornalista Patrícia Campos Mello concorda:

> Todo o esquema legal que existe hoje, tanto no Brasil quanto nos Estados Unidos, elimina a responsabilização das plataformas por conteúdos de terceiros. E isso é muito necessário. Sem isso, não teríamos rede social. Se as redes sociais pudessem ser processadas

por qualquer conteúdo postado por terceiros, simplesmente elas iriam pré-censurar tudo. Mas tem de existir algum tipo maior de regulação para que elas tenham um incentivo para combater a desinformação.

Achar um modelo de regulação é uma tarefa complexa, pois exige traçar um limite entre o que é liberdade de expressão e o que é notícia falsa, além de estabelecer critérios para enquadrar discursos de ódio.

Existem várias maneiras, por exemplo, de desinformar. Ser falacioso ao usar alguns fatos reais, mas fazer conexões falsas para chegar a uma conclusão errada. Publicar uma notícia verdadeira fora de contexto. Publicar uma informação em que o título diz uma coisa e o conteúdo, o texto, diz outra. E há as famosas fake news, cuja definição é alvo de diversas discussões entre estudiosos do tema.

Uma das definições mais consagradas é esta: fake news é uma notícia deliberadamente falsa, produzida para interferir no debate público de forma maliciosa — normalmente divulgada em sites que tentam mimetizar a imprensa profissional a fim de parecer uma notícia real. O dicionário Collins, também britânico, escolheu a expressão "fake news" como a mais marcante do ano 2017.

Um equívoco comum que costuma ocorrer é tratar um erro da imprensa profissional como fake news. Jornais, TVs, rádios e sites que trabalham com jornalismo de modo sério têm mecanismos de controle para evitar equívocos, mas equívocos acontecem. Por isso, os veículos de comunicação disponibilizam canais para que as pessoas possam apontar eventuais deslizes. E, se eles são veículos realmente profissionais, corrigem seus erros.

Já a desinformação nas redes sociais é uma espécie de violação ao debate público, assim como a operação de perfis inautênticos, que reproduzem mensagens para criar uma falsa sensação de multidão.

O MBL, por exemplo, criou um ecossistema falso para se tornar mais relevante nas redes: centenas de páginas e perfis — sob um mesmo comando — compartilhavam conteúdos simultaneamente, conforme conta o jornalista Denis Russo Burgierman:

> É um jeito de ludibriar o algoritmo, de fraudá-lo. Eles fabricam a sensação de que algo interessa a muita gente ao mesmo tempo. Tem um outro truque que o MBL usou muito para crescer, para ser favorecido pelo algoritmo, que foi evocar as emoções das pessoas, principalmente medo, indignação e raiva, que são contagiosos. O movimento sempre monitorava as redes em busca de episódios ultrajantes. Não precisava nem ter a ver com a agenda deles. Usavam episódios morais, porque estavam em busca da indignação. E daí replicavam, gerando muita reação. Era uma combinação desses dois truques. Geravam uma reação muito forte e a soltavam em massa com os vários perfis, que na verdade estavam sob o mesmo comando, mas que se fingiam de multidão.

Essa multidão fingida, segundo o jornalista, acabou por virar uma multidão real:

> Na internet, as percepções de relevância rapidamente se transformam em realidade. Como o MBL parecia relevante para o algoritmo, ele atraiu cada vez mais gente. Foi cada vez mais sendo favorecido pelo algoritmo, que distribuía mais o conteúdo do movimento. O Facebook teve um papel muito importante para o MBL ganhar a importância que ganhou e ter os resultados que teve, porque daí na eleição seguinte [2016] elegeu gente e ficou institucionalmente relevante.

Além da ilusão de massa, outra técnica também muito usada para manipular os algoritmos é inundar as redes sociais com assuntos irrelevantes para que as pessoas percam a noção do que realmente importa. A ideia por trás dessa atitude é poluir o debate público digital. Fazer censura pelo barulho.

Quando o jornalista britânico Dom Philips e o indigenista brasileiro Bruno Pereira desapareceram na região amazônica em junho de 2022, por exemplo, diversos perfis nas redes sociais que propagam desinformação começaram a se engajar na ideia fantasiosa da existência de uma cidade chamada Ratanabá, que teria 300, 400 milhões de anos — ou seja, teria existido antes mesmo do *Homo sapiens* — e riquezas inimagináveis: uma grande civilização soterrada sob a floresta.

Daí o motivo, segundo essa teoria maluca, de tanto interesse internacional na Amazônia. Uma ideia completamente descabida, mas que tomou a internet e passou a concorrer nos algoritmos quando alguém queria acessar o tema Amazônia. Na prática, Ratanabá cumpriu o papel de turvar o debate digital sobre a tragédia envolvendo o assassinato do jornalista e do indigenista.

JOGO SUJO DA DESINFORMAÇÃO

O ano eleitoral de 2018 estava prestes a começar quando o TSE brasileiro criou um conselho consultivo sobre internet. Na primeira reunião, o grupo discutiu a criação de cartilhas de conscientização acerca das fake news, a elaboração de manuais para juízes eleitorais e a criação de um canal de denúncias. O Congresso, por sua vez, vinha realizando seminários sobre o tema.

Era um desafio lidar com essa nova realidade e dosar as ações para não atropelar direitos individuais. O antídoto usado pela maioria de quem recorre à desinformação, por exemplo, é dizer que está apenas exercendo sua liberdade de expressão.

Mas a liberdade de expressão não é algo absoluto. "Não há um limite hipotético aplicável a todos os casos. Uma análise caso a caso deve levar em conta o contexto em que uma fala é proferida — como um ambiente político calmo ou tenso —, além da intenção e do propósito da fala, do poder de influência de quem profere esse discurso e do risco que ele pode representar para grupos vulneráveis ou para a própria democracia de um país", disse numa entrevista ao *Nexo Jornal* Paulo Lugon Arantes,[2] especialista em direito internacional que acompanha de perto os debates sobre liberdade de expressão no Conselho de Direitos Humanos das Nações Unidas em Genebra.

Como agir, por exemplo, diante de um candidato à presidência que propaga a existência de um suposto "kit gay" criado para influenciar a orientação de gênero das crianças nas escolas públicas, mesmo que esse kit nunca tenha sido produzido nesses termos, mesmo que ele nunca tenha sido distribuído, mesmo que essa visão sobre gênero seja completamente equivocada? E se esse tipo de atitude se relaciona de forma umbilical com uma rede de produção de absurdos, como aquele segundo o qual o PT, quando estava no governo, distribuía em creches uma mamadeira em forma de pênis, a famigerada "mamadeira de piroca"?

Em 2018, a campanha de Jair Bolsonaro levou todas essas desinformações ao debate público. O que não quer dizer que outros candidatos não tenham recorrido a mentiras. O que ficou claro, porém, foi que, naquela disputa, o candidato do PSL atuava de maneira estruturada: a mentira chegava ao público pelo líder político, às vezes sem afirmações diretas, apenas por meio de questionamentos e insinuações. E logo as redes estavam repletas de barbaridades espalhadas junto com a frase: "Isso os jornais não contam".

Patrícia Campos Mello descobriu em 2018 que a rede de desinformação de Bolsonaro contava com ajuda empresarial para fazer disparos em massa de mensagens por meio do WhatsApp na campanha. A reação às suas reportagens, publicadas no jornal *Folha de S. Paulo*, deixou claro que a violação do debate público vinha acompanhada de um outro elemento: a intimidação, como lembra aqui a jornalista:

> A primeira coisa que aconteceu, quando eu comecei a publicar as reportagens em 2018, foi uma tentativa de acabar com a credibilidade da repórter que estava investigando assuntos que iam contra os objetivos de um certo grupo político. Envolvia circular fotos de uma mulher ao lado do então candidato do PT Fernando Haddad dizendo que era eu: "Olha aqui como a repórter apoia o outro partido". Significava distribuir também memes com informações falsas, dizendo que eu tinha sido condenada pelo Supremo.

Patricia Campos Mello foi alvo de uma série de outras tentativas de descrédito levadas adiante pelo bolsonarismo.

> Essa coisa de você fazer assassinato de reputação, de você atacar credibilidade de jornalista, é essencial para o funcionamento do tecnopopulismo. Para ele funcionar perfeitamente, você tem que desacreditar o jornalismo profissional e a pessoa que tem como emprego apurar e checar informações. E por isso que a gente viu de forma cada vez mais frequente isso sendo feito com vários jornalistas no governo Bolsonaro. E várias jornalistas mulheres, principalmente.

Os ataques de Bolsonaro a jornalistas continuaram recorrentes ao longo de seu mandato. No primeiro debate entre candidatos à presidência das eleições de 2022, realizado em agosto, o presidente investiu contra Vera Magalhães, que havia feito uma pergunta objetiva sobre a queda de cobertura vacinal no Brasil durante o governo dele. "Vera, não poderia esperar outra coisa de você. Acho que você dorme pensando em mim, você tem alguma paixão por mim. Você não pode tomar partido num debate como esse, fazer acusações mentirosas a meu respeito. Você é uma vergonha para o jornalismo brasileiro", disse Bolsonaro.

Dois anos antes, ele tinha atacado Patrícia Campos Mello, dizendo que ela queria "dar o furo", utilizando-se do jargão jornalístico "furo" — uma reportagem exclusiva e de impacto — para destilar misoginia e sugerir que ela estaria trocando informação por sexo.

A jornalista registrou sua experiência no livro *A máquina do ódio: notas de uma repórter sobre fake news e violência digital*. Ela explica o que é essa máquina do ódio, fazendo referência ao chamado "gabinete do ódio", uma estrutura de assessores que passou a atuar no Palácio do Planalto após a vitória de Bolsonaro na corrida presidencial. E cita também os sites hiperpartidários, que defendem um político ou partido a qualquer custo, não importa a situação.

Você cria uma bolha em que pessoas vivem numa realidade paralela de informação. O gabinete do ódio traça as estratégias digitais, coordenadas com influenciadores que são próximos do bolsonarismo, incluindo políticos. Eles distribuem os conteúdos nas redes sociais e nos grupos de WhatsApp e Telegram para amplificá-los. Os blogueiros e youtubers bolsonaristas recebem conteúdo original direto do presidente Jair Bolsonaro. Há todo um universo de sites hiperpartidários que também recebem os conteúdos. E aí você tem as pessoas de carne e osso que repassam aquilo voluntariamente. Não é tudo robô. Se fosse tudo robô, não seria tão eficiente. Você tem muita gente que acredita nisso e ajuda a amplificar. A máquina do ódio azeita esse ecossistema de informações que mantém as pessoas vivendo na realidade paralela. Se você fica anos e anos ouvindo Bolsonaro dizer que a *Folha* é comunista e que a *Globo* é lixo, que não dá para acreditar na mídia profissional, se você vive se informando pelas redes e pelos grupos de WhatsApp e Telegram, você acaba tendo uma ideia totalmente diferente da realidade.

O STF autorizou investigações criminais para desvendar estruturas de ódio e proteger autoridades e instituições dos discursos e atitudes radicalizados, como o inquérito das fake news e o inquérito das milícias digitais. Pessoas foram presas, sigilos bancários foram quebrados e materiais foram apreendidos.

Um relatório da Polícia Federal que veio a público em fevereiro de 2022, no âmbito do inquérito das milícias digitais, chegou a conclusões muito parecidas com aquelas expostas por Patrícia Campos Mello: o presidente dizia algo em público que depois era instrumentalizado pelo gabinete do ódio e espalhado por milícias digitais ainda mais agressivas.

A lógica de guerra do discurso da extrema direita, segundo o qual o adversário político é um inimigo, é usada também no espalhamento da desinformação. Em agosto de 2022, o jornalista Guilherme Amado, do site Metrópoles, revelou o conteúdo de conversas de um grupo de WhatsApp que reunia empresários apoiadores de Bolsonaro. Numa das mensagens, Marco Aurélio Raymundo, conhecido como Morongo, dono de uma rede de lojas de artigos de surfe, disse que é aceitável mentir para vencer uma guerra, porque muito pior seria perder a guerra.

A quem estuda o tema não restam dúvidas sobre os impactos negativos da desinformação no debate público. Mas há outras questões em jogo. A desinformação muda o resultado de uma eleição? A cabeça das pessoas pode ser realmente moldada, como prometia a Cambridge Analytica? Bolsonaro venceu as eleições brasileiras de 2018 por causa das fake news? A mamadeira de piroca de fato tirou votos de Fernando Haddad? Nara Pavão, que estuda o tema, diz que não.

Em relação ao papel da desinformação, das fake news, das teorias conspiratórias na vitória de Jair Bolsonaro em 2018, as evidências apontam para um efeito pequeno, não foi um efeito drástico. Ou seja, as notícias falsas não têm efeito de persuasão, elas não são capazes de mudar drasticamente a maneira como a gente pensa.

Apesar de não persuadir, a desinformação tem um efeito político: manter um grupo coeso, segundo a cientista política.

As pessoas que foram expostas a notícias falsas em 2018 e que acreditaram nessas notícias já eram altamente propensas a acreditar e a pensar dessa forma. Dificilmente as fake news mudam o resultado de uma eleição. Mas elas podem, sim, reforçar crenças, tornar as pessoas ainda mais seguras, ainda mais confiantes a respeito das crenças que elas têm sobre política, do que elas pensam sobre os grupos políticos.

Além de deixar grupos mais coesos, as fake news podem aumentar a disposição de mobilização para a defesa de um projeto político, ainda de acordo com Nara Pavão:

O efeito é o de tornar as pessoas mais ativas politicamente e, portanto, mais dispostas a defender os seus pontos de vista, a fazer campanha, a se engajar no mundo político. Um estudo que a gente fez mostra que postagens de políticos com conteúdo falso geram muito mais engajamento do que postagens que não têm conteúdo falso. É uma evidência de que as fake news geram muito mais barulho e muito mais engajamento e mobilização nas redes. E isso é importante para uma campanha, que precisa de barulho, mobilização, precisa mostrar que o político tem popularidade, que tem seguidores e que as pessoas concordam com aquilo que ele fala.

Nas eleições de 2022, quando Bolsonaro tentou renovar seu mandato, a desinformação continuou a ditar a disputa política nas redes. Mais que isso, sua utilização ganhou escala inédita. O bolsonarismo pôs para funcionar sua massiva e abrangente máquina de fake news — uma máquina que na verdade nunca havia deixado de atuar —, apoiada, inclusive, por veículos tradicionais, como a rede Jovem Pan. A campanha de Lula reagiu a partir da atuação do deputado André Janones, do partido Avante, que pautou discussões digitais e também recorreu a falsidades.

Tanto Bolsonaro como Lula exploraram debates morais a fim de alimentar a rejeição do adversário. Especialmente no segundo turno, o país foi tomado por um ambiente de caos informacional, que transbordou das redes para os programas eleitorais de rádio e TV, que veicularam desinformação e muitos fatos fora de contexto.

Eleições são momentos mais agudos de exposição à desinformação, mas há grupos que mantêm relações crônicas com as fake news. Anos convivendo com esse ambiente intoxicado traz consequências. Nos Estados Unidos e no Brasil, isso levou à alienação de setores da sociedade que acabaram por se fanatizar.

O Capitólio, prédio do Congresso americano em Washington, foi invadido no começo de 2021 por pessoas que achavam ser possível manter Donald Trump na presidência mesmo depois da derrota eleitoral para Joe Biden. O Congresso Nacional, o Palácio do Planalto e o STF, prédios ao redor da praça dos Três Poderes, em Brasília, foram invadidos em 8 de janeiro de 2023 por pessoas que achavam ser possível manter Bolsonaro na presidência mesmo depois da vitória de Lula. A realidade paralela cobrou um preço dessas pessoas. Enviadas à cadeia, elas passaram a responder a processos criminais.

IMPORTÂNCIA DA IMPRENSA PROFISSIONAL

Augusto Santos Silva, sociólogo, professor da Faculdade de Economia da Universidade do Porto, ex-chanceler e presidente da Assembleia da República de Portugal, fez uma reflexão importante num artigo publicado em 2018 na *Folha de S.Paulo*[3] sobre o impacto da revolução digital na imprensa profissional.

Segundo Silva, cabe ao jornalismo reforçar a separação entre informação e propaganda, notícia bem apurada e rumor, fatos e opiniões. E completa: "[A desinformação] abomina essas distinções porque o seu propósito é militante, o seu fim é a inculcação de preconceitos e estereótipos. Suas armas são o recurso à psicologia de massas, a relação emocional com os destinatários e a ilusão de que essa relação não precisa de mediação nem de mediadores".

A pandemia de Covid-19, declarada pela OMS em março de 2020, trouxe novos desafios à comunicação global. E foi a partir dali que o jornalismo profissional começou a resgatar sua importância, demonstrar que o trabalho correto com informações não é só questão de convicção política, é questão de vida ou morte, como reafirma Patrícia Campos Mello:

> Em meio a uma doença totalmente desconhecida, um monte de informação desencontrada, um monte de mentira, vinha de novo essa necessidade de ter uma entidade, que é o jornalismo profissional, para atuar como curador. Era bem-vinda essa curadoria de tentar separar o joio do trigo. Quando o Ministério da Saúde ameaçou manipular as estatísticas, por exemplo, os veículos de comunicação brasileiros

fizeram um consórcio para obter dados diretamente dos governos estaduais. Isso foi essencial pra gente ter informação correta. A imprensa tradicional teve um grande momento com todas as suas investigações sobre por que demorou tanto pra chegar vacina, com todas as suas revelações sobre esquemas de corrupção.

Debater o papel da imprensa sempre será um campo minado. Há quem puxe o assunto para as ênfases e omissões das grandes empresas de comunicação. Há quem aponte dolo quando uma reportagem enviesada é publicada. No meio disso tudo, jornalistas profissionais fazem aquilo para o qual foram treinados, isto é, tentam entregar informações apuradas, checadas e contextualizadas, na busca de uma qualificação do debate público. Informações que, quando os órgãos de controle públicos deixam de funcionar, precisam vir à tona por algum meio.

Fortalecer o jornalismo profissional contra a desinformação e educar as pessoas para que elas possam identificar as falsidades que circulam pelas redes são desafios do nosso tempo. A 11ª edição do Relatório de Mídia Digital do Instituto Reuters mostra que, em todo o mundo, as pessoas evitam acompanhar o noticiário para não precisar lidar com crises políticas, conflitos internacionais, pandemias e emergência climática. De 2017 a 2022, o percentual de quem evita acompanhar a imprensa passou de 29% para 38%. No Brasil, a situação é ainda mais preocupante: esse índice pulou de 27% para 54%. Existe, portanto, muita gente já saturada da realidade.

NECESSIDADE DE REGULAÇÃO

Há muitos desafios impostos pela revolução digital. Além da busca pela manutenção da relevância do jornalismo profissional, é preciso encontrar maneiras de descontaminar o debate público, além de adaptar o processo democrático à hiperconectividade.

Sob forte pressão, as empresas donas das redes sociais passaram a ter que responder sobre o manuseio de dados dos usuários, a agir contra perfis inautênticos e a adotar iniciativas para lidar com conteúdos falsos, retirando alguns deles do ar. Por conta própria ou por ordem judicial, passaram também a desmonetizar canais de desinformação que ganhavam dinheiro de acordo com a quantidade de cliques ou visualizações. É um problema que está longe de ser resolvido.

Trata-se de uma nova realidade. E, para muita gente, a confusão generalizada, a sensação de que o jogo já está perdido, se dá justamente pelo fato de estarmos num terreno ainda a ser explorado. É um processo longo até que haja maturação e se chegue a soluções. Mas, para que isso aconteça, é preciso agir. E quais seriam as ações possíveis? Como retomar o espaço do diálogo? Quando tais questões surgem, a regulação das plataformas sempre aparece como um passo inicial. Ela é apontada como essencial por Francisco Bosco, que também chama atenção para outras possíveis iniciativas:

> Será preciso regular os meios onde esse debate, onde a centralidade do espaço público se dá, que são as redes sociais. É necessário regular esses meios para que se volte a estabelecer o pacto quanto aos meios consensuais para a interpretação da realidade, que são os argumentos, as evidências, os dados empíricos, as informações estatísticas. Será preciso uma atuação legislativa, será preciso uma atuação individual de desativação de lógica de grupo e uma atuação social no sentido de conferir ao debate público uma informação qualificada que possa dar bons instrumentos de interpretação da realidade.

Regulação governamental, responsabilidade individual, responsabilidade social. Talvez desse trio surja uma saída. São pilares que podem resgatar a essência do diálogo, motivar uma nova disposição para ouvir o outro, para tentar entendê-lo. Uma disposição que, inclusive, abra portas até para eventuais mudanças de opinião. Desde que o debate seja pertinente, baseado em fatos comprováveis, que não seja uma falsidade ou uma teoria da conspiração alucinada. Desde que o argumento não venha acompanhado da truculência que tomou a política brasileira nos anos recentes.

Extrema direita

Uma nova direita surgiu nas ruas e passou a influenciar o debate público do país. Um movimento que, apesar de inovador em seus métodos e barulhento em sua abordagem, não demorou a ficar com a cara da direita tradicional: liberal na economia, conservadora nos costumes. Um movimento que embarcou no extremismo de uma figura caricata, que falava, aos palavrões, tudo que uma parte considerável da população queria ouvir.

A antipolítica tinha tomado o país. A lógica do insulto, já difundida por outros líderes mundiais, passaria a fazer parte do dia a dia brasileiro, emanada da própria presidência da República. A disposição golpista, adormecida por décadas, voltaria a mobilizar setores que consideram a democracia um valor prescindível, numa erupção cujo magma viria a alterar de forma significativa o cenário nacional.

Brasília, 1º de janeiro de 2019. O quinto presidente eleito pelo voto direto depois do regime militar estava no parlatório do Palácio do Planalto e discursava na praça dos Três Poderes para milhares de apoiadores no dia de sua posse.

"Me coloco diante de toda a nação neste dia em que o povo começou a se libertar do socialismo...", disse Bolsonaro, que tinha acabado de receber a faixa presidencial de Michel Temer, um político conservador, alinhado à direita e à elite econômica, um vice que tinha chegado ao poder após o impeachment de Dilma Rousseff. Certamente, Temer não era um representante do socialismo no governo brasileiro. Tampouco o era sua antecessora deposta.

Apesar de enganoso, aquele trecho inicial do discurso no parlatório fazia sentido para quem estava ali, assim como para milhões de outros brasileiros.

Bolsonaro prosseguiu: "... dia em que o povo começou a se libertar da inversão de valores, do gigantismo estatal e do politicamente correto...". O "politicamente correto", termo surgido nos anos 1970 nos Estados Unidos, visa evitar ofender ou excluir grupos marginalizados. Segundo a historiadora americana Moira Weigel, pesquisadora do tema em Harvard, trata-se de um simples sinônimo de educação.

Apesar de trazer uma visão distorcida, aquele trecho do discurso no parlatório também fazia sentido para quem estava ali, assim como para milhões de outros brasileiros.

"Temos o grande desafio de enfrentar os efeitos da crise econômica, do desemprego recorde, da ideologização de nossas crianças, do desvirtuamento dos direitos humanos e da desconstrução da família..."

O país estava de fato em crise econômica e ainda tentava se recuperar da recessão iniciada no governo Dilma, mas o presidente colocava esse problema sério e real — com o qual propunha lidar por meio do fim do "gigantismo estatal" — em condição de igualdade a uma suposta ideologização de crianças e a um suposto desvirtuamento dos direitos humanos.

Apesar de fazer uma mistura indevida, aquele trecho do discurso no parlatório continuava a fazer sentido para quem estava ali, assim como para milhões de outros brasileiros.

"Nossa preocupação será com a segurança das pessoas de bem e a garantia do direito de propriedade e da legítima defesa..."

As falas de Bolsonaro como presidente recém-empossado — assim como a boa recepção de parte significativa da sociedade — deixavam claro que havia um novo Brasil emergindo dali. Um Brasil que havia decidido apoiar a ideia de recortar a sociedade em duas. De um lado, as "pessoas de bem". De outro, todos os outros. Um Brasil que celebrava Bolsonaro e lhe dava epíteto de "mito".

Esse mito foi construído aos poucos: nos quartéis, nos batalhões das PMs, em círculos religiosos e nas redes sociais. Foi um mito que se encaixou numa série de acontecimentos paralelos, internos e externos, num fluxo incontrolável, cujo desenrolar resultou num governo de extrema direita para quem a derrota no voto não era uma opção.

DOS PORÕES DA DITADURA

Vinte anos antes de ser levado ao cargo máximo da política nacional pelo voto, Jair Bolsonaro era apenas um parlamentar extremista, sem poder de influência no jogo de poder do país.

"Através do voto você não vai mudar nada neste país. Absolutamente nada. Você só vai mudar, infelizmente, se um dia nós partirmos para uma guerra civil aqui dentro. E fazendo o trabalho que o regime militar não fez, matando uns 30 mil, começando com o FHC. Não é pra deixar ir pra fora não, é matando", disse o deputado federal Jair Bolsonaro numa entrevista de 1999 à TV Câmara, mencionando o presidente da época, Fernando Henrique Cardoso. Ele continuou: "Eu sou favorável à tortura. E o povo é favorável a isso também", afirmou na mesma entrevista o ex-capitão do Exército, defendendo o uso de "pau de arara" — método de tortura física — contra políticos que ele considerava corruptos.

Com que Brasil exatamente Bolsonaro estava falando naquele momento? Sem dúvida um Brasil que tinha entre seus cidadãos pessoas que apoiavam esse tipo de pensamento, como os moradores do Rio de Janeiro que garantiam a ele a cada quatro anos uma vaga cativa na Câmara dos Deputados.

Bolsonaro entrou para a política ao ser acusado de planejar um atentado a bomba nos quartéis nos anos 1980, com o objetivo de forçar um aumento de salário. Ele acabou absolvido do processo interno das Forças Armadas, mas sua permanência no Exército ficou inviável. Daí decidiu defender os fardados na política, virando vereador do Rio e depois deputado federal. Além de militares, Bolsonaro também se uniu a policiais, alguns deles ligados a milícias, grupos paramilitares que dominam comunidades do Rio de Janeiro.

"Ele sempre foi um brilhante oficial", disse Bolsonaro em discurso de 2005 na Câmara dos Deputados, no qual defendia o PM Adriano da Nóbrega, à época condenado por um assassinato em serviço. Capitão Adriano viria a se tornar um matador de aluguel do Rio de Janeiro a serviço de milícias. Era próximo de Fabrício Queiroz, com quem trabalhou na polícia. Queiroz, por sua vez, era amigo de Bolsonaro. Um amigo que virou assessor de Flávio Bolsonaro na Assembleia Legislativa fluminense. A esposa e a mãe de Adriano também foram trabalhar no gabinete do primogênito de Jair. Foragido, o miliciano morreu num cerco policial na Bahia em 2020.

Os familiares de Adriano viraram alvo de investigações sobre o esquema das rachadinhas no gabinete de Flávio, cujos funcionários foram acusados de dar parte dos salários que recebiam do poder público a Queiroz. Um esquema que chegou a ser denunciado pelo Ministério Público, mas que teve as provas anuladas pela Justiça.

SURGIMENTO DA NOVA DIREITA

Enquanto Bolsonaro destilava seu extremismo nos microfones da Câmara dos Deputados, uma nova direita surgia no Brasil. Um dos primeiros eventos públicos em que ela mostrou sua cara ocorreu em São Paulo, em 17 de agosto de 2007.

Em cima de um palco na praça da Sé, no centro da cidade, o mestre de cerimônias João Baptista de Oliveira, conselheiro da Ordem dos Advogados do Brasil (OAB), disse ao microfone: "Não queremos guerra, é como diz o hino do Exército". E então recitou um trecho do hino: "A paz queremos com fervor. A guerra só nos causa dor. Porém, se a Pátria amada for um dia ultrajada, lutaremos sem temor". Na sua vez de falar, o padre Antônio Maria, sacerdote da Igreja católica e cantor, tomou o microfone para dizer: "Hoje, Deus diz para nós: 'Estou cansado'. Deus está cansado". Havia outros cantores no palco: Agnaldo Rayol, Wanderléa e Ivete Sangalo.

Os discursos evocando sentimentos militares e religiosos eram feitos para um público de cerca de 2 mil pessoas.[1] Era um ato organizado pelo "Cansei", movimento cívico surgido após o desastre com o avião da TAM em Congonhas, que havia ocorrido um mês antes. Os manifestantes se diziam cansados do caos aéreo, cansados de CPIs que não davam em nada, cansados de tantos impostos. Entre o público, o grito de "Fora, Lula" ecoou depois que Agnaldo Rayol entoou o hino nacional.

Aquele foco inicial do que depois viria a ser chamado de nova direita brasileira trazia em sua concepção uma abordagem extrainstitucional, ou seja, sem ligação com o poder político constituído em Brasília. Tratava-se de uma direita que tinha entre seus líderes o empresário João Doria e o presidente da OAB paulista, Luiz Flávio Borges D'Urso. "Se eu for sozinho bater às portas do Congresso Nacional, eu não sou ouvido. Se eu for como entidade, a minha chance de ser ouvido e ter algum resultado é maior. Se eu for como movimento, a nossa chance de ser ouvido é infinitamente maior", disse D'Urso à imprensa no mesmo dia da manifestação da Sé.

Havia vários grupos dispostos a levar adiante o fortalecimento dos valores da direita no país. As iniciativas eram em boa parte associadas ao empresariado, que na época mantinha braços organizados em fóruns do Orkut — a antiga rede social que bombou no Brasil na segunda metade da década de 2000 — e investia em organizações de produção e divulgação de ideias — os chamados *think tanks* — de viés ultraliberal: Instituto Liberal de São Paulo, Instituto Liberal do Nordeste, Instituto Mercado Popular, Instituto Mises Brasil, Instituto Ordem Livre (versão brasileira de um *think tank* americano), entre outros.

Autora do livro *Menos Marx, mais Mises: o liberalismo e a nova direita no Brasil*, a cientista política Camila Rocha fala sobre o perfil de quem fazia parte inicialmente daquela mobilização: "Havia pessoas de classe média, profissionais liberais, estudantes universitários, mas também havia pessoas que vêm das classes trabalhadoras, das classes populares".

A nova direita nacional era influenciada pelo economista austríaco Ludwig von Mises. Flertava também com o libertarianismo dos Estados Unidos, com forte defesa da propriedade privada, do livre mercado e das liberdades civis, como casamento homoafetivo, liberação das drogas e liberação do aborto. Chegou até a organizar um partido libertário brasileiro, mas o projeto não avançou.

O alegado libertarianismo que movia os grupos trazia, já em seu início, uma contradição: a admiração de parte deles pelo ideólogo reacionário Olavo de Carvalho, autor do livro *O imbecil coletivo: atualidades inculturais brasileiras*.

Diante da derrocada do Orkut, já na década de 2010, a nova direita migrou para páginas do Facebook e canais do YouTube. Passou também a disputar espaço em centros acadêmicos das universidades, como orientava Olavo de Carvalho.

AVANÇOS DOS DIREITOS CIVIS

O Brasil do início da década de 2010 estava em transformação. A pobreza diminuía, a economia ia bem e havia uma forte demanda por mais direitos, que passou a ser atendida aos poucos, fosse por mudanças legislativas, fosse por ordens judiciais.

Em 2011, o Supremo reconheceu o direito à união estável homoafetiva. Em 2012, o tribunal permitiu o aborto legal de fetos anencéfalos. Também em 2012, o governo sancionou a Lei de Cotas Raciais nas universidades federais. Em 2013, o Congresso aprovou a PEC que estendeu aos empregados domésticos direitos já garantidos pela Constituição a trabalhadores formais no geral. Em 2014, foi a vez da Lei da Palmada, que proibiu abusos físicos contra crianças. Todas essas mudanças mexeram com a sociedade, segundo Camila Rocha. "Foi um avanço muito grande em relação a pautas progressistas, o que desencadeou uma reação de partes expressivas da sociedade brasileira."

Isabela Kalil, antropóloga que pesquisa a extrema direita brasileira, cita o Escola Sem Partido como um dos principais instrumentos dessa reação.

A educação e o ambiente escolar, principalmente da escola pública, passaram a ser um terreno de disputa, tanto pela perspectiva relacionada à questão de cotas raciais e sociais quanto pela perspectiva da discussão de gênero e sexualidade.

O Escola Sem Partido é um movimento lançado no Brasil ainda em 2004 pelo advogado católico e procurador pelo estado de São Paulo Miguel Nagib. Inspirado num movimento parecido dos Estados Unidos, ele passou a denunciar uma suposta "doutrinação política e ideológica dos alunos por parte dos professores de esquerda". O movimento denunciava também uma suposta "usurpação dos direitos dos pais na educação moral e religiosa de seus filhos".

É nesse ponto que o Escola Sem Partido se une a uma ideia muito explorada pelos reacionários brasileiros: os professores estariam tentando impor aos alunos uma "ideologia de gênero", termo surgido dentro da Igreja católica ainda nos anos 1990. A discussão sobre gênero é complexa. Passa por identidade de gênero, orientação sexual, sexo biológico e papel de gênero. Mas a ideia da "ideologia de gênero" era simples: os professores estariam estimulando a homossexualidade como forma de acabar com a família tradicional.

Nesse caldo de reacionarismo, o Brasil deu início à sua guerra cultural. Termo importado dos Estados Unidos, a guerra cultural é associada a um episódio do fim dos anos 1980 ocorrido na Universidade Stanford, que tentou alterar o currículo de seus cursos. O currículo passaria a incluir autores indígenas. Integrantes do Partido Republicano reagiram, dizendo se tratar de um passo rumo à derrocada da cultura ocidental. Na mesma época, uma exposição sobre o universo underground gay do fotógrafo americano Robert Mapplethorpe em Washington foi censurada após protestos de grupos conservadores.

Algo parecido também viria a acontecer no Brasil na década de 2010, numa reação a mudanças feitas a conta-gotas na sociedade, mas que incomodavam alguns setores, segundo o economista Michael França.

A reação é um reflexo de todo um processo de mudança lenta e gradual no tecido social brasileiro. É reflexo de mulheres e negros buscarem mais espaço, de população de renda mais baixa adquirindo seus direitos. Os homens brancos, por exemplo, passaram a ser diariamente contestados. Isso causa incômodo. Mesmo aqueles que são bem-intencionados, que têm a cabeça um pouco mais aberta, passaram a perder privilégios na sociedade brasileira.

Essa reação, ainda segundo Michael França, usou conceitos distorcidos no debate público, como o "racismo reverso" — ideia de que brancos também são alvo de racismo, um paralelo impossível de estabelecer diante dos séculos de escravidão da população negra no Brasil e seus reflexos contemporâneos.

Rechaço à Comissão da Verdade, "kit gay", Escola Sem Partido, "ideologia de gênero", guerra cultural, "racismo reverso". Somem-se a esse léxico expressões como "globalismo" e "marxismo cultural" e o campo de batalha com foco em sexualidade, religiosidade, raça e comportamento estaria completo. Um campo fértil para o surgimento de um fenômeno de massa: o bolsonarismo.

BOLSONARO EM EXPANSÃO

Houve um momento em que Bolsonaro decidiu ir além do eleitorado ligado aos militares e às forças de segurança. Isso começou a se desenhar em 2011. Naquele ano, primeiro do governo da presidente Dilma Rousseff, o Ministério da Educação, comandado por Fernando Haddad, lançou, em parceria com organizações de defesa da população LGBTQIA+, o projeto Escola Sem Homofobia. Era um material contra o preconceito, para que professores pudessem levar o tema a alunos do ensino médio, adolescentes e pré-adolescentes. Uma proposta pedagógica a ser usada de forma intermediada e não obrigatória.

Bolsonaro viu ali uma oportunidade. O deputado impulsionou a propagação da ideia de que existiria um "kit gay" que, segundo ele, iria estimular crianças pequenas a virar homossexuais. Era uma sandice, algo baseado em mentiras, distorções e desconhecimento quanto a questões de gênero e de sexualidade. Mas uma sandice que criava pânico moral, um sentimento de preocupação que atinge parte da sociedade de forma irracional e exagerada, como explica Isabela Kalil.

O pânico moral funciona porque acaba sendo muito efetivo na vida das pessoas comuns. Enquanto o universo da política é complexo do ponto de vista institucional — é difícil entender como funcionam o Legislativo e o Executivo —, enquanto questões sobre economia são muito difíceis, é possível simplificar o debate dizendo: "Olha, se tal candidato ou tal candidata vencer as eleições, o ambiente escolar estará em perigo, porque vão obrigar as crianças a se tornarem gays".

Sob forte pressão, especialmente de lideranças religiosas, o projeto Escola Sem Homofobia, chamado de "kit gay" por Bolsonaro e seus aliados, não chegou a ser implementado. O discurso do deputado para ampliar seu eleitorado começava a ser construído. E também reverberado. Com suas frases homofóbicas e racistas, Bolsonaro foi personagem do programa *CQC*, na TV Bandeirantes, do programa *SuperPop*, na Rede TV, entre outros. Muita gente ouvia incrédula o que ele dizia. Fazia cara feia. Mas ele estava lá, falando o que queria.

Um segundo tema explorado por Bolsonaro em 2011 também ajudou o deputado a atingir novos públicos. Naquele ano, foi instaurada a Comissão Nacional da Verdade, um grupo de trabalho que iria investigar as violações de direitos humanos durante a ditadura militar. O colegiado era rechaçado pelas Forças Armadas. O deputado acabou virando um porta-voz dos oficiais descontentes, atacando a comissão e garantindo a simpatia de parte do Alto Comando militar. Já não era apenas o baixo escalão dos quartéis que estava com ele.

FATOR OLAVO DE CARVALHO

A nova direita inicialmente não tinha uma conexão direta com a extrema direita de Bolsonaro. Mas havia um ponto de encontro entre os dois campos, um guru em comum: Olavo de Carvalho. Autodidata que virou astrólogo, Olavo passou a escrever em jornais, integrou uma ordem esotérica muçulmana e depois estudou filosofia. Tornou-se ex-esquerdista que aderiu ao ultraliberalismo de mercado e a um reacionarismo católico ferrenho.

Para Olavo de Carvalho, a direita brasileira deveria se concentrar em ocupar espaços "na igreja, nas escolas, nas sociedades de amigos do bairro, no clube", e não necessariamente no governo. O ensaísta Francisco Bosco fala sobre a dimensão do polemista no debate público nacional:

> Olavo de Carvalho é o intelectual público mais influente do Brasil nas últimas décadas. É um intelectual sui generis. Não conheço outra obra em que formulações muito lúcidas convivam com delírios

paranoicos, às vezes no mesmo texto, às vezes na mesma página. É preciso fazer um esforço para separar o joio do trigo.

Segundo Francisco Bosco, o polemista trazia em suas "formulações lúcidas" algumas discussões válidas:

> Um ponto muito importante é a hegemonia das ideias de esquerda em quase todas as dimensões da vida brasileira, à exceção do debate econômico, em que a perspectiva ortodoxa liberal sempre teve mais espaço, e também de algumas faculdades, como as de direito, em que sempre vigorou uma perspectiva mais conservadora da sociedade. De modo geral, na imprensa, nas faculdades de ciências humanas, nos meios editoriais, na intelectualidade, o Brasil entrou na redemocratização com uma associação entre as ideias de direita e a ditadura. E isso fez com que as ideias de direita fossem muito malvistas nesses ambientes. O problema é que a direita é um campo ideológico complexo que inclui conservadores moderados, conservadores liberais e conservadores reacionários. São coisas muito diferentes.

Os reacionários, citados pelo ensaísta, são aqueles que querem retornar a um estado político anterior, que pretendem restaurar um status quo do passado, geralmente um passado idealizado. Para Francisco Bosco, Olavo de Carvalho foi capaz de oferecer uma alternativa à direita como um todo.

> Nas últimas décadas, os intelectuais de direita, os protointelectuais de direita, pessoas que estavam fazendo universidade e que não se identificavam, fosse estética, fosse econômica, fosse socialmente com as premissas, os valores, os argumentos da tradição de esquerda, simplesmente não tinham um canal social para se manifestar. Esses canais eram muito estreitos. Olavo de Carvalho soube dar

uma formulação convincente e, em boa medida, verdadeira sobre o estado das coisas. Ao mesmo tempo, soube oferecer um lugar, um discurso e uma comunidade ao conjunto de pessoas que procuravam um canal para manifestação da sua visão de mundo de direita. Ele simplesmente reconstruiu o campo da direita no Brasil à sua maneira. E aí está o problema: Olavo de Carvalho é um ultraconservador, religioso e com uma dimensão paranoica, que é a dimensão tóxica que ele traz ao debate público.

Nos delírios paranoicos de Olavo de Carvalho estavam a existência de uma "ditadura gayzista" — expressão que ele usava bastante para se referir à conquista de direitos da população LGBTQIAP+ — e de uma alegada "cristofobia" no Brasil, o flerte com o terraplanismo, as teorias da conspiração envolvendo a Covid-19 e, principalmente, um discurso segundo o qual o comunismo estava imbricado em quase tudo.

Camila Rocha lembra de como Olavo de Carvalho foi um ponto em comum entre a nova direita formada por liberais e libertários e o reacionarismo:

Ele teve uma influência muito importante na formação do discurso da nova direita e da extrema direita, inclusive na própria linguagem, com uso de performances, de palavrões, de agressões e ironias. Não era só Olavo que fazia isso, mas ele foi um dos grandes difusores desse tipo de comunicação. Essa forma de se comunicar foi eficiente para uma militância que estava se formando. A ideia de que existiria um ataque aos valores morais da nação, aos valores ocidentais e cristãos — e de que era preciso responder a ele —, foi muito influente. Em termos de plausibilidade, as pessoas conservadoras eram obviamente impactadas pelas imagens que circulavam muito na internet, de símbolos cristãos sendo agredidos em performances culturais.

A cientista política cita imagens que circularam na internet e foram muito usadas como uma espécie de "prova" da suposta degradação da cultura cristã ocidental. São fatos reais, só que tirados de contexto e explorados à exaustão por grupos reacionários a fim de incutir medo, criar pânico moral. Um dos casos foi o de um casal que enfiou um crucifixo no ânus em 2013, durante a Marcha das Vadias — protesto feminista contra a cultura do estupro. Outro caso foi o de uma mulher transexual que apareceu em 2015 numa cruz, simbolizando Jesus Cristo, na Parada do Orgulho LGBTQIAP+, numa performance para denunciar a transfobia no Brasil, país que ainda é o que mais mata pessoas trans e travestis no mundo.

"Olavo é o maior responsável por acordar essa garotada para a realidade política brasileira", disse Bolsonaro num evento em Brasília, do qual o polemista, morador dos Estados Unidos, participou por Skype. Era abril de 2016, poucos dias após a Câmara dos Deputados ter autorizado o processo de impeachment contra Dilma Rousseff, em sessão na qual Bolsonaro celebrou a memória do coronel Carlos Alberto Brilhante Ustra, notório torturador da ditadura militar.

O evento na capital federal, chamado de "Conclave pela Democracia", foi permeado pela defesa recorrente do nome de Ustra, que tinha morrido no ano anterior. Participantes desdenhavam dos presos políticos torturados durante o regime dos generais. "Um dia desses eu vi um advogado falando: 'Aqueles militares cortavam dedos, furavam olhos'. Eu falei: 'Cadê os dedos cortados?'. O único dedo cortado da esquerda nacional é o do Lula", disse Olavo de Carvalho em sua intervenção virtual, referindo-se à amputação sofrida pelo petista num acidente de trabalho quando era metalúrgico no ABC.

A nova direita já tinha ganhado protagonismo nos grandes protestos de rua pelo impeachment de Dilma Rousseff, entre

2015 e 2016. Tinha ganhado força política. Tinha se associado a partidos de direita no Congresso para derrubar o governo petista. E se aproximava cada vez mais do bolsonarismo. Mas esse processo de aproximação não ocorreu sem atritos.

UNIÃO ENTRE NOVA E EXTREMA DIREITA

Em outubro de 2016, houve o 3º Fórum Liberdade e Democracia em São Paulo. Numa mesa mediada por Helio Beltrão, do Instituto Mises Brasil, estavam Fábio Ostermann, um dos entusiastas da nova direita e fundador do MBL, a senadora gaúcha Ana Amélia e o deputado Jair Bolsonaro. Segundo a cientista política Camila Rocha, presente no evento, em dado momento Bolsonaro começou a ser vaiado por parte da plateia. Foi então que a outra parte do auditório começou a gritar o nome de Ustra. O pacto entre a nova direita, que nasceu defendendo o liberalismo e o libertarianismo, e a extrema direita, que celebrava um notório torturador, ainda não estava totalmente selado.

Naquele mesmo mês, o PT — assolado pela Lava Jato e pelo impeachment — sofreu uma grande derrota nas eleições municipais. A direita tradicional, PSDB à frente, foi muito bem nas urnas. E a nova direita entrou para a política institucional. Em São Paulo, o empresário tucano João Doria venceu o petista Fernando Haddad, prefeito que tentava a reeleição, ainda no primeiro turno. Já o MBL lançou candidaturas pulverizadas em vários partidos. O movimento conquistou suas primeiras vagas em Câmaras Municipais e uma prefeitura no interior de Minas Gerais. Mas o pragmatismo da política levou a uma alteração dentro da nova direita, afirma Camila Rocha.

As pessoas que se definiam como liberais ou libertárias passaram a se denominar primeiro como liberais conservadoras e depois só como conservadoras. Houve um deslocamento. As pessoas passaram a falar: "Sou liberal na economia e conservador nos costumes". Esse passou a ser um mote usado para as pessoas se definirem.

A cientista política afirma que a adaptação do discurso da nova direita foi, portanto, uma maneira de acessar instâncias de poder.

Historicamente, para implementar políticas inspiradas no radicalismo de livre mercado, você precisa eleger pessoas que tenham apelo popular, como é o caso de Jair Bolsonaro — isso também aconteceu em outros países. O apelo popular vem de posicionamentos conservadores que têm uma ressonância mais ampla entre a população.

Autointitular-se "liberal na economia e conservador nos costumes" é um clássico da política brasileira. Era basicamente o que já fazia nos anos 1980 o Partido da Frente Liberal (PFL), formado por ex-integrantes da Arena, que dava sustentação à ditadura militar. O PFL viria a mudar seu nome para Democratas (DEM) e posteriormente se fundiria com o PSL — alugado para Bolsonaro em 2018 —, transformando-se num novo partido: o União Brasil.

O que parecia diferente na nova direita era a defesa de um liberalismo muito maior na economia e um conservadorismo muito maior nos costumes — algo que o movimento Tea Party representava para a política americana. O discurso pela moral e pelos bons costumes tomou as redes sociais de forma estridente.

Em 2017, o MBL fez uma campanha pesada contra a exposição de arte *Queermuseu*, em Porto Alegre. Outros eventos culturais foram alvo de grupos conservadores. As escolas também entraram na mira. Fernando Holiday, integrante do MBL eleito vereador de São Paulo, fez blitzes em colégios públicos para denunciar uma suposta "doutrinação política" por parte dos professores. Ele publicava vídeos na internet que incentivavam denúncias de mesmo teor.

A nova direita também aderiu à desinformação como arma política. Em março de 2018, o MBL reproduziu uma fake news sobre Marielle Franco. No Facebook, o movimento fez viralizar o comentário de uma desembargadora que dizia que a vereadora estava associada a bandidos, o que não era verdade.

Setores da nova direita que não aderiram à estridência ficaram cada vez mais isolados. O grupo Livres, que defendia uma agenda liberal por completo, deixou o PSL após a filiação de Bolsonaro. O mantra "liberal na economia, conservador nos costumes" também chegou ao Novo, um partido que havia surgido no começo da década prometendo algo diferente para o eleitorado.

Em seu livro *Limites da democracia: de junho de 2013 ao governo Bolsonaro*, Marcos Nobre conta que, naquele início de 2018, ano de disputa presidencial, Bolsonaro já havia angariado setores importantes das Forças Armadas, dos evangélicos e da nova direita, que não conseguia criar uma alternativa eleitoral viável. O professor de filosofia explica a confluência de todos para a extrema direita:

A nova direita conseguiu produzir massa crítica. Entre 2015 e 2018, tornou-se relativamente orgânica, atrás da Lava Jato. A questão é que não pensou em termos eleitorais. Cada grupo tinha uma estratégia diferente. Era um arquipélago de grupos, com muita capacidade de mobilização, muita capacidade de engajamento, mas sem um projeto institucional unificado. Tinha gente que ia para o Novo, tinha gente que estava no PSL. Diante desse espalhamento, apareceu apenas uma candidatura organizada. E organizada em rede, outsider e representante do impulso antissistema: a candidatura de Bolsonaro. Houve resistência da nova direita a Bolsonaro, mas, quando chegou abril de 2018, não tinha para onde correr. Não tinha uma candidatura outsider alternativa.

E qual era a situação, naquele momento, da direita institucionalizada, que por anos foi liderada pelo PSDB? Ela apostava no nome de Geraldo Alckmin, político tucano que tinha conseguido fechar uma ampla aliança, incluindo partidos do centrão. A candidatura mostrava uma força política tradicional, com grande tempo de propaganda de TV e palanques estaduais bem estruturados. Só que aquela não era uma eleição tradicional.

Grandes manifestações de rua, Operação Lava Jato — que atingiu inicialmente os petistas, mas depois chegou também aos tucanos —, recessão econômica, impeachment de Dilma, prisão de Lula, colapso da política tradicional, fortalecimento do sentimento antissistema e conservadorismo moral exacerbado. De fato, só Bolsonaro parecia preparado para esse cenário, com suas redes militares, policiais, religiosas e, principalmente, digitais. Assim, o reacionarismo bolsonarista acabou por hegemonizar o campo da direita.

COM APOIO DO ESTABLISHMENT

O vórtice bolsonarista atraiu a atenção do economista ultraliberal Paulo Guedes, que já tinha tentado uma parceria com Luciano Huck antes que o apresentador da TV Globo desistisse de disputar a eleição. Guedes fez a ponte entre Bolsonaro e a elite econômica. A nova direita escolheu Bolsonaro. O lavajatismo — apesar de flertar com a candidatura de Álvaro Dias, do Podemos — também. O agronegócio engrossou ainda mais o projeto da extrema direita, primeiro com a ala reacionária representada pela União Democrática Ruralista (UDR), depois com outros representantes. Alckmin, aos poucos, foi sendo abandonado, até mesmo pelo establishment, que costumava estar ao lado dos tucanos.

Havia mais um fator crucial na balança eleitoral de 2018: o antipetismo. O partido de Lula já tinha governado o país por treze anos. Já tinha sido alvo preferencial da Lava Jato. Boa parte de seus dirigentes já tinha sido presa, incluindo Lula, seu maior líder. A economia tinha entrado em recessão no governo Dilma, que caiu num impeachment. Foram inúmeros os fatores, portanto, que colocaram o candidato do PSL numa posição favorável, como lembra Isabela Kalil.

Bolsonaro funcionou, em 2018, como uma espécie de ímã. Ele foi conseguindo aglutinar diferentes perspectivas, diferentes anseios, diferentes expectativas, incluindo a pauta anticorrupção e a pauta antipetista.

Foi uma "tempestade perfeita" que, segundo a antropóloga, acabou estimulada inclusive pela ascensão de outros líderes de extrema direita pelo mundo, como a eleição de Donald Trump nos Estados Unidos em 2016. Uma "tempestade perfeita" que incluiu ainda dois acontecimentos de grande relevância no início de setembro, a um mês da votação: o impedimento da candidatura de Lula — que já estava preso — por causa da Lei da Ficha Limpa e a facada sofrida por Bolsonaro na cidade mineira de Juiz de Fora.

O atentado que quase tirou a vida do presidenciável aumentou a mitologia em torno de seu nome. A partir de então, o messianismo passou a ser incorporado de forma aberta pela campanha. Um "milagre" tinha acontecido, dizia o próprio Bolsonaro: sua sobrevivência era um sinal de que ele tinha uma missão a cumprir na Terra, uma missão a cumprir pelo seu país.

Além de reforçar a ideia do "mito" bolsonarista, a facada deu enorme visibilidade ao candidato. Com apenas alguns segundos no horário de propaganda eleitoral de TV, Bolsonaro ganhou horas e horas de cobertura jornalística em grandes veículos de comunicação.

No primeiro turno, em outubro, o ex-capitão do Exército, que já vinha crescendo nas pesquisas, obteve 46% dos votos válidos. Quando a segunda etapa da disputa começou, quem na direita ainda não tinha oficialmente vestido a camisa de Bolsonaro vestiu, incluindo tucanos como João Doria, que passou da campanha velada para o apoio explícito ao candidato presidencial do PSL, e Eduardo Leite, nome do PSDB ao governo gaúcho.

Nos primeiros dias da campanha do segundo turno, Bolsonaro falou do Rio de Janeiro a eleitores que se reuniam na avenida Paulista, em São Paulo, por meio de uma ligação de celular reproduzida num carro de som. "Essa turma, se quiser ficar aqui, vai ter que se colocar sob a lei de todos nós. Ou vão para fora ou vão para a cadeia", disse o candidato, referindo-se aos adversários políticos que tinham chegado ao segundo turno com Fernando Haddad, nome petista que substituiu Lula.

"Esses marginais vermelhos serão banidos de nossa pátria", continuou, em clima de "enquadre-se ou mude-se", algo muito parecido com o slogan "Brasil, ame-o ou deixe-o" do regime militar.

"Essa pátria é nossa, não é dessa gangue que tem a bandeira vermelha e a cabeça lavada", afirmou, deixando clara sua visão com relação aos brasileiros: existe apenas um tipo de povo, formado por homens e mulheres de bem.

"Petralhada, vão todos vocês para a ponta da praia", gritou pelo celular. "Ponta da praia", em gíria de militar, era uma base da Marinha no Rio de Janeiro usada para o assassinato de presos políticos durante a ditadura. "Nós amamos as nossas famílias. Nós respeitamos as crianças. Nós respeitamos todas as religiões. Nós não queremos socialismo." Eliminação de adversários. Defesa da família. Rechaço ao socialismo. Usando esse discurso, Bolsonaro foi eleito presidente da República com 55% dos votos válidos no segundo turno.

Uma questão que emergiu junto com o resultado das urnas foi a seguinte: por que a elite econômica brasileira fechou os olhos para o discurso de extrema direita bolsonarista? Por que deu seu apoio àquele candidato cujo histórico antidemocrático era tão conhecido? Achava que seria possível "amansar o cara", transformá-lo num "outro animal", como disse Paulo Guedes, fiador econômico do ex-capitão, numa entrevista à revista *piauí*? A socióloga Angela Alonso acredita que a resposta para essa questão passe por outras motivações.

Ao longo da história brasileira, a gente tem uma resistência muito grande — quando não uma oposição direta — de grupos de elite econômica a qualquer mudança que diminua hierarquias sociais. Não é por acaso que a sociedade brasileira tem se mexido tão devagar. Você tem grupos que tentam mudanças e grupos que resistem a mudanças. As coisas não ficam como estão sozinhas, por inércia, e sim porque há grupos se organizando politicamente para manter o status quo mais ou menos como ele é. A gente tem uma parte significativa da elite econômica que tem uma visão bastante tacanha de país, no sentido de não ver um horizonte coletivo e pensar sempre de maneira autointeressada: qual é o melhor governo para si e para seus negócios. Infelizmente isso não tem mudado ao longo das gerações.

DESCONSTRUÇÃO SOCIAL

A extrema direita contemporânea é caracterizada pelo conservadorismo moral, pelo discurso de retorno a um passado idealizado, pela desconfiança em relação aos contrapesos de uma típica democracia liberal, que incluem tanto os outros Poderes da República — Legislativo e Judiciário — como o ativismo da sociedade civil, e, por fim, pela desconfiança exacerbada em relação aos próprios fundamentos da democracia, como o sistema de contagem de votos. São questões que não ficam só no discurso, segundo Camila Rocha: "Houve um desmonte de tudo que foi realizado na esteira da redemocratização do país, permeado por um discurso reacionário. Não se buscou só conservar o que já existia, mas voltar para trás".

O Ministério da Saúde do governo Bolsonaro tomou medidas que, na prática, desestimulam mulheres estupradas a procurar atendimento médico para um aborto legal. Os órgãos de conservação ambiental foram sucateados, o que abriu espaço para o garimpo e a exploração ilegal de madeira. As políticas indigenistas praticamente deixaram de existir. Programas sociais consagrados, como o Bolsa Família, foram extintos ou substituídos por outros, que, apesar de repassarem um valor maior aos beneficiários, eram inconstantes e menos criteriosos. As áreas de ciência e educação sofreram profundos cortes de verba. Mecanismos de controle contra a corrupção perderam autonomia.

A desconstrução do arcabouço social do país dialogava diretamente com o discurso moral e religioso da extrema direita. O projeto central era transferir do Estado para o núcleo familiar as responsabilidades que são bases mínimas de um bem-estar, como explica Isabela Kalil:

A família deve prover a saúde, a educação, os cuidados com os vulneráveis. A posição moral e conservadora dá fundamentos a essa perspectiva: a família vai cuidar de si mesma, sem o Estado. É isso que permite a desresponsabilização do Estado.

O *homeschooling*, ou ensino domiciliar, defendido pelo bolsonarismo, é ilustrativo dessa transferência. Afinal, dizem que à família cabe a educação dos filhos. Armar a população também traduz o projeto de país da extrema direita. De acordo com essa perspectiva, é também a família que deve proteger a si mesma. Não à toa, o governo Bolsonaro flexibilizou o acesso a armas e munições, numa liberação que fez a quantidade de armamentos em circulação explodir no país, com os Caçadores, Atiradores e Colecionadores (CACs) tendo em suas mãos 1 milhão de armas em 2022, segundo dados do Exército.[2]

A ideia de desconstrução de uma Constituição que buscava garantir um Estado de bem-estar social aos brasileiros foi anunciada publicamente pelo próprio presidente. "O Brasil não é um terreno aberto onde nós pretendemos construir coisas para o nosso povo. Nós temos que desconstruir muita coisa, desfazer muita coisa, para depois começarmos a fazer", disse Bolsonaro num jantar com líderes conservadores nos Estados Unidos em março de 2019, tendo Olavo de Carvalho ao seu lado. "Nosso Brasil caminhava para o socialismo, para o comunismo", completou.

De acordo com Isabela Kalil, o fantasma do socialismo e do comunismo — um pensamento extemporâneo — tornou-se um assunto onipresente no Brasil, num discurso que fez parte da receita não apenas para ganhar eleições, mas para governar:

A extrema direita tem um método que é nomear inimigos. Eles podem ser diferentes. As feministas podem ser inimigas, assim como as populações indígenas e o comunismo. No caso do comunismo, o discurso tem historicamente muita afinidade com a justificativa para o golpe de 1964.

A antropóloga lembra do medo do comunismo usado para instaurar a ditadura militar, algo que já tinha aparecido no Brasil antes do regime dos generais, quando Getúlio Vargas instaurou o Estado Novo. E apareceu de novo depois, quando Fernando Collor de Mello foi eleito em 1989. Além de antigo, esse é um recurso que se vale de um conceito amplo. Quando a extrema direita fala em comunismo, ela não está se referindo a um regime parecido com o que vigorou na União Soviética no século 20, não está falando na estatização dos meios de produção. Segundo Kalil, "qualquer coisa pode ser comunismo: defesa de direitos humanos, do espaço democrático, das instituições. Qualquer ator, inclusive ex-aliados, pode se tornar da noite para o dia comunista".

Durante o governo Bolsonaro, de fato, muitos aliados que se afastaram do presidente foram atropelados pela máquina do ódio da extrema direita. Tornaram-se, assim, "comunistas". Nas redes sociais, opositores do bolsonarismo popularizaram a máxima: "Quem ainda não foi chamado de comunista bom sujeito não é".

CIDADÃO DE BEM

Outra característica da extrema direita brasileira — e também da extrema direita latino-americana, região marcada por golpes de Estado no século 20 — é a ligação com o militarismo a partir de um passado idealizado, que aparece nas recorrentes odes do bolsonarismo ao período da ditadura. É como se, sob o comando dos generais, tivesse reinado uma paz no Brasil somente interrompida por pessoas que não se enquadravam no regime, pessoas que não eram "cidadãos de bem", como explica o cientista político Miguel Lago.

Esse discurso organiza a sociedade entre cidadãos de bem e não cidadãos. Para os cidadãos de bem há direitos humanos. Para os não cidadãos, é a lei da selva. A ideia da existência de cidadãos de bem opera na chave do "amigo ou inimigo". Ela não aceita que não cidadãos — "eles" — sejam legítimos. "Eles" são do mal.

Esse "não cidadão" precisa se "enquadrar ou ser preso". Ou então ser levado à "ponta da praia". Um "não cidadão" é alguém para quem não existe qualquer direito, conforme explicitou publicamente Bolsonaro numa palestra no Clube Hebraica do Rio de Janeiro em abril de 2017. O político foi aplaudido pelos presentes no auditório e criticado do lado de fora por um protesto em que se ouviam gritos como: "Judeu e sionista não apoia fascista".

Em sua fala, o então pré-candidato à presidência atacou mulheres, homossexuais, refugiados, indígenas e quilombolas — descendentes de pessoas escravizadas que vivem em quilombos. As frases são indigestas, mas precisam sempre ser lembradas:[3] "Eu tenho cinco filhos. Foram quatro homens, a quinta eu dei uma fraquejada e veio uma mulher"; "Se um idiota num debate comigo falar sobre misoginia, homofobia, racismo, baitolismo, eu não vou responder sobre isso"; "Não podemos abrir as portas [do país] para todo mundo"; "Pode ter certeza que se eu chegar lá, no que depender de mim, todo mundo terá uma arma de fogo em casa, não vai ter um centímetro demarcado para reserva indígena ou para quilombola"; "Eu fui num quilombo. O afrodescendente mais leve lá pesava sete arrobas. Não fazem nada. Eu acho que nem para procriador ele serve mais". Isabela Kalil completa aqui a ideia bolsonarista de "não cidadão":

> Não é uma noção exatamente antidireitos, mas é uma noção seletiva de direitos. Vai na contramão da ideia de que os direitos são universais. Baseia-se na perspectiva de que apenas algumas pessoas que têm uma conduta moralmente correta têm direitos. Isso pode ser traduzido naquela expressão: "direitos humanos para humanos direitos".

Numa cena do filme *Tropa de Elite*, de 2007, o personagem Capitão Nascimento e seus subordinados batem na cara e enfiam um saco na cabeça de uma pessoa numa comunidade do Rio de Janeiro para chegar a um traficante procurado, o Baiano. Independentemente das intenções do diretor José Padilha — segundo o qual a ideia era denunciar a violência policial —, todo mundo que é torturado no filme está de algum jeito envolvido com o tráfico. A "tropa de elite" aparece sempre como uma polícia infalível. Capitão Nascimento, o protagonista, nunca bate em "cidadão de bem".

O longa passou a ser comemorado pela extrema direita brasileira, como se a violência policial fosse justificável para combater a criminalidade. Como se um cidadão que pratica atos ilícitos deixasse de ser cidadão. Como se a pena de morte — não prevista na lei brasileira — fosse justificável. O incentivo à execução, aliás, acabou ficando cada vez mais comum na vida real, com políticos falando em "atirar na cabecinha", como dizia o ex-governador do Rio, Wilson Witzel. Afinal, por essa visão, ninguém da polícia está lidando com "cidadão de bem".

No filme, Baiano acaba morto pela "tropa de elite" com um tiro no rosto. Na vida real, as grandes chacinas policiais nas comunidades do Rio de Janeiro se multiplicaram.[4]

XENOFOBIA À BRASILEIRA

Líderes da extrema direita chegaram ao poder no século 21 por motivos variados, mas o discurso anti-imigração — de rechaço a estrangeiros que buscam uma vida melhor fora de seus países de origem — sempre apareceu como fator comum.

No Brasil, isso é diferente, apesar de uma referência ou outra contra refugiados, como fez Bolsonaro no Clube Hebraica do Rio. Segundo Isabela Kalil, o temor aqui é mais voltado aos povos indígenas, que foram não apenas abandonados, mas atacados por meio do incentivo a atividades ilegais em áreas demarcadas. Nessa esteira, o bolsonarismo incluiu os indígenas na categoria de não cidadãos, a partir de uma lógica um tanto torta: eles estariam atendendo a interesses de ONGs estrangeiras, contra a soberania nacional.[5] Assim, puderam ser incluídos no tratamento dado a adversários políticos: enquadrem-se à civilização ou sofram as consequências.

O governo foi instigado pelo Supremo a agir em terras indígenas, especialmente por causa da pandemia, mas deu de ombros. Depois de quatro anos negando assistência aos territórios, em janeiro de 2023 veio à tona o colapso da saúde na terra indígena ianomâmi, em Roraima, diante do aumento de doenças como a malária e a desnutrição, impulsionadas pelo garimpo. A situação expôs as ações e as omissões do poder público, que deveria proteger a área. O tribunal então abriu investigações para apurar a responsabilidade das autoridades, sob suspeita de crime de genocídio.

As legislações brasileira e internacional definem o genocídio como uma ação que destrói, "no todo ou em parte, um grupo nacional, étnico, racial ou religioso, como tal". É um crime que envolve "matar membros do grupo", causar-lhes "lesão grave à integridade física ou mental" ou submetê-los "intencionalmente a condições de existência capazes de ocasionar-lhes a destruição física total ou parcial". A pena pode chegar a trinta anos de prisão.

Bolsonaro nunca escondeu sua visão distorcida a respeito dos indígenas. Antes de tomar posse, prometia que mais nenhuma terra seria demarcada. Declarações no mesmo sentido se sucederam ao longo do mandato. Já em seu último ano de governo, o presidente continuava alardeando sua agenda aos quatro ventos: os indígenas seriam responsáveis por travar o desenvolvimento do país para beneficiar estrangeiros.

"Essa indústria de demarcação de terra indígena não nasceu no Brasil, vem de fora para dentro. Países importantes que concorrem com o Brasil na questão do agronegócio, por exemplo, têm interesse via suas ONGS de trabalhar aqui para que nós não consigamos evoluir", disse Bolsonaro em abril de 2022 ao portal O Liberal.

EXERCÍCIO DE INDIVIDUALISMO

Comunistas, indígenas, quilombolas, população LGBTQIAP+, mulheres e professores: todos não cidadãos, segundo o bolsonarismo. Com sua estratégia de eleger inimigos, reais ou imaginários, o movimento de apoio a Bolsonaro acabou criando uma longa lista.

Já na disputa nacional de poder, o alvo central passou do petismo — inimigo na campanha de 2018 — para o Supremo — inimigo no governo. Qualquer freio imposto ao poder presidencial passou a ser tratado como uma afronta à liberdade. O argumento bolsonarista era simples: exigir isolamento social na pandemia por causa de uma doença que se espalha pelo ar era uma afronta à liberdade de ir e vir. Exigir máscara de proteção em ambientes fechados também era uma afronta à liberdade de escolha. Exigir que as pessoas se vacinassem contra a doença, idem.

"Por isso que eu quero que o povo se arme. É a garantia de que não vai ter um filho da puta aparecendo para impor uma ditadura aqui. É facílimo impor uma ditadura aqui. Um bosta de um prefeito faz uma bosta de um decreto, algema e deixa todo mundo dentro de casa", disse Bolsonaro numa reunião ministerial no Palácio do Planalto em abril de 2020, esbravejando contra as medidas de isolamento social tomadas por prefeitos e governadores.

Segundo o neurocientista Paulo Sérgio Boggio, o discurso de liberdade acabou por se transmutar num exercício de individualismo, de egoísmo, em que determinados grupos tentaram maximizar seu próprio ganho a partir da imposição autoritária de suas visões de mundo, contrárias à ciência, contrárias ao restante da coletividade. "A pandemia deixou mais salientes esses perfis", disse numa entrevista ao *Nexo Jornal*.[6]

O discurso da liberdade também foi usado durante o desenrolar dos inquéritos abertos para investigar a rede de fake news associada ao governo. Os bolsonaristas disseram ser vítimas de ataques à liberdade de expressão, algo que viria a se exacerbar na campanha eleitoral de 2022.

Segundo Camila Rocha, além de se colocar como vítima de investidas contra a liberdade, Bolsonaro também viu nas ações de contenção dos outros Poderes da República um aspecto importante para a defesa de seu governo:

Um dos grandes pilares da narrativa bolsonarista é o de que ninguém deixou Bolsonaro governar, de que ele era atacado pelo Supremo e pela mídia tradicional, basicamente pela Rede Globo. É um discurso reproduzido pela militância.

Essa ideia ajudou a mobilizar sua base mais radical de apoiadores. Segundo a cientista política, foi também uma justificativa para a nomeação de pessoas comprometidas com o projeto político bolsonarista para ocupar cargos em instituições do Supremo — o presidente indicou dois ministros fiéis para o tribunal durante seu mandato.

> Bolsonaro manteve ao mesmo tempo uma militância radicalizada e engajada, flertando com a possibilidade de golpe, e conseguiu manter uma base mais ampliada e também engajada nessa ideia de que era preciso fazer uma mudança por dentro das instituições para que elas deixassem de ser autônomas e passassem a se alinhar com o Executivo.

O presidente não fez como a esquerda venezuelana, que mudou as regras constitucionais para controlar a Corte Suprema e o Parlamento. Não fez como a extrema direita húngara, que também alterou a legislação para controlar o Judiciário. Os bolsonaristas do Congresso até tentaram, mas não conseguiram. Apesar do fracasso da tentativa de mudar a legislação, o clima de tensão ajudou Bolsonaro a indicar um procurador-geral da República subserviente e integrantes do Supremo muito próximos a ele: André Mendonça, o ministro "terrivelmente evangélico", nas palavras do próprio Bolsonaro, e Kassio Nunes Marques, apelidado de ministro "terrivelmente governista".

VIOLÊNCIA ELEITORAL

O ano de 2018, quando Bolsonaro venceu a disputa para presidente, já tinha sido marcado por episódios de violência eleitoral. Uma caravana petista, da qual Lula fazia parte antes de ser impedido de concorrer, foi atingida por tiros durante sua passagem pelo Paraná. Bolsonaro quase morreu por ação de um homem com transtornos mentais. O discurso de ódio moveu campanhas, como no episódio em que o então candidato a deputado federal bolsonarista Daniel Silveira, ao lado do então candidato a deputado estadual Rodrigo Amorim, quebrou uma placa com o nome de Marielle Franco, assassinada meses antes.

Após quatro anos de um governo que não cessou ataques às instituições e que manteve seu discurso separando a sociedade entre "cidadãos de bem" e "não cidadãos", a campanha de 2022, quando Bolsonaro tentaria a reeleição, era encarada como um barril de pólvora. E, sim, essa pólvora foi acesa.

Apenas no primeiro semestre do ano eleitoral, o Observatório da Violência Política e Eleitoral da Universidade Federal do Estado do Rio de Janeiro (Unirio) contabilizou 214 casos de violência política no país. Entre junho e setembro, outros 212 casos foram identificados.

Assassinatos motivados pela disputa nas urnas tomaram o noticiário, com mortes no Paraná, em Santa Catarina, em Minas Gerais, em Mato Grosso e no Ceará.

Uma pesquisa do instituto Datafolha encomendada pela Rede de Ação Política pela Sustentabilidade (Raps) e pelo Fórum Brasileiro de Segurança Pública mostrou que, no mês anterior à votação de outubro, dois terços dos brasileiros tinham medo de ser agredidos fisicamente por causa de opções eleitorais.

Às vésperas do segundo turno, com Lula e Bolsonaro na disputa direta pelo Planalto, Roberto Jefferson, ex-deputado, ex-dirigente do PTB que revelou o Mensalão e apoiador ferrenho do presidente que tentava reeleição, recebeu com tiros de fuzil e granadas policiais federais que tinham ido até sua casa, em Comendador Levy Gasparian, no interior do Rio de Janeiro, para prendê-lo por reincidência em seus ataques ao Supremo.

No dia anterior à votação, outra bolsonarista radical, a deputada federal Carla Zambelli, sacou uma arma nas ruas dos Jardins, bairro nobre paulistano, e perseguiu um lulista que a havia agredido verbalmente. Zambelli exigiu que o lulista — um homem negro — deitasse no chão até a chegada da PM.

À violência, somaram-se casos de assédio eleitoral. Empresários prometeram benesses aos funcionários caso Bolsonaro ganhasse[7] e fizeram ameaças caso o presidente perdesse. Houve também perseguição religiosa,[8] com bolsonaristas pressionando lulistas nos templos e atacando padres católicos que defendiam justiça social. Em meio a isso tudo, muita, mas muita desinformação.

ERUPÇÃO EXTREMISTA

A desconfiança exacerbada em relação aos próprios fundamentos da democracia, como o sistema de contagem de votos, é listada como uma das características da extrema direita mundial. A partir de 2021, Bolsonaro e seus apoiadores passaram a atacar o sistema eleitoral de forma constante, colocando em xeque as urnas eletrônicas, usadas desde 1996 sem nenhuma fraude registrada. As ameaças passaram pela não aceitação do resultado das urnas. As manifestações de seus apoiadores, que costumavam levantar cartazes pedindo intervenção militar, descambaram para planos de invasão do Supremo.

Em agosto do ano eleitoral, Alexandre de Moraes, relator dos inquéritos criminais que investigavam os bolsonaristas, autorizou uma operação contra empresários que haviam falado em conversa privada de um grupo do WhatsApp que preferiam um golpe à derrota do presidente. A suspeita das autoridades era de que eles estivessem financiando atos antidemocráticos. A operação contou com buscas e apreensões e quebras de sigilo daqueles empresários. Mas havia de fato uma investida golpista real ali? Ou se tratava apenas de retórica?

Os defensores do argumento de que as instituições estavam funcionando no Brasil costumavam dizer que Bolsonaro e seus apoiadores eram apenas boquirrotos, sem configurar ameaça real à democracia. O problema dessa visão era que o mundo já tinha presenciado as consequências desastrosas de uma tentativa de deslegitimar o sistema eleitoral e impulsionar a radicalização por meio da desinformação, como no caso da invasão do Capitólio por trumpistas nos Estados Unidos no começo de 2021.

No Brasil, Bolsonaro, fã confesso de Trump, também perdeu a reeleição. O PL, partido pelo qual disputou a renovação de mandato, tentou anular parte da votação de segundo turno. Foi rechaçado e multado pelo TSE por não apresentar qualquer indício de fraude nas urnas eletrônicas.

A atitude do PL, as falas recorrentes do presidente contra o sistema eleitoral e contra o Supremo e a criação de uma realidade paralela na qual Bolsonaro havia sido vítima de um grande complô do sistema levaram então a uma erupção extremista.

Primeiro, estradas foram bloqueadas por bolsonaristas que não aceitavam a vitória de Lula. Depois, acampamentos foram montados em frente aos quartéis. Nas semanas que antecederam a posse do petista, cenas de violência tomaram conta de Brasília. Pessoas foram presas por planejar um atentado a bomba no aeroporto da capital federal — uma delas tinha assento no governo Bolsonaro.[9] Um ódio cego movia um grupo formado por senhores e senhoras acima dos cinquenta anos, assim como extremistas mais jovens instrumentalizados por setores econômicos e militares que vislumbravam um novo golpe de Estado nos moldes de 1964.

Em 8 de janeiro de 2023, essas pessoas marcharam rumo ao Congresso, ao Planalto e ao Supremo, escoltadas pela própria polícia, para tomar os prédios desguarnecidos de segurança. Investigações sobre o episódio apontaram a ação de "profissionais" em meio às 5 mil pessoas que participaram da invasão. Foram eles que ajudaram a abrir caminho para que muitos vandalizassem os edifícios, quebrassem móveis, danificassem obras de arte (a tela *As mulatas*, obra de 1962 do modernista Di Cavalcanti, foi furada) e até defecassem no local.

Canais a cabo de TV transmitiram tudo em tempo real. Não demorou para que as emissoras de sinal aberto entrassem na cobertura. Tudo parecia um grande delírio. A sensação era diametralmente oposta àquela vivida em 2013, quando o sentimento antipolítica trazia — pelo menos em parte dos manifestantes — uma busca por novas formas de representação. O que havia ali era ressentimento e violência dirigidos ao processo democrático.

A erupção extremista foi controlada. Os planos golpistas, debelados. Da Flórida, nos Estados Unidos, num exílio pessoal após a derrota para Lula, Bolsonaro tentou comparar a invasão dos Três Poderes a episódios anteriores de depredação de prédios públicos em Brasília — de dimensão muito menor — envolvendo movimentos da esquerda. Seu ex-ministro da Justiça e secretário de Segurança Pública do Distrito Federal, Anderson Torres, foi afastado, assim como o governador Ibaneis Rocha. Torres foi preso ao voltar ao Brasil — ele também estava na Flórida durante o quebra-quebra. Em sua casa, investigadores encontraram uma minuta de decreto para que Bolsonaro instaurasse um estado de defesa na sede do TSE após as eleições de 2022. O documento ficou conhecido como "minuta do golpe". Outros relatos viriam à tona, como o de Marcos do Val, senador do partido Podemos que participou de uma trama para deslegitimar Alexandre de Moraes, ministro do Supremo e presidente do TSE.

Mais de mil pessoas foram detidas por causa da invasão dos prédios dos Três Poderes. Ao serem levadas a um ginásio para triagem, elas não entendiam por que estavam ali. Não viam em seus atos um crime contra o Estado Democrático de Direito. Quem entendia o que estava acontecendo mostrava-se orgulhoso. Boa parte foi enviada a presídios de Brasília. Centenas foram denunciadas à Justiça.

MAGMA QUE MUDA A PAISAGEM

O episódio de 8 de janeiro pôs a extrema direita na defensiva. Mas o bolsonarismo é mais que isso. Tornou-se um movimento de massa que independe do próprio líder. O político apenas conseguiu acessar uma parte do Brasil que muitos pensavam já não existir mais. Miguel Lago aponta como o bolsonarismo empoderou as pessoas:

> Bolsonaro contribuiu para que as pessoas conseguissem se posicionar ou exercer uma certa autoridade em suas próprias interações. O campo democrático não faz isso. No fundo, Bolsonaro diz "vai fundo" ao policial que quer achacar um cidadão e ao homofóbico que quer bater numa pessoa por sua orientação sexual. Essa é a característica mais forte do bolsonarismo. Por isso ele está muito presente na sociedade.

Camila Rocha vê a extrema direita com influência na política brasileira ainda por muito tempo: "O extremismo na política vai continuar, é um fenômeno social que Bolsonaro organizou. Há militância, há 1 milhão de pessoas no Telegram".

A saída política de longo prazo, segundo Marcos Nobre, passa pela reorganização da própria direita brasileira.

É possível ou não ter uma direita democrática no Brasil? É isso que está em questão. E está em questão de uma maneira radical. É necessário que uma direita democrática surja e possa enfrentar essa hegemonia da extrema direita.

A esquerda defende um Estado atuante na redução das desigualdades sociais e regulador das atividades econômicas privadas. A direita acredita num modelo de Estado minimamente intervencionista, no qual uma ampla liberdade econômica leva à geração de riqueza compartilhada. Os progressistas acham que as pessoas precisam se adaptar a transformações sociais. Os conservadores acham que a sociedade deve ser mais cuidadosa nas mudanças de valores.

O problema não está em ser de esquerda ou de direita, ser progressista ou conservador. O problema está em embarcar num extremismo reacionário que faz de adversários inimigos e que incentiva a violência política, num clima que fica ainda mais perigoso diante de uma população armada após estímulos do governo Bolsonaro. O problema está na ideia de haver "cidadãos de bem" e "não cidadãos", algo que deságua na desconstrução de políticas públicas que tentam garantir condições mínimas de sobrevivência para setores sociais marginalizados e historicamente excluídos.

O Brasil que normalizou ameaças às instituições passou a lidar com um magma que modificou sua paisagem política. Um magma que é fruto de uma erupção anunciada, em meio à qual a Nova República se quebrou.

Fé no voto

A transição religiosa ganhou um ritmo acelerado nas últimas décadas no Brasil. A predominância quase absoluta do catolicismo se desfez. O número de evangélicos não parou de subir, num fenômeno que reforçou valores conservadores de parte significativa da sociedade. Valores pregados em templos espalhados pelo país, em discursos políticos, em rádios e TVs comandados por pastores e também em aplicativos de mensagens, cujo acesso se tornou um novo jeito de ir à igreja.

O poder dos novos movimentos cristãos, especialmente pentecostais e neopentecostais, emergiu. E as disputas eleitorais passariam a ser travadas levando em conta a busca por diálogo com essa população, que, apesar de heterogênea, costuma convergir ao elencar uma prioridade: a defesa da família. Uma demanda que não raro esbarra em direitos reprodutivos e direitos civis. Uma demanda contemplada de forma distorcida pela extrema direita nacional, impulsionada por lideranças religiosas inescrupulosas.

Dessa forma, tornou-se fundamental entender a ação articulada dos evangélicos em governos, parlamentos e tribunais, os valores e as referências usados pelos pastores e políticos e, principalmente, a maneira como isso é recebido pelos fiéis, cuja realidade é bem mais complexa do que leituras apressadas podem sugerir.

Em 20 de junho de 2019, pela primeira vez, um presidente da República subiu no palco da Marcha Para Jesus, que estava em sua 27ª edição. Anunciado pelo apóstolo Estevam Hernandes, fundador da igreja neopentecostal Renascer em Cristo, Jair Bolsonaro fez uma deferência aos eleitores evangélicos em sua fala inicial diante de milhares de pessoas na zona norte de São Paulo. Não era para menos. Oito meses antes, quase 70% dos votos válidos dos evangélicos haviam sido dados ao então candidato do PSL ao Palácio do Planalto.

Segundo projeções feitas a partir de pesquisas das vésperas do segundo turno, Bolsonaro teve, somente entre a população evangélica, algo em torno de 11 milhões de votos a mais que o então candidato do PT, Fernando Haddad. Para o demógrafo e pesquisador do Instituto Brasileiro de Geografia e Estatística (IBGE) José Eustáquio Diniz Alves, os evangélicos foram determinantes na vitória de Bolsonaro, já que a diferença total entre ele e Haddad foi de 10 milhões e 700 mil votos em 2018.

Ainda em seu discurso, o presidente exaltou "a família tradicional", sabendo se tratar de um tema caro aos evangélicos. Enquanto o presidente se dirigia ao público, uma bandeira de Israel, um Estado judeu, foi estendida à sua frente. Apesar de aparentemente contraditório para um evento religioso cristão, naquele gesto havia uma mensagem bem direcionada: para além da proximidade de Bolsonaro com o primeiro-ministro israelense, o ultradireitista Benjamin Netanyahu, a presença da bandeira dialogava com os neopentecostais, que passaram a usar, tanto no Brasil como nos Estados Unidos, imagens associadas ao país do Oriente Médio.

Segundo acreditam alguns religiosos neopentecostais, há uma continuidade dos eventos descritos na Bíblia no mundo moderno. A criação do Estado de Israel em 1948 estaria ligada ao prenúncio de profecias como o retorno de Cristo e o Apocalipse. A Universal do Reino de Deus, uma das principais igrejas dessa designação evangélica, usa muito esse imaginário. Chegou a construir no bairro do Brás, centro de São Paulo, um templo gigantesco que é uma pretensa réplica do Templo de Salomão da antiga Jerusalém, usando inclusive pedras vindas de Israel para a obra — na visão do historiador Michel Gherman, pesquisador do judaísmo, o uso de tais símbolos constitui uma apropriação contraditória, devido a sua desconexão com a verdadeira Israel e ao caráter "excludente" dos valores pregados por alguns setores neopentecostais.[1]

Uma longa reportagem que foi ao ar em 2014 no programa *Domingo Espetacular*, da TV Record, emissora da Universal do Reino de Deus, mostrou em detalhes o dia da inauguração do Templo de Salomão paulistano. Uma sequência de imagens explicitou uma inequívoca demonstração de influência política: Edir Macedo, bispo fundador da igreja, ao lado de Dilma Rousseff, presidente do Brasil à época. Ao lado dela, Michel Temer, vice-presidente, e Geraldo Alckmin, então governador paulista.

TRANSIÇÃO RELIGIOSA ACELERADA

Uma pesquisa do instituto Datafolha divulgada em setembro de 2022 mostrou que, para 56% dos eleitores brasileiros, a religião e a política têm de andar de mãos dadas. Mostrou também que 60% consideram que é mais importante um candidato defender valores familiares do que ter boas propostas para a economia.

Essa fé tem várias cores e matizes, mas é majoritariamente cristã. Uma fé cristã que, em termos de tempo histórico, mudou muito depressa do catolicismo para o protestantismo, o qual também apresenta várias cores, vários matizes e é formado por uma população diversa e plural, frequentadora de igrejas de denominações variadas.

Nos anos 1970, os evangélicos representavam pouco mais de 5% dos brasileiros. Em 2022, já ultrapassavam os 30%. Segundo projeções do demógrafo José Eustáquio Diniz Alves, o número de evangélicos tende a superar o número de católicos no Brasil nos primeiros anos da década de 2030, numa transição religiosa acelerada.

Autor do livro *A religião distrai os pobres? O voto econômico de joelhos para a moral e os bons costumes*, o cientista político Victor Araújo aponta a singularidade das mudanças religiosas do país.

O Brasil experimenta uma transição religiosa muito rápida, sem precedentes na história da humanidade. Não é exagero dizer isso. A Europa demorou séculos para transicionar do catolicismo para o protestantismo. E o Brasil está experimentando a transição de um país majoritariamente católico para um país majoritariamente evangélico em sessenta anos.

O protestantismo é um movimento do século 16 inaugurado por Martinho Lutero, um monge que contestou a autoridade da Igreja católica e defendeu outras interpretações da Bíblia. Os primeiros protestantes chegaram ao Brasil ainda no período colonial, em missões evangelizadoras de franceses e holandeses, que faziam frente ao catolicismo português.

O protestantismo é um grande guarda-chuva para os evangélicos em geral. Não se trata de uma única religião, mas de um conjunto delas. Suas ramificações começam a partir de uma primeira divisão entre dois grandes grupos, segundo Juliano Spyer, antropólogo que fez uma pesquisa de campo durante dezoito meses num bairro na periferia de Salvador que resultou no livro *Povo de Deus: quem são os evangélicos e por que eles importam.*

É mais simples e importante separar cristãos evangélicos das igrejas tradicionais ou históricas, como a Igreja batista, a Igreja metodista e a Igreja presbiteriana, que são organizações criadas mais ou menos no contexto da Reforma Protestante, e falar a partir do século 20 de uma tradição que hoje está entre as mais importantes do mundo, que é o pentecostalismo.

Enquanto as igrejas históricas do protestantismo começaram a surgir no século 16, o ponto de partida do pentecostalismo está numa sequência de eventos ocorrida num prédio em formato quadrangular na periferia de Los Angeles, nos Estados Unidos, entre 1906 e 1915. O templo era simples. Ali, os fiéis diziam ver a atuação direta do Espírito Santo. Alguns falavam línguas desconhecidas, a chamada glossolalia. As cerimônias tinham danças e gesticulações, numa euforia que contrastava com cultos católicos e de outras designações evangélicas. Havia relatos de cura de doenças. O local era majoritariamente frequentado por negros americanos, mas também havia brancos e hispânicos.

Pentecost significa quinquagésimo dia a partir da Páscoa. A data tem origens judaicas, mas para os cristãos marca um episódio descrito no Novo Testamento em que fiéis receberam dons do Espírito Santo. Os pentecostais acreditam que o texto da Bíblia não contém falhas ou contradições. Acreditam também que a volta de Jesus Cristo está próxima.

APELO POPULAR NUM PAÍS EM TRANSFORMAÇÃO

Dois imigrantes suecos que tiveram contato com o novo estilo de celebração religiosa nos Estados Unidos vieram em 1910 para Belém do Pará, onde fundaram a primeira Assembleia de Deus brasileira, igreja que atualmente tem várias ramificações e é a principal denominação pentecostal do país, com característica essencialmente popular, como afirma Spyer:

> O pentecostalismo é um fenômeno popular numa igreja popular que — além do elemento do mistério, mais explícito, de uma religiosidade vivida, de uma religiosidade muito sensorial, da música, do canto, das palmas, da interlocução com o pastor, da emotividade, do choro — tem um processo muito disciplinador em relação ao que você pode ou não pode fazer.

O antropólogo lembra como o êxodo rural brasileiro — o grande deslocamento populacional para as cidades, que teve seu auge entre os anos 1960 e 1980 — impulsionou a expansão das igrejas evangélicas no Brasil.

> Quando as pessoas foram para as cidades, ganharam o espaço mais desconfortável possível, mais distante e com menos infraestrutura. Um espaço sem igreja, porque a Igreja católica demora a chegar, precisa ter disponibilidade de padre. São bairros com uma demanda por um tipo de serviço de acolhimento religioso associado à possibilidade de estabelecer vínculos e relacionamentos semelhantes aos de uma família estendida, a que você recorre em situações difíceis. Porque são bairros com intensa criminalidade, sem hospital, em que os professores faltam às escolas porque não moram ali — e ninguém do bairro é formado a ponto de trabalhar na escola. E o que é a igreja? Ela se torna um

grande tampão de demandas que é profundamente desprezado e desconhecido.

Foi nesse vácuo de Estado, nessa ausência de serviços, num cenário de precariedade, que muitas Igrejas evangélicas cresceram e ainda crescem, ocupando, inclusive, um espaço que setores da Igreja católica já haviam ocupado dos anos 1960 aos 1980, por meio das comunidades eclesiais de base da Teologia da Libertação, movimento ligado à Igreja católica. Só que, enquanto católicos desse movimento sofriam resistência dentro das estruturas hierárquicas da própria Igreja, os evangélicos se expandiam de forma descentralizada, sem precisar se submeter a instâncias superiores religiosas. O cientista político Victor Araújo reforça o papel assistencial dos templos nas periferias.

O pentecostalismo cresceu muito no Brasil a partir dos anos 1980. Ele é fortemente concentrado em áreas vulneráveis e pobres dos grandes centros urbanos brasileiros. Áreas periféricas de regiões metropolitanas no Rio de Janeiro, em São Paulo, em Belo Horizonte, em Recife e em Salvador. As igrejas pentecostais são muito fortes não apenas pelo apelo religioso, litúrgico, mas também por oferecer um aparato de assistência social. Muitas igrejas têm creches, oferecem bancos de emprego. Há todo um sistema de proteção social que atrai as pessoas e faz com que elas ali fiquem.

PENTECOSTALISMO E NEOPENTECOSTALISMO

O neopentecostalismo é uma dissidência do pentecostalismo iniciada por lideranças religiosas dos Estados Unidos nos anos 1960. Uma das características do movimento é a ênfase numa constante guerra espiritual contra a figura do Diabo e seus representantes na Terra, da cultura à política. Suas lideranças são conhecidas também como neocarismáticas ou evangélicas carismáticas. Elas começaram a investir no uso dos meios de comunicação, no tele-evangelismo, e deixaram mais explícita a questão da recompensa, que parte da ideia segundo a qual o dízimo e a oferta conduzem à prosperidade. Ou seja, quanto mais se doa à igreja, mais sucesso está por vir.

A questão do sucesso, aliás, é central para os neopentecostais. Ela se traduz na Teologia da Prosperidade, segundo a qual o fracasso e a pobreza financeira são atribuídos à falta de fé do indivíduo, muito mais que a qualquer contexto social ou econômico. Quanto mais fé — e quanto mais dízimo —, mais chances você tem de chegar lá, não apenas financeira, mas também espiritualmente. No Brasil, o movimento teve início com o bispo Edir Macedo e sua Igreja Universal do Reino de Deus no fim dos anos 1970.

O número de fiéis no país que frequentam igrejas pentecostais, como as Assembleias de Deus, e neopentecostais, como a Universal, é mais que o dobro do número de fiéis de outras denominações evangélicas. São movimentos que influenciaram inclusive a Igreja católica, em sua renovação carismática.

Com o passar do tempo, algumas diferenças entre pentecostais e neopentecostais se diluíram. Mas, em termos políticos, Victor Araújo destaca particularidades entre as duas designações.

> O neopentecostalismo é o centrão das igrejas. É um movimento muito mais aderente à situação e muito menos preocupado com situações morais, muito menos orientado por esse tipo de questão. O pentecostalismo, que bebe da fonte do pentecostalismo americano, é muito mais preocupado com isso, é muito mais voltado a instruir seus fiéis em eleições, usando a moral como argumentação.

Apesar de ter ficado claro o ativismo de líderes religiosos na esfera política nos anos recentes, a busca por essa influência não é de agora. Ela ganhou impulso após o fim da ditadura, com a inauguração da Nova República.

IRMÃO VOTA EM IRMÃO

Com o término do regime militar em 1985, quando o poder passou dos generais para os civis, o Brasil entrou em efervescência política. Diversos setores da sociedade se organizaram, e não foi diferente com grupos evangélicos.

O antigo bordão segundo o qual "crente não se mete em política" foi aposentado. Em 1986, Josué Sylvestre, um assessor parlamentar do Congresso ligado à Assembleia de Deus, lançou o livro *Irmão vota em irmão: os evangélicos, a constituinte e a Bíblia*, defendendo exatamente o que diz o título da obra: religiosos seguidores de determinada fé deveriam apoiar políticos daquela mesma fé. Num trecho, Sylvestre diz o seguinte: "Pastores do Brasil, em nome de Jesus Cristo, despertem para a realidade da conjuntura nacional; não deixem seus 'rebanhos' sem uma orientação segura, coerente, oportuna e bíblica".[2]

A bancada evangélica eleita para a Assembleia Constituinte, que trabalhou de 1987 a 1988, foi de 32 deputados, entre os 559 parlamentares. A maioria era ligada ao pentecostalismo, como lembra o cientista político Vinicius do Valle, autor do livro *Entre a religião e o lulismo*.

O momento da Constituinte foi chave, porque as principais lideranças evangélicas, principalmente do campo pentecostal, começaram a se mobilizar para entrar na política e começaram a mobilizar o corpo das instituições religiosas para isso.

O cientista político, que faz pesquisas de campo com evangélicos há mais de dez anos, resgata algumas das motivações dos líderes evangélicos.

Era um período marcado pela ascensão de novos movimentos sociais no contexto da saída da ditadura militar. Os evangélicos, inclusive em vários textos, falavam o seguinte: "a sociedade civil brasileira está se organizando, os católicos estão se organizando, os movimentos de trabalhadores estão se organizando, as feministas estão se organizando, os movimentos negros estão atuando, os LGBTs também e a gente não pode ficar para trás, a gente precisa reagir a isso". Nesse discurso já havia uma construção, portanto, de uma oposição aos movimentos de esquerda.

Magali Cunha, jornalista que pesquisa religião, lembra quais eram as denominações evangélicas que tomaram a frente da busca por mais influência política:

São duas igrejas fortes: a Assembleia de Deus — as Assembleias de Deus, para ser mais correta, porque não há uma Assembleia de Deus, mas várias — e a Igreja Universal do Reino de Deus. Elas apostaram num projeto político, na formação de candidatos entre lideranças e pastores. Foi uma articulação intensa, que começou na Constituinte e passou a ser permanente.

A bancada evangélica na Assembleia Constituinte não era monolítica, mas atuava a favor de pautas conservadoras, segundo Vinicius do Valle:

Nesse período, o professor de sociologia Flávio Pierucci, da Universidade de São Paulo, investigou a bancada evangélica e disse que existia nela um pequeno núcleo de esquerda, mas um grande núcleo de direita unia tanto o conservadorismo econômico quanto o conservadorismo moral. Ele já estava falando ali de uma nova direita que surgia com a presença de evangélicos no espaço público brasileiro.

O número de políticos ligados aos movimentos pentecostais e neopentecostais, além de outras designações, cresceu gradativamente. No fim dos anos 1990, os evangélicos contavam com uma bancada de 44 deputados entre os 513 da Câmara. Foi um caminho construído aos poucos, segundo Magali Cunha.

Tivemos inicialmente um grupo de evangélicos tradicionais com atuação forte, mas sem visibilidade intensa: presbiterianos e batistas com projeto político de aproximação ao Poder Executivo, de uma presença também no Judiciário. Do final dos anos 1980 para cá — ou seja, depois da ditadura militar —, passamos a presenciar um quadro mais plural. É interessante porque já não é mais um domínio católico. A presença evangélica vai dividir a força com os católicos. E os políticos tradicionais vão se render à presença evangélica, vão trabalhar por uma aproximação, vão colocar os evangélicos como protagonistas no cenário político e no cenário eleitoral.

RELIGIÃO E POLÍTICAS PÚBLICAS

Como a agenda evangélica ligada a temas morais aparece nas discussões de políticas públicas? Jacqueline Teixeira, antropóloga que pesquisa religião, lembra do Plano Nacional de Direitos Humanos, que em 2009 chegou a sua terceira edição. Segundo ela, o plano trazia aspectos que agradavam a lideranças religiosas, principalmente às mulheres, que viam avanços no que se referia à violência de gênero:

Havia uma sensibilidade para tratar e reconhecer a importância dos direitos humanos, principalmente em temáticas relacionadas aos direitos das mulheres. A Lei Maria da Penha, aprovada em 2006, já estava conseguindo construir uma pedagogia social significativa para pensar o tema da violência doméstica e das violências familiares. Percebo ali o quanto o tema é sensível para as mulheres evangélicas. Nos anos seguintes, começo a acompanhar, primeiro na Igreja Universal e depois em outras denominações evangélicas, projetos desenvolvidos para o atendimento de mulheres em situação de violência.

No entanto, essa terceira edição do Plano Nacional de Direitos Humanos dividiu neopentecostais e pentecostais. Na Igreja Universal, neopentecostal, o bispo Edir Macedo chegou a defender o direito ao aborto, buscando em trechos da Bíblia justificativas para o procedimento. Alinhado ao governo do PT, Macedo exercia ali seu papel de centrão das igrejas evangélicas, como bem denominou Victor Araújo.

Na pentecostal Assembleia de Deus, porém, a resistência ao Plano Nacional de Direitos Humanos foi grande, justamente nos trechos relativos à interrupção voluntária da gravidez e aos direitos reprodutivos das mulheres. Também havia discordância quanto a trechos referentes à população LGBTQIAP+, que pleiteava avanços no campo dos direitos civis.

O senador Magno Malta, ligado à Assembleia de Deus, era um ferrenho opositor do plano. Ele dizia que o governo petista queria criar um "império homossexual" no país. O pastor Silas Malafaia, também daquela igreja, era outro forte opositor do plano.

A pressão deu resultado. O texto do projeto foi alterado. Na parte dos direitos reprodutivos, por exemplo, a redação que inicialmente dizia ser importante "apoiar a aprovação do projeto de lei que descriminalizasse o aborto, considerando a autonomia das mulheres para decidir sobre seus corpos" passou apenas a considerar o aborto um "tema de saúde pública".

A alteração foi feita em 2010, último ano do segundo mandato de Lula, que trabalhava para eleger sua sucessora, Dilma Rousseff. Na sucessão presidencial daquele ano, o tucano José Serra, principal adversário de Dilma nas urnas, explorou o tema do aborto, resgatando entrevistas em que a petista tinha defendido o procedimento como um direito da mulher. Magali Cunha vê ali um paradigma na disputa nacional de poder.

Vínhamos de dois governos do presidente Lula, que tiveram uma aproximação com os evangélicos. Havia uma rejeição grande a Lula desde as eleições presidenciais de 1989, mas ele conseguiu reverter isso em 2002. Mas em 2010 houve muita rejeição a Dilma por ela ser mulher. As questões do patriarcado e da misoginia eram fortes entre grupos religiosos no geral. Essa rejeição por ela ser mulher se somou à resistência ao Plano Nacional de Direitos Humanos.

O período do primeiro mandato de Dilma foi o momento em que houve um descolamento dos líderes evangélicos em relação ao PT e ao governo, segundo Vinicius do Valle:

Durante os governos Lula e Dilma, a gente viu setores evangélicos relevantes na base de apoio. Mas entre 2010 e 2014 quase que a unanimidade dos setores evangélicos com representação política caminhou para a oposição ao PT. Nessa leva, começaram a se reivindicar como de direita.

Em 2011, primeiro ano do governo de Dilma na presidência, o Ministério da Educação, comandado por Fernando Haddad, lançou, em parceria com organizações de defesa da população

LGBTQIAP+, o projeto Escola Sem Homofobia, chamado de "kit gay" pelo então deputado Jair Bolsonaro. No mesmo ano, o STF reconheceu o direito à união estável homoafetiva, diante do imobilismo do Congresso em relação ao tema — na época, a bancada evangélica contava com cerca de sessenta deputados.

Em 2012, o Supremo ampliou as possibilidades de aborto legal no Brasil. Além de vítimas de estupro e casos em que a gravidez põe em risco a vida da mulher, o direito ao procedimento passou a ser permitido também em casos em que o feto é anencéfalo. Uma mudança realizada sob protestos dos religiosos.

BATALHA IDEOLÓGICA

Ainda em 2012, o ministro da Secretaria-Geral da Presidência, Gilberto Carvalho, defendeu que a esquerda travasse uma disputa ideológica com líderes evangélicos na busca por mais influência junto a setores que vinham ascendendo socialmente nos governos petistas. Na visão de integrantes do PT, muitas famílias que tinham chegado à chamada "nova classe média" não associavam a melhoria de vida às políticas públicas do governo, mas relacionavam essa prosperidade a outros fatores. A esquerda precisava, portanto, conquistar essas pessoas que continuavam ligadas ao campo conservador evangélico.

A declaração de Gilberto Carvalho foi feita durante o Fórum Social Mundial de Porto Alegre. Pastores e políticos da bancada evangélica se rebelaram contra o governo Dilma por causa da fala do ministro, que teve que se explicar. "O que eu fiz lá foi uma constatação política para os companheiros militantes de que quem de fato [tinha] presença na periferia do Brasil, quem fala para os setores das classes C, D e E, são as igrejas evangélicas. Portanto, essa presença tem que ser reconhecida.

Essa presença é real e efetiva", afirmou Carvalho numa entrevista a jornalistas em Brasília.

Uma repórter então perguntou: "É uma meta do governo [travar a disputa ideológica com líderes evangélicos conservadores]?". O ministro respondeu: "Não tem nada de meta do governo. Não estava falando para governantes, estava falando para militantes, dizendo que era preciso reconhecer que quem trabalha com esses setores, quem reconstitui famílias e quem combate as drogas são os evangélicos. Eu estava, pelo contrário, fazendo um reconhecimento desse segmento". Carvalho completou: "Proponho, inclusive, uma aliança do governo com setores bem-intencionados, com setores sérios do mundo evangélico que efetivamente contribuem para a reconstrução das pessoas, para a reunificação de famílias".

O governo do PT não conseguiu abrir diálogo com os evangélicos, como anunciou Gilberto Carvalho. E os pastores, por sua vez, decidiram travar uma disputa ideológica nos espaços antes ocupados majoritariamente pela esquerda dentro do Congresso.

Em março de 2013, o deputado Marco Feliciano, pastor da Assembleia de Deus, foi eleito presidente da Comissão de Direitos Humanos da Câmara.

Em meio às manifestações de junho, também em 2013, o pastor Silas Malafaia comandou um grande ato em Brasília, no qual os evangélicos pediam o engavetamento do projeto de criminalização da homofobia, em tramitação no Congresso. Victor Araújo lembra da atuação dos religiosos naquele momento de ebulição das ruas.

As igrejas evangélicas se alinharam à ditadura. No pós-redemocratização, nunca houve um movimento progressista de fôlego dentro delas. E o que aconteceu nas manifestações de 2013? Viu-se claramente que havia um posicionamento majoritário contra o governo. As lideranças evangélicas foram de fundamental importância para a perda de apoio de Dilma.

Na campanha de 2014, ao disputar a reeleição, Dilma passou a defender o projeto de lei de criminalização da homofobia, selando a oposição das lideranças evangélicas ao governo. "A gente já sabe que o PT só procura os evangélicos de quatro em quatro anos. O restante do tempo trabalha contra tudo aquilo que é relativo a nossas crenças e valores. A hipocrisia é a seguinte: eles [petistas] dizem que vão apoiar a criminalização da homofobia e também acenam que vão apoiar as igrejas evangélicas. Isso é um atentado à nossa inteligência", disse Malafaia em seu programa de TV durante as eleições.

Segundo Vinicius do Valle, a resistência ao PT entre os líderes evangélicos logo se espalhou entre os fiéis.

Em 2014, a pauta moral ganhou mais destaque. O Brasil também estava num contexto econômico menos confortável. Eu observei o quê em campo? Primeiro, um grupo que já não gostava do PT passou a apresentar um discurso antipetista muito agressivo. E o grupo que tinha uma identificação com Lula, com os governos petistas, com os programas sociais, diminuiu e se desmobilizou. As pessoas falavam: "Olha, vou votar na Dilma, mas as coisas não estão muito bem. Ela não é como era o Lula".

EVANGÉLICOS NO IMPEACHMENT

Dilma foi reeleita num contexto de crise econômica e política, já distanciada de boa parte das lideranças religiosas. No Congresso, a bancada evangélica tinha subido para 75 deputados, cerca de 15% de todas as cadeiras disponíveis. Naquele ano, um político da Assembleia de Deus, Eduardo Cunha, virou presidente da Câmara.

Os deputados da bancada evangélica estão espalhados em vários partidos, entre eles o Partido Social Cristão (PSC), que abriga muitos políticos pentecostais da Assembleia de Deus, e o Partido Republicano Brasileiro (PRB), que viria a se tornar o Republicanos, partido ligado à Igreja Universal. São parlamentares que também costumam integrar outras frentes dentro do Congresso, como a chamada bancada da bala, cuja prioridade são pautas relacionadas à segurança pública.

Em 2015, os projetos de lei apresentados pela bancada evangélica iam da defesa de uma absurda e inexistente "cura gay" à redução da maioridade penal. Na presidência da Comissão Especial que trata do Estatuto da Família, o deputado Sóstenes Cavalcante, que já tinha trabalhado com o pastor Silas Malafaia, disse naquele ano que "aborto só seria votado passando por cima do cadáver" dele.

Sobre o tema do aborto, a bancada não agiu só na defensiva. O próprio Eduardo Cunha conseguiu fazer avançar um projeto de lei que dificultava a interrupção legal de gravidez para mulheres vítimas de estupro. Houve forte reação do movimento depois chamado Primavera Feminista, ou Primavera das Mulheres. A mobilização conseguiu frear o projeto e o texto acabou engavetado.

Apesar da derrota pontual no caso do projeto antiaborto, o presidente da Câmara acumulava vitórias em sua batalha contra o governo, fazendo a crise política avançar sobre 2016. Eduardo Cunha aceitou analisar um pedido de impeachment contra Dilma na Câmara. E a base aliada da presidente se desfez. Nos templos religiosos, o clima era de hostilidade ao PT, segundo Vinicius do Valle.

Eu ainda estava fazendo pesquisa de campo de forma sistemática e vi o discurso antipetista tomar conta de quase todo mundo dentro das igrejas. Foi entre 2014 e 2016 o momento-chave do fortalecimento do antipetismo.

Segundo Victor Araújo, esse posicionamento majoritário de líderes evangélicos contra o governo da época teve impactos políticos relevantes.

Eduardo Cunha é uma pessoa ligada à Assembleia de Deus de Madureira que conduziu o processo de Dilma, que formatou todo o processo, que construiu o apoio para a derrubada da presidente com amplíssimo apoio de outras lideranças evangélicas dentro e fora do Congresso.

O debacle do governo Dilma contou, portanto, com um empurrão de setores evangélicos, que ficariam ainda mais coesos em torno do antipetismo nos anos seguintes.

SUPREMACISMO CRISTÃO

Após votar pelo impeachment na Câmara em abril de 2016, o deputado Jair Bolsonaro decidiu ir para Israel. Foi batizado nas águas do rio Jordão. Católico, Bolsonaro, casado com Michelle, evangélica batista, fazia ali um aceno aos evangélicos. Pastor Everaldo, que realizou a cerimônia, é uma importante liderança da Assembleia de Deus e dirigente do PSC.

A partir de então, a ligação entre Bolsonaro e as igrejas evangélicas foi se estreitando. O deputado levantava a bandeira do combate ao "kit gay" e fazia discursos inflamados a respeito da importância da influência da religião sobre a política.

"Não tem essa historinha de Estado laico não, é Estado cristão. E quem for contra que se mude", bradou Bolsonaro num discurso a apoiadores em 2017, quando já estava em pré-campanha para disputar as eleições presidenciais do ano seguinte. Ronilso Pacheco, pastor batista e professor de filosofia, explica para onde apontam as frases escolhidas a dedo pelo então deputado federal:

Bolsonaro colocou o cristianismo no nível de supremacia ao dizer "conhecereis a verdade e a verdade vos libertará" e "Brasil acima de tudo, Deus acima de todos". Eram frases muito fortes que assumiam uma responsabilidade: "Vou fazer um governo em que o cristianismo tenha prioridade, em que as igrejas tenham prioridade".

Ronilso Pacheco afirma que a ascensão da extrema direita no Brasil, com a chegada de Bolsonaro à presidência, está intimamente ligada à atuação dos líderes e políticos evangélicos.

Eles integraram essa ascensão, eles são parte da extrema direita brasileira. Algo muito semelhante ao que aconteceu nos Estados Unidos, com o surgimento da direita religiosa, do neoconservadorismo, no final da década de 1970, início da década de 1980. E por razões muito semelhantes: a ideia de recuperar aquilo que consideram que foi perdido, a partir das conquistas do movimento pelos direitos civis, o fim da segregação, o direito ao voto para as pessoas negras, o reconhecimento de direitos da comunidade LGBTQIAP+, a revolução sexual e o reconhecimento da legalização do aborto pela Suprema Corte, revogada agora.

Vale chamar atenção para o que o teólogo diz sobre a questão do aborto nos Estados Unidos. Em 1973, a Suprema Corte americana reconheceu esse direito das mulheres. Quase cinco décadas depois, em 2022, o mesmo tribunal, com composição mais conservadora a partir de indicações do ex-presidente Donald Trump, um dos ícones da extrema direita mundial, derrubou esse direito.

A narrativa religiosa de Bolsonaro viria a ser selada nas eleições presidenciais de 2018. Ter sobrevivido a um atentado a faca durante um evento de campanha fez com que aquele político agressivo, defensor de tortura, das armas e da imposição da vontade da maioria sobre as minorias fosse visto como um "escolhido de Deus", segundo a jornalista Magali Cunha.

> Quando Deus salva alguém é porque "tem um propósito para essa pessoa". Essa ideia foi trabalhada para que houvesse um apoio tão significativo a Bolsonaro nas eleições de 2018. Não foi só o discurso autoritário — com o qual os evangélicos têm uma identidade histórica —, o medo do comunismo e o pânico moral, mas também o imaginário sobre alguém que tinha identidade com evangélicos e uma esposa evangélica.

PELAS MÃOS DOS INCAPAZES

Com a chegada de Bolsonaro ao Palácio do Planalto, a bancada evangélica voltou a crescer. Elegeu cerca de noventa representantes, tornando-se um anteparo inicial para o presidente em 2019, primeiro ano de seu governo, até que ele conseguisse fechar um acordo com o centrão em 2020.

No comando do país, Bolsonaro tentou atender às demandas evangélicas, fosse na defesa da manutenção das igrejas abertas durante a pandemia de Covid-19, fosse na concessão de benefícios fiscais. Além das citações diretas e frequentes a questões religiosas, o presidente buscou também fazer várias outras referências à crença cristã, a fim de associar sua imagem a ela. "Não tinha nada para estar aqui, nem levo jeito", disse Bolsonaro a empresários em junho de 2022.

Tratava-se de uma fala calculada. Dizer-se incapaz é recorrer a uma imagem presente em várias passagens da Bíblia. É uma ideia segundo a qual Deus usa os incapazes como instrumento da vontade divina.

O uso da religião ficou ainda mais intenso por parte do presidente depois que ele se lançou candidato à reeleição. Naquele momento, a primeira-dama, Michelle, passou a ter papel central na estratégia de campanha. "Por muitos anos, por muito tempo, aquele lugar foi um lugar consagrado a demônios. Cozinha consagrada a demônios, Planalto consagrado a demônios, e hoje consagrado ao senhor Jesus", disse a primeira-dama num culto em Belo Horizonte em agosto do ano eleitoral.

Há uma série de conexões entre Bolsonaro e o eleitor evangélico, que passam por referências diretas do político à religião e pela defesa aberta que ele faz de determinados valores caros a essa população. Mas existem também questões que ajudaram a afastar alguns setores evangélicos do presidente. Duas delas são especialmente sensíveis entre as mulheres.

A primeira foi a atitude de Bolsonaro na pandemia. Mesmo que tenha defendido os templos abertos, o presidente falou em "gripezinha" e desdenhou o sofrimento da população, chegando a imitar doentes com falta de ar — um dos sintomas causados pela Covid-19. E isso teve impacto negativo. A segunda questão que pesou contra Bolsonaro entre as mulheres evangélicas foi a defesa do armamento da população, segundo o cientista político Victor Araújo.

Bolsonaro tem uma resistência forte entre mulheres, inclusive evangélicas. Elas dizem em entrevistas de profundidade, em grupos focais, que resistem muito à pauta armamentista, rejeitam essa pauta. Os evangélicos que apoiam essa pauta são os mesmos que estão em outras frações da população: os homens. Isso tem que ser dito de forma bem clara e didática: são os homens brancos brasileiros que são a favor das armas. Homens negros e mulheres rejeitam essa pauta.

Jacqueline Teixeira também explica como a realidade social afasta as mulheres evangélicas do bolsonarismo:

> É um público atravessado pelo recorte de raça e classe, que lida diretamente com os efeitos da violência produzida por políticas armamentistas. Esse posicionamento de Bolsonaro em relação às armas é um ponto de distanciamento.

A antropóloga, porém, destaca um ponto de aproximação do público evangélico feminino com Bolsonaro, para além da figura de Michelle. Trata-se de um nome que ganhou amplo destaque no governo: "Uma aposta fundamental para tentar minimamente manter a aliança com as mulheres evangélicas foi levar Damares Alves para o governo".

Pastora da Igreja do Evangelho Quadrangular e da Igreja Batista da Lagoinha, em Belo Horizonte, Damares Alves virou ministra do Ministério da Mulher, da Família e dos Direitos Humanos. Ao tomar posse, ela cunhou o bordão: "Menina veste rosa, menino veste azul". Jacqueline Teixeira explica a conexão de Damares com as mulheres evangélicas.

> Desde quando o governo começou, sempre disse que Damares nunca foi cortina de fumaça. Ela sempre teve uma atuação muito forte, porque foi um ponto de representatividade específica, que é a ideia das políticas públicas familiares.

CENTRALIDADE DA FAMÍLIA

Uma pesquisa de dezembro de 2019 mostrou que os evangélicos no Brasil são 58% mulheres e 59% pretos ou pardos. Também são jovens: 62% têm entre 16 e 44 anos. Vinicius do Valle completa aqui o perfil socioeconômico dessa população:

> É um grupo de renda per capita familiar proporcionalmente mais baixa em comparação aos demais segmentos religiosos. Quando a gente vai numa igreja evangélica, é comum a gente ver pessoas pobres, pessoas pretas, pessoas periféricas. Esse é o perfil predominante.

O perfil descrito pelo cientista político, especialmente o dos fiéis de igrejas pentecostais e neopentecostais, ajuda a explicar a centralidade da família em meio a essa população. Existe um elemento moral? Sim. Mas também existe um elemento de assistência, que tem a igreja como instância comunitária e a família como instância pessoal, por meio da qual se mobilizam recursos, tanto econômicos quanto afetivos.

Para a jornalista Magali Cunha, é difícil para quem não vive tal realidade entender a lógica do amparo, especialmente pelo fato de que a ideia de família acabou por ser instrumentalizada pela política.

> O tema da família foi capturado pelas campanhas da extrema direita, de salvar a família, por meio do pânico moral. Mas a família não deve ser olhada como uma pauta de direita, e sim como uma pauta cultural do Brasil. Família é um tema que toca a realidade das pessoas, por mais que sejam arranjos diferentes, por mais que as pessoas sejam diferentes e sozinhas, desgarradas de sua família. Família tem um apego. Não se pode abandonar o tema porque a

extrema direita o capturou. É um tema a ser tratado com dignidade. Olhar a família de que forma? Quais são suas necessidades, quais são seus medos e quais são suas esperanças? Toda e qualquer linguagem que queira atingir evangélicos precisa tratar de medos e esperanças em torno de dois temas: família e segurança. As pessoas têm muito medo de morrer nas periferias, nas mãos de policiais e criminosos. As pessoas têm medo de que seus filhos não voltem para casa, de que seus maridos não voltem para casa.

Afeto, família e segurança são, portanto, aspectos valorizados pelos fiéis. E, mesmo quando lideranças apelam para o pânico moral — esse medo exagerado de um suposto mal que ameaça a sociedade, às vezes inexistente — ou quando apelam para desinformação pura e simples, a maneira como isso é recebido é bem diferente do que muitos imaginam, segundo Jacqueline Teixeira.

Toda aquela coisa do "kit gay", da mamadeira de piroca, era nada mais que uma aposta em dizer: "O governo petista corrompeu as políticas públicas, gastou dinheiro público em coisas que não fazem sentido nenhum, em coisas que de alguma maneira seriam moralmente reprováveis, enquanto deveria estar gastando dinheiro com saúde, com educação".

A questão dos serviços públicos como suporte da vida familiar é central para quem procura compreender as demandas políticas dessa ampla e diversa população evangélica, afirma a antropóloga.

É um público sempre muito à margem das políticas públicas. Não é um público que defende o Estado mínimo. É um público que defende que esse Estado precisa ter responsabilidades. É um público que defende o SUS, defende as escolas públicas. E defende tudo isso atrelado à concepção menos moralizante e mais existencial de família.

A visão menos moralizante de família, portanto, traz demandas populares por uma presença maior do Estado na vida social, que é paradoxalmente antagonizada pelo discurso de líderes religiosos que pregam a emancipação via fé e dízimos, via responsabilidade individual quanto à saúde e à educação da prole, como se decisões governamentais não tivessem nada a ver com isso.

DOS LÍDERES AOS FIÉIS

Para o teólogo Ronilso Pacheco, é preciso combater uma visão simplista segundo a qual comunidades inteiras seguem automaticamente a visão política de seus líderes religiosos. A relação entre pastores e fiéis é criada a partir de uma rede mais complexa.

Essa rede se forma de maneira muito afetiva. Os membros da igreja veem muito menos um pastor que apoia um presidente que defende a ditadura e muito mais alguém que é sempre solícito para atender à comunidade, alguém que é amigo no dia a dia, alguém que está sempre presente.

Não é, portanto, um voto de cabresto, como muita gente acredita ser, afirma Victor Araújo.

Há um contexto até chegar ao momento de eleição em que uma liderança faz indicações em quem votar. É um contexto em que as igrejas são o Estado em muitos sentidos. Se são essas pessoas que, no momento de aflição, oferecem uma mão, uma ajuda, é esperado um alinhamento no momento eleitoral. São pessoas comungando da mesma fé, em primeiro lugar, e também oferecendo uma rede de assistência.

Segundo Vinicius do Valle, a discussão a respeito da influência dos pastores sobre os fiéis é motivo de debates dentro das próprias igrejas.

Não é porque as lideranças políticas evangélicas têm uma determinada posição que os fiéis vão ter automaticamente a mesma posição. Na verdade, a gente vê muitas vezes o contrário. A gente vê os fiéis discordarem dos representantes, discordarem da politização dentro das igrejas.

O antropólogo Juliano Spyer destaca a necessidade de haver um olhar um pouco menos preconceituoso quando se fala dos fiéis.

O evangélico, em muitos aspectos, não é esse ser ignorante, manipulado e que está seguindo as ordens do pastor, como se o pastor pudesse fazer isso. Só quem nunca frequentou uma igreja evangélica desconhece o quanto de tensão existe ali, de dissenso, de argumentação, de posições sendo debatidas e negociadas, de uma igrejinha mínima até as igrejas maiores. E, por outro lado, o quanto os evangélicos são conscientes e estão exauridos dessa mistura cansativa e destrutiva para a igreja que é o resultado da associação da igreja com a política.

LÍDERES CONTRA O ESTADO LAICO

Religião é uma questão de foro íntimo. E a Constituição diz claramente: "É inviolável a liberdade de consciência e de crença, sendo assegurado o livre exercício dos cultos religiosos e garantida, na forma da lei, a proteção aos locais de culto e a suas liturgias". Ou seja, o Estado garante a liberdade religiosa. A alegada cristofobia propagada por Bolsonaro não se sustenta no Brasil. A ONG Portas Abertas, que auxilia cristãos que sofrem perseguição religiosa pelo mundo, nunca incluiu o país entre aqueles que reprimem católicos ou evangélicos. Nunca sequer colocou o país entre aqueles que estão "em observação" por apresentar riscos moderados de intolerância contra os cristãos. Na verdade, as religiões que sofrem com a intolerância no Brasil são aquelas de matrizes africanas, inclusive por ataques vindos de alguns líderes evangélicos.

Além de religião ser uma questão de foro íntimo, o Estado brasileiro é laico. Um Estado formado por Executivo, Legislativo e Judiciário que não se submete a uma religião, e sim garante a existência de todas. Um Estado em que Deus, seja lá qual for, não está acima de todos, e que tem de ser imparcial em relação a seus cidadãos, independentemente da crença. Trata-se de um preceito constitucional que vem sendo ameaçado por líderes religiosos ultraconservadores, segundo Ronilso Pacheco.

Eles ficam muito confortáveis com toda a condição de desterro, violência, negação de direitos, com toda a disposição de um privilégio supremacista do cristianismo em detrimento de outras religiões, com a destruição do Estado laico, que acontece numa formalidade, mas que efetivamente não acontece. Fazem isso sob uma perspectiva fascista, inclusive, de uma quase idolatria a um líder. Uma das características do fascismo é esse apego a um líder político. Algo que é coerente com a realização de um projeto de destruição e a negação do outro.

Tanto no governo federal como nos estaduais e municipais, há centenas de iniciativas que tentam interferir na laicidade do Estado ao buscarem mexer, por exemplo, em currículos escolares a partir de argumentos equivocados relacionados a uma suposta sexualização precoce das crianças que estimularia a homossexualidade. Essas iniciativas acabam por solapar políticas públicas realmente importantes para a vida das pessoas. Interditam um ensino capaz de dar ferramentas para as crianças saberem se estão sendo vítimas de abuso sexual, algo geralmente praticado por alguém próximo, de dentro da própria família.

São iniciativas patrocinadas pelo movimento Escola Sem Partido, que alega combater uma suposta "ideologia de gênero" e uma suposta "doutrina esquerdizante" nas escolas, mas que, no fim, acaba por intimidar professores a partir de valores morais e religiosos que transformam a sala de aula num verdadeiro campo de batalha. São iniciativas legislativas que, não raro, vão parar no STF.

Um dos ministros indicados por Bolsonaro à corte máxima do país, André Mendonça, está lá apenas por ser evangélico. Antes de virar integrante do Supremo, Mendonça defendeu, como advogado-geral da União, que manifestações homofóbicas dentro de igrejas não fossem caracterizadas como crime. A tese de não penalizar o que é dito nos templos religiosos sobre a população LGBTQIAP+ — desde que não seja caracterizado um discurso de ódio — acabou aceita pelo tribunal, em decisão que equiparou a homofobia ao racismo em 2019.

André Mendonça é presbiteriano, uma denominação dos protestantes tradicionais. Assim como é também Milton Ribeiro, pastor que foi ministro da Educação de Bolsonaro e acabou apeado do cargo em meio a suspeitas de corrupção no uso de dinheiro público cuja destinação era intermediada por outros pastores Brasil afora. Os religiosos garantiam verba federal às prefeituras em trocas de benesses locais para seus templos e projetos de evangelização.

No governo Bolsonaro, o ultraconservadorismo cristão foi uma marca para além da distribuição de verbas públicas e cargos-chave que transbordaram para a elite do Judiciário. A busca por mais influência nesse Poder é um dos objetivos da Associação Nacional de Juristas Evangélicos (Anajure). A entidade, que tem mais de oitocentos advogados, procuradores, juízes e desembargadores ligados a ela, pleiteia desde 2017 ter voz nas discussões das Nações Unidas sobre direitos humanos. Um pleito que ainda não havia sido atendido até o início de 2023.

No Legislativo, os evangélicos passaram anos vendo sua bancada crescer. Houve apenas dois momentos de refluxo. O primeiro ocorreu em 2006, quando o escândalo dos Sanguessugas atingiu pastores suspeitos de envolvimento num esquema de desvios na compra de ambulâncias. O segundo ocorreu nas eleições de 2022, quando a bancada evangélica ficou com 75 deputados, segundo um levantamento do pesquisador Guilherme Galvão Lopes — numa redução significativa em relação às eleições anteriores. "Tivemos um deslocamento do voto em evangélicos para a extrema direita", disse Lopes ao portal UOL. Apesar de menor, a bancada que assumiu em fevereiro de 2023 tem um perfil mais radical, com fortes ligações com o bolsonarismo.

Lincoln Portela, deputado do PL de Minas Gerais, integrante da bancada evangélica, pastor da Igreja Batista Solidária e bolsonarista, resume assim a agenda do grupo:

Nós somos contra a liberação das drogas, nós somos contra o aborto, nós somos contra a erotização precoce nas escolas, nós somos contra a ideologia de gênero, nós somos contra uma polícia mal armada, nós somos contra a liberação de presos e saidinhas de presos indevidas. Nós somos pela segurança pública, nós somos por um país livre.

DA PERSEGUIÇÃO AO GOLPISMO

As eleições de 2022 foram palco de momentos explícitos de assédio de dirigentes evangélicos contra fiéis — e também contra pastores que não defendiam Bolsonaro.

A Igreja Universal do Reino de Deus, que no passado abraçou os governos petistas, passou a publicar em janeiro, em seu site oficial, textos que exploravam o medo extemporâneo do comunismo. Num desses textos, é dito que esquerdistas "se travestem de defensores do povo quando, na verdade, querem repetir no Brasil fórmulas desgastadas e ineficazes — incluindo-se aí os regimes ditatoriais — e espalhar ainda mais o caos para que suas atitudes de desgoverno não sejam notadas". O "demônio" era recorrentemente associado a Lula.

Em agosto, um vídeo viralizou na internet. Nele, um pastor da Igreja Presbiteriana Renovada de Santa Fé, no Paraná, diz que "Jesus é de direita", grita "fogo no PT, da cabeça aos pés" e ainda expulsa do templo quem é simpático ao partido.

O discurso de parte dos políticos evangélicos se assemelha em alguns aspectos ao discurso do polemista Olavo de Carvalho. Esse discurso é caracterizado por uma série de fantasmas inexistentes, além de ser uma tentativa de criar pânico moral e vir normalmente associado à desinformação.

Uma desinformação que circulou com muita intensidade nas comunidades evangélicas foi a de que, em caso de volta de um governo de esquerda ao poder, as igrejas poderiam fechar.

Segundo uma pesquisa da Universidade Federal do Rio de Janeiro (UFRJ) de 2021, 49% dos evangélicos entrevistados nas cidades de Recife e Rio de Janeiro afirmavam ter identificado mensagens com conteúdo falso ou enganoso nos grupos de WhatsApp religiosos dos quais participam. Magali Cunha atuou nessa pesquisa e afirma:

> Nós estávamos ali medindo como é que a desinformação é intensificada pelo nível de confiança entre os grupos religiosos, que têm uma vulnerabilidade maior justamente por esse sentimento de pertencimento com a comunidade.

Os grupos de WhatsApp, segundo a jornalista, ganharam uma centralidade no dia a dia dos fiéis.

O WhatsApp não só transmite informação para os grupos evangélicos, mas se tornou uma nova forma de ir à igreja. Muito antes da pandemia, o WhatsApp já ocupava esse lugar do ir à igreja. Por ele as pessoas recebem orações, aconselhamento dos pastores, conteúdo de estudo, de música, de entretenimento religioso. O WhatsApp preenche todos os espaços. A pessoa vai presencialmente à igreja num determinado dia e horário, mas, quando não está lá, está no WhatsApp recebendo aqueles conteúdos.

Os setores progressistas da sociedade acabam por não saber como lidar com essa população tão ampla, crescente e diversa, perpassada por um sentimento comunitário no qual os políticos de esquerda estão pouco presentes e por uma hiperconectividade digital controlada por lideranças religiosas conservadoras.

Segundo Ronilso Pacheco, os setores progressistas tão atacados nos templos precisam mudar a chave para tentar acessar o mundo evangélico.

Em muitos aspectos, a esquerda ainda se aproxima com uma perspectiva iluminista da detenção do conhecimento. As pessoas que estão ali têm sua leitura política, elas fazem suas análises de conjuntura para além das eleições. É preciso procurar saber como essas pessoas lidam com o dia a dia, como elas lidam com suas dificuldades. Qual é a leitura que essas pessoas fazem? Como elas lidam com as dificuldades do cotidiano? Como articulam a fé com o mundo político? Isso exige aprendizado, aproximação e escuta.

O resultado das urnas em 2022 mostrou que de fato a esquerda não conseguiu acessar os evangélicos depois da derrota de quatro anos antes. O demógrafo José Eustáquio Diniz Alves repetiu a análise que havia feito em 2018, a partir de pesquisas de opinião realizadas às vésperas do segundo turno. Novamente, quase 70% dos votos válidos dos evangélicos foram depositados em Bolsonaro — o presidente que tentava reeleição obteve cerca de 14 milhões de votos a mais que Lula entre essa população.

O extremismo dos discursos dos líderes nos templos e a perseguição de quem não comungava com as ideias ultraconservadoras pode explicar tamanha diferença. Dessa vez, porém, Bolsonaro perdeu, muito embora tenha deixado uma herança absorvida por lideranças religiosas radicalizadas e contaminadas pela ideia fantasiosa segundo a qual houve fraude nas urnas eletrônicas.

Uma reportagem da Agência Pública[3] mostrou que pastores incentivaram os acampamentos de bolsonaristas na frente dos quartéis após a derrota eleitoral. Alguns participaram, inclusive, da invasão do Congresso, do Palácio do Planalto e do STF em 8 de janeiro de 2023.

COMBATE A ESTEREÓTIPOS

A quase onipresença das igrejas evangélicas nas periferias das grandes cidades brasileiras traz uma série de reflexões, que envolvem ausência do poder público, redes de proteção proporcionadas pela religião, valores que dão centralidade à família justamente por ela ser também parte dessa rede, vida em comunidade e sensação de pertencimento.

De outro lado, envolvem também tentativas de manipulação política promovida por parte dos líderes, casos de exploração financeira de fiéis, suspeitas de lavagem de dinheiro que pesam contra algumas igrejas, espalhamento de desinformação a fim de criar pânico moral, instrumentalização da religião, interferência da fé em questões de Estado, discurso reacionário contra os direitos reprodutivos e os direitos civis e arroubos golpistas.

O que parece urgente, em toda essa discussão, é saber separar as lideranças dos fiéis. É não se apegar a visões predefinidas relacionadas a uma população crescente que, no fundo, é a cara de boa parte de um Brasil que não pode ser explicado com generalizações.

A série *Sintonia*, da Netflix, que retrata a vida de jovens na periferia de São Paulo cercados por funk, drogas, violência e religião, é um bom remédio contra estereótipos. O sentimento da vida em comunidade e a colaboração mútua aparecem no esforço da personagem Rita para construir um novo templo no bairro. Nada ali está esquematizado e separado. As contradições estão expostas e o quadro geral se aproxima bastante da vida real: quem é visto como fantoche não é tão fantoche assim. Quem é visto como fanático não é tão fanático assim. A realidade não separa pessoas em caixinhas. E as contingências da vida falam muito mais alto que o pastor que faz propaganda política durante o culto.

Política armada

Nas duas primeiras décadas do século 21, as Forças Armadas brasileiras conseguiram relevância no exterior ao liderar a missão de paz das Nações Unidas no Haiti, visibilidade interna ao atuar no lugar da polícia em operações de segurança urbana e protagonismo administrativo ao chefiar uma intervenção federal no Rio de Janeiro.

Apesar de terem sido alvo de denúncias de violações e abusos em todas essas ocasiões, em sua autoavaliação o saldo foi muito positivo. Passaram, assim, a mostrar cada vez mais disposição para atropelar seu papel constitucional e abraçar a política.

A arena pública nacional voltaria a conviver com militares dispostos a influenciar diretamente a disputa de poder. Dispostos também a participar ativamente de tramas antidemocráticas. Como isso foi possível num país que, no passado, já havia sido tragado por uma violenta ditadura de generais?

No começo da tarde de 30 de março de 2021, os telejornais vieram com uma notícia urgente de Brasília, a partir de uma curta nota oficial: "O Ministério da Defesa informa que os comandantes da Marinha, do Exército e da Aeronáutica serão substituídos. A decisão foi comunicada em reunião realizada nesta terça-feira, com presença do ministro da Defesa nomeado, Braga Netto, do ex-ministro Fernando Azevedo e dos comandantes das Forças".

A princípio parecia que os comandantes estavam sendo trocados por uma decisão unilateral do governo. Mas, reservadamente, os militares diziam que os oficiais também queriam abandonar os cargos. Era uma barafunda incomum não só pelo ineditismo do gesto, mas também porque havia mais de trinta anos um governo não era tão bem alinhado às Forças Armadas como o governo do presidente Jair Bolsonaro, um capitão reformado do Exército.

Ministérios, presidências de estatais, assim como milhares de outros cargos da máquina pública, eram ocupados por militares. E não apenas por nomes da reserva ou reformados, que já tinham tirado a farda e vestido o pijama.[1] Eduardo Pazuello comandou o ministério da Saúde como general da ativa por dez meses. Quando deixou o cargo — dias antes da crise dos comandantes das Forças —, a situação sanitária do país era desoladora: com menos de 3% da população mundial, o Brasil respondia por cerca de 11% das mortes por Covid-19 em todo o planeta. Vivia ainda um colapso hospitalar, com seus cidadãos morrendo em filas de UTI. Recordes de vítimas fatais da doença eram batidos diariamente. A vacinação, que tinha demorado para chegar, ainda estava lenta. A gestão da crise em solo brasileiro era considerada desastrosa por órgãos internacionais. E não só por incompetência. O presidente jogava abertamente contra a possibilidade de salvar vidas.

Enquanto cientistas recomendavam isolamento social a fim de frear as contaminações, Bolsonaro incentivava a população a sair às ruas e causava, ele mesmo, aglomerações. Enquanto cientistas diziam que era preciso usar máscaras, Bolsonaro dava mau exemplo: além de não as usar e as tirar do rosto de crianças que pegava no colo, questionava sem fundamento a proteção. Enquanto os cientistas diziam que a vacinação rápida e bem coordenada era a única maneira de voltar à normalidade — reativando a economia sem pôr em risco a vida das pessoas —, Bolsonaro atrasava a compra de imunizantes, dava vazão a teorias conspiratórias estapafúrdias relacionadas ao efeito da aplicação das doses e fazia propaganda da cloroquina, um medicamento sem eficácia comprovada contra a Covid-19.

A política mortal conduzida pelo governo tinha as digitais do general que não escondia de ninguém sua subserviência ao presidente. "Senhores, é simples assim: um manda e outro obedece", chegou a dizer Pazuello,[2] quando ainda ministro, num vídeo ao lado de Bolsonaro.

Parte dos integrantes das Forças Armadas fazia vazar à imprensa um incômodo com o estrago que a pandemia vinha causando aos militares —[3] a condução desastrosa do combate à Covid-19 desfazia a autoimagem de competência. Mais versões para a crise dos comandantes também circularam. Uma delas aventava que os quartéis estavam insatisfeitos com a aliança entre o governo e o centrão. Outra dizia que o presidente demandava um alinhamento ainda maior dos comandantes à sua atitude negacionista e a suas ameaças golpistas.

"Contem com as Forças Armadas pela democracia e pela liberdade", disse Bolsonaro uma semana antes da demissão coletiva, dirigindo-se a apoiadores refratários ao isolamento social, ao uso de máscaras e à vacinação que se aglomeravam em frente ao Palácio da Alvorada.

Independentemente das motivações, a dança das cadeiras levou oficiais ainda mais fiéis ao governo para o comando militar. No Ministério da Defesa, Fernando Azevedo e Silva deu lugar a Walter Braga Netto, que antes estava na Casa Civil —

ambos eram generais da reserva. O tenente-brigadeiro Moretti Bermudez, da Aeronáutica, o general Edson Pujol, do Exército, e o almirante Ilques Barbosa, da Marinha, foram substituídos respectivamente por Carlos de Almeida Baptista Júnior, Paulo Sérgio Nogueira e Almir Garnier Santos, todos de mesma patente que seus antecessores.

O antropólogo Piero Leirner, que estuda os militares, viu na demissão coletiva algo além do que era apresentado nas versões de bastidores. Para ele, as trocas foram uma tentativa de "rebranding", isto é, reinvenção de marca, das Forças Armadas num momento agudo, com o objetivo de reafirmar que elas seriam capazes de impor "limites" a Bolsonaro. "Toda a imprensa celebra que as 'instituições estão funcionando normalmente' e que os militares deram um basta no presidente. É curioso que aquele que criou o incêndio também aparece como o bombeiro", escreveu Leirner num artigo publicado pelo *Nexo Jornal*[4] em que aponta a intrínseca relação entre a ascensão política do ex-capitão do Exército e o projeto de poder dos quartéis.

HISTÓRICO GOLPISTA

A ação política dos militares brasileiros se confunde com a história do país. Foram as Forças Armadas que deram o golpe que resultou na Proclamação da República de 1889, como lembra o historiador e cientista político Christian Lynch.

O Exército foi a primeira burocracia mais ou menos organizada de forma racional no país. Começou a se organizar quando o Estado Nacional se consolidou na década de 1850, ganhou influência após a Guerra do Paraguai [1864-1870]. E aí veio o golpe da República. Criou-se a narrativa de que eles eram tutores da República.

"Golpismo" é uma palavra que anda junto com os militares brasileiros. Depois do golpe da República, houve uma série de outros.

Em 1930, a derrubada do governo e a chegada de Getúlio Vargas ao poder teve ajuda de militares, apesar de as Forças Armadas não terem sido protagonistas. Em 1937, Getúlio usou a tropa para instalar a ditadura do Estado Novo. Em 1945, os militares ajudaram a depor Getúlio e a acabar com o Estado Novo que tinham ajudado a erigir oito anos antes. O caudilho voltou depois à presidência pelo voto direto, cinco anos mais tarde. Mas, em 1954, com o Brasil em crise e o governo cercado de denúncias, militares voltaram a agir e investiram na renúncia de Getúlio, que se matou.

Um ano mais tarde, em 1955, o general Henrique Lott deu um "golpe preventivo" para garantir a posse do presidente eleito Juscelino Kubitschek. Em 1961, Jânio Quadros renunciou e ministros militares tentaram barrar a posse do vice João Goulart, o Jango. Chegou-se a instalar um parlamentarismo temporário no país até que Jango pudesse finalmente assumir.

Em 1964, veio o golpe que instaurou o regime militar, com a tomada do poder pelos generais e a deposição de Jango. Houve ainda o golpe dentro do golpe, em 1968, quando os militares fecharam o Congresso e intensificaram a repressão, recrudescendo a censura à imprensa e às artes, aumentando o número de assassinatos, torturas e desaparecimentos de adversários políticos. Os anos de chumbo, instaurados com o ato institucional número 5, mais conhecido como AI-5, só vieram a arrefecer em 1979, com a Lei da Anistia, que perdoou os crimes políticos de agentes de Estado e também de guerrilheiros que combatiam o regime. Exilados voltaram para casa e as Forças Armadas foram poupadas de julgamento. Naquele momento, parecia bom negócio para todo mundo.

Segundo o jornalista Elio Gaspari, autor de uma série de livros sobre a ditadura dos generais,[5] a ação política das Forças Armadas na história do Brasil ocorre quase sempre quando há dois elementos presentes: um clima de anarquia militar — com quebra de hierarquias e cadeias de comando — e um amplo apoio de civis.

Figura próxima dos quartéis, Nelson Jobim, ministro da Defesa do governo Lula 2, chama atenção para o período anterior ao golpe de 1964, quando oficiais ficavam um grande tempo no cargo de general. "Com isso, eles criaram guetos políticos", afirma Jobim. Ele prossegue:

> Os militares tinham direito de fazer política. Filiavam-se a partidos, disputavam eleições parlamentares e exerciam mandatos agregados à Força. Eles não iam para a reserva. Se não fossem reeleitos [para um segundo mandato], voltavam. Tinham assim uma espécie de colchão, de garantia. E é claro: o sujeito que se elege deputado, fica quatro anos no Congresso e depois volta para a Força, o que ele vai fazer lá? Vai fazer política. E ali você enfiou a política dentro do quartel.

Jobim ressalta que, depois do golpe de 1964, o primeiro presidente-general, Castello Branco, começou a mudar tais regras, limitando o tempo de permanência dos colegas generais em postos de comando. Isso acabou com esse vaivém de militares entre o Congresso e o quartel. Outras mudanças ocorreram até que se chegasse às regras atuais, definidas na Constituição de 1988: se o militar tem menos de dez anos de serviço, deve ir para a reserva se quiser ser candidato. Se o militar tem mais de dez anos de serviço, vai para a reserva só se for de fato eleito.

Foi a mesma Constituição de 1988 que deixou claro o papel das Forças Armadas: elas são uma burocracia de Estado, uma instituição formada pela Marinha, pelo Exército e pela Aeronáutica que é organizada com base na hierarquia e na disciplina, sob a autoridade suprema do presidente da República. O artigo 142, que trata do tema, afirma ainda que as Forças Armadas "destinam-se à defesa da Pátria, à garantia dos poderes constitucionais", sendo eles Executivo, Legislativo e Judiciário. O artigo diz também que, por iniciativa de qualquer um desses Poderes, as Forças Armadas podem ser chamadas para garantir "a lei e a ordem".

O trecho da Garantia da Lei e da Ordem foi regulamentado a fim de que as Forças Armadas atuassem como polícia durante crises específicas de segurança pública — sempre de forma localizada e por períodos limitados. No entanto, esse trecho do artigo 142 é lido por setores da extrema direita nacional como um dispositivo que autoriza uma intervenção militar em caso de impasse entre os Poderes, como se os fardados atuassem como uma espécie de "poder moderador" da República. Um dos disseminadores dessa tese é o general da reserva Augusto Heleno, ex-ministro-chefe do Gabinete de Segurança Institucional (GSI) do governo Bolsonaro.

Estudiosos em direito, advogados, magistrados e ministros do Supremo são praticamente unânimes em negar essa tese, reiterando que as Forças Armadas não são um "poder moderador". Dizem que não existe nenhuma possibilidade de acionar os militares a fim de intervir na política, apesar de o texto, elaborado por constituintes pressionados pelos generais que deixavam o poder nos anos 1980, ser um tanto dúbio. Nele não existe, segundo esses observadores, nenhuma autorização expressa para que um presidente, por exemplo, possa usar militares a fim de barrar o Legislativo ou o Judiciário. Na verdade, são os próprios poderes que moderam uns aos outros, atuando como freios e contrapesos, tudo para que não haja uma tirania, ou uma ditadura, como o Brasil já experimentou no Estado Novo e no regime militar. Nessa balança democrática, as Forças Armadas estão sob a autoridade do chefe do Executivo, o presidente da República, de modo que não podem frear ou contrabalancear situações políticas. Elas devem ser neutras nas disputas internas do país.

MILITARES NA DEMOCRACIA

Fernando Henrique Cardoso criou o Ministério da Defesa em 1999 para que houvesse uma ponte civil entre o governo e as Forças Armadas. Os chefes da Marinha, do Exército e da Aeronáutica perderam o status de ministros e passaram a responder ao ministro civil. As GLOs foram regulamentadas e passaram a ser usadas com frequência.

Em 2004, já no primeiro governo do presidente Luiz Inácio Lula da Silva, o Exército brasileiro ganhou um novo protagonismo: foi alçado à condição de líder da missão das Nações Unidas no Haiti, país da América Central que passava por uma grave crise política e humanitária. A jornalista Natalia Viana, autora do livro *Dano colateral: a intervenção dos militares na segurança pública*, destaca a importância daquela missão.

> Passaram pelo Haiti 35 mil militares brasileiros. Foram treze anos de chefia do comando da Minustah, que era a missão da ONU, e todos os generais e militares de outras patentes com quem eu conversei disseram que o Haiti formou uma geração.

A partir dessa missão, o Exército brasileiro teve ganhos de imagem também na política doméstica, segundo Anaís Medeiros Passos, cientista política que se dedica à questão militar.

Os militares não vão ao Haiti apenas para garantir o fim da violência, mas também para a estabilização daquele ambiente. Isso fez com que oficiais tivessem contato com agentes da sociedade civil, burocracia e organismos internacionais. E aí passam a ser vistos como bons administradores.

Octavio Amorim Neto, cientista político que também estuda os militares, considera que a autoimagem das Forças Armadas também melhorou a partir daquele momento.

O Exército brasileiro tem uma visão extremamente positiva do seu papel no Haiti. E a partir daí aconteceu, em escala menor, o que sempre acontece na história dos Exércitos: quando voltam vitoriosos do campo de batalha, seus generais acham que podem governar o país. Isso vem desde Júlio César, Napoleão e vários outros militares bem-sucedidos em guerras externas.

Um estudo realizado por Sabine Lee, historiadora da Universidade de Birmingham, no Reino Unido, e por Susan Bartels, médica da Universidade de Queens, no Canadá, identificou 265 crianças nascidas a partir de relações entre haitianas e capacetes azuis, como são conhecidas as tropas das Nações Unidas. Muitos desses filhos foram gerados em relações sexuais em troca de comida. O ativista de direitos humanos Mark Snyder afirma ter identificado mais de oitenta casos de exploração e abuso sexual, incluindo estupros, por parte de tropas da ONU no Haiti. Existem também relatos de operações de extrema violência em bairros mais pobres da capital haitiana, Porto Príncipe. Questionamentos parecidos viriam a surgir em relação a operações dos militares dentro do Brasil. Segundo Natalia Viana, "o Haiti acabou sendo um grande laboratório para o que viria a ser transformado na doutrina de Garantia da Lei e da Ordem utilizada no país a partir do governo Lula".

A jornalista lembra que no governo petista havia a visão segundo a qual era necessário aproveitar mais as Forças Armadas, um órgão que na ativa tem 350 mil pessoas. E a escolha do país para abrigar grandes eventos, como a Copa do Mundo de 2014 e a Olimpíada de 2016, se encaixou nessa demanda.

Em âmbito estadual, a partir de 2008, o governo do Rio de Janeiro começou a implantar as Unidades de Polícia Pacificadora (UPPs) nas comunidades. A promessa era desarticular o tráfico de drogas e oferecer mais serviços públicos aos moradores. Em 2010, as Forças Armadas passaram a participar ativamente desse processo de pacificação. Elas tiveram atuação determinante, por exemplo, no Complexo do Alemão, na zona norte carioca. Segundo Natalia Viana, era o plano de Lula sendo posto em marcha.

> O Exército, principalmente, mas também as demais Forças Armadas, foram fundamentais na implementação das UPPs. Foi um uso estratégico para um momento em que havia uma vontade política de realizar megaeventos e também para normatizar o emprego das Forças Armadas na democracia.

Apesar de a intenção ter sido acomodar os militares em atividades proveitosas para a vida civil no país, a jornalista afirma que essa tentativa deu errado por dois motivos principais. Primeiro porque foi ruim para a população, uma vez que o Exército é treinado para lidar com inimigos, não com civis — algo que levou a abusos e violações nas ocupações das comunidades. E segundo porque impactou negativamente a institucionalidade do país, tendo rendido ganhos políticos às Forças Armadas, um órgão de Estado que não tem de lidar com política.

Antes da Copa e da Olimpíada, houve um aumento imenso do uso do Exército. Ficou a percepção de que não seria possível realizar esses grandes eventos sem a participação dos militares, o que deu poder de barganha política para a cúpula das Forças Armadas.

Em 2010, enquanto fardados avançavam em sua atuação na segurança pública, o STF julgou uma ação que pedia a revisão da Lei da Anistia. Afinal, por que não punir os agentes de Estado que tinham assassinado e torturado pessoas contrárias à ditadura militar? Por que não fazer como os vizinhos Argentina, Uruguai e Chile, que processaram e prenderam seus militares ligados à repressão?

A OAB queria suspender os efeitos da Lei da Anistia para que os militares brasileiros também fossem julgados criminalmente. Mas a corte máxima do país rejeitou a revisão e manteve o perdão geral concedido em 1979. Natalia Viana destaca como o momento político influenciou a decisão do Supremo: "Naquela época, havia uma percepção na sociedade e no Judiciário de que a questão com as Forças Armadas estava resolvida, que as Forças Armadas eram tementes à legislação".

O historiador e cientista político Christian Lynch também chama a atenção para o sentimento de que as ameaças autoritárias pareciam ter sido finalmente dissipadas.

Havia um otimismo realmente muito grande, porque você teve o governo Fernando Henrique, um governo liberal-democrata, e teve o governo Lula, um governo social-democrata. [A sensação era de que] nunca mais haveria ditadura, isso não era mais um problema. Pra que você ia mexer no vespeiro [Lei da Anistia]?

De fato, naquele momento havia poucos atritos entre os governos civis e as Forças Armadas. Uma das exceções foi a discussão a respeito da reserva Raposa Serra do Sol, terra indígena em Roraima que faz fronteira com a Venezuela e com a Guiana. Em 2008, quando o Supremo se preparava para julgar a legalidade da homologação da reserva, o então comandante militar da Amazônia, general Augusto Heleno — primeiro comandante militar das Nações Unidas no Haiti —, participou de um evento do Clube Militar, no Rio de Janeiro, intitulado "Brasil, Ameaças à Sua Soberania". Nele, Heleno, um oficial da ativa, criticou a política indigenista brasileira, classificando-a como "caótica".

COMISSÃO DA VERDADE

Sucessora de Lula, a presidente Dilma Rousseff, que na época da ditadura militar integrava grupos clandestinos de esquerda e chegou a ser presa e torturada pelo regime dos generais, instalou em maio de 2012 a Comissão Nacional da Verdade. O grupo passaria a investigar violações de agentes de Estado durante a ditadura militar. O colegiado não teria fins punitivos, mas sim a função de realizar um resgate histórico.

Na cerimônia de instalação da comissão, Dilma fez um discurso emocionado. "A sombra e a mentira não são capazes de promover a concórdia. O Brasil merece a verdade. As novas gerações merecem a verdade. E sobretudo merecem a verdade factual aqueles que perderam amigos e parentes e que continuam sofrendo, como se eles morressem de novo, sempre, a cada dia", disse a presidente com voz embargada. Muitos a aplaudiram de pé. Os comandantes das Forças Armadas, presentes, bateram palmas protocolares. Antes, mal se moviam.

O almirante Julio Soares de Moura Neto, o general Enzo Peri e o brigadeiro Juniti Saito, comandantes das Forças Armadas, não estavam nada satisfeitos. Carlos Alberto dos Santos

Cruz, general que na época da instalação da comissão estava na ativa, no setor de Operações Terrestres do Exército, explica a visão dos militares:

> O que acontece? Se você vai fazer uma Comissão da Verdade, tem que falar a verdade, tem que fazer uma pesquisa para mostrar a realidade daquele momento passado. Você tem que mostrar os erros e os acertos dos dois lados — principalmente os erros, porque nesse tipo de trabalho o foco é mais naquilo que foi feito de errado.

Santos Cruz — que viria a comandar a Secretaria de Governo de Bolsonaro em 2019 — defende, portanto, a tese muito comum entre os militares segundo a qual a comissão deveria também investigar os abusos dos guerrilheiros que lutavam contra a ditadura.

Muitos especialistas em Forças Armadas, assim como reportagens publicadas pela imprensa na época, mostraram que a comissão incomodou bastante os quartéis, ainda que não tivesse poder de punição nenhum por causa da Lei da Anistia. A cientista política Anaís Medeiros Passos fala sobre os impactos desse incômodo: "A Comissão da Verdade foi vista como uma revanche pelos setores militares. E isso gerou efeitos na sua mobilização política".

A jornalista Natalia Viana afirma que o período da Comissão da Verdade é central para entender a relação entre o governo Dilma e as Forças Armadas.

> Foi crucial para o esgarçamento das relações. Havia, inclusive na lei que criou a Comissão da Verdade, a perspectiva de que se apurassem também os crimes cometidos pelas guerrilhas de esquerda. O primeiro ato da Comissão foi deixar claro que seriam apenas

crimes de Estado, o que é uma decisão absolutamente justificável, uma vez que os crimes das guerrilhas foram punidos através de recursos legais escamoteados e também fora da lei: muitos opositores do regime foram presos, exilados e executados.

Por terem focado somente nos crimes de Estado, os trabalhos da Comissão da Verdade foram boicotados pelos quartéis. Em fevereiro de 2014, o general Enzo Peri proibiu suas unidades de colaborar com as investigações: ninguém estava autorizado a falar de casos de pessoas mortas dentro das dependências militares, conforme viria a revelar meses depois o jornalista Chico Otavio, de *O Globo*. Foi uma clara insubordinação à presidente, segundo Natalia Viana.

Não há como negar que a Comissão da Verdade foi um momento em que as Forças Armadas romperam com o governo Dilma. Não há como negar também que isso é insubordinação, deveria ter havido punição. As Forças Armadas deveriam ter sido obrigadas a colaborar, o que não aconteceu.

Em novembro de 2014, o deputado Jair Bolsonaro esteve na Academia Militar das Agulhas Negras (Aman), uma escola de ensino superior do Exército na cidade de Resende, no Rio de Janeiro, que ele próprio frequentara nos anos 1970. O parlamentar fez campanha eleitoral dentro de uma instalação militar, dizendo que concorreria à presidência dali a quatro anos. "Nós temos que mudar este Brasil, tá o.k.? Alguns vão morrer pelo caminho, mas eu estou disposto em 2018 — seja o que Deus quiser — a tentar jogar para a direita este país", disse Bolsonaro, sob aplausos de cadetes que o chamavam de "líder".

Desde então, Bolsonaro se tornou uma das principais faces públicas de contestação à Comissão da Verdade. E isso trouxe dividendos junto aos oficiais, segundo Anaís Medeiros Passos.

Bolsonaro se tornou um porta-voz de um campo ressentido dos militares, de uma velha guarda. Samuel Huntington, um autor clássico das relações civis-militares, diz que a profissão militar é conservadora. Bolsonaro instrumentalizou as demandas corporativas das Forças Armadas e vocalizou esse campo conservador, com a defesa da família e da moralização da política. Isso ecoou não somente no baixo escalão.

A tensão entre governo Dilma e militares ficou ainda maior quando o relatório final da Comissão da Verdade foi publicado, em dezembro de 2014, contabilizando 434 assassinatos ou desaparecimentos políticos promovidos por agentes do regime, além de expor milhares de casos de tortura, de mortes de indígenas, de pessoas destituídas de cargos públicos, entre outras violações. Os presidentes-generais foram apontados como responsáveis pela violência de Estado, assim como outros oficiais de alto escalão. A comissão expôs também o nome de 377 agentes ligados a violações de direitos humanos. Dois desses nomes — general Leo Guedes Etchegoyen e coronel Cyro Guedes Etchegoyen, ambos já mortos na época da divulgação do relatório — mobilizaram as Forças Armadas. Isso porque o general da ativa Sérgio Etchegoyen, filho de Leo, sobrinho de Cyro e então chefe do Departamento Geral do Pessoal do Exército, divulgou uma nota chamando o relatório da comissão de "leviano". O militar não foi punido pelo gesto de insubordinação.

No ano seguinte, em setembro de 2015, o também general da ativa Hamilton Mourão, do Comando Militar do Sul, deu uma palestra no Rio Grande do Sul em que defendeu a saída de Dilma da presidência. Disse que era preciso descartar "a incompetência, a má gestão e a corrupção". Ele defendeu ainda o "despertar de uma luta patriótica". Um mês depois, Mourão fez uma homenagem ao coronel Carlos Alberto Brilhante Ustra, ex-chefe do DOI-Codi, órgão repressor da ditadura militar. Notório torturador da ditadura, Ustra tinha acabado de morrer. Mourão foi afastado do Comando Sul pelo comandante-geral do Exército, que desde o início daquele ano de 2015 era o general Eduardo Villas Bôas.

GENERAIS EM AÇÃO

Etchegoyen e Mourão afrontavam Dilma publicamente em clara quebra de hierarquia. Mas havia também intensas movimentações nos bastidores. Conforme a recessão econômica e as denúncias de corrupção da Lava Jato enfraqueciam o governo, o vice Michel Temer começou a se mexer.

Em entrevistas ao professor de filosofia Denis Rosenfield que resultaram no livro *A escolha: como um presidente conseguiu superar grave crise e apresentar uma agenda para o Brasil*, Temer disse ter sido procurado em 2015 por Eduardo Villas Bôas. Reuniu-se então com ele e Sérgio Etchegoyen, que naquele momento ocupava o cargo de chefe do Estado Maior do Exército. Segundo a versão do vice, os dois oficiais se diziam "preocupados" com o país.

Em entrevistas ao pesquisador Celso Castro para o livro *General Villas Bôas: conversa com o comandante*, Villas Bôas afirmou que ele e seu número dois, Etchegoyen, foram procurados por Temer às vésperas do impeachment de Dilma em 2016. Segundo o comandante do Exército, o vice queria saber o que as Forças Armadas fariam em caso de queda da presidente. O general teria dito que "cumpriria a Constituição". "Já havia negociações para um acordão pelo impeachment de Dilma. E os militares participaram ativamente", diz Natalia Viana.

Na famosa conversa do "grande acordo nacional", "com o Supremo, com tudo", os militares também apareceram. No diálogo de março de 2016 gravado por Sérgio Machado, ex-presidente da Transpetro e delator da Lava Jato, o senador Romero Jucá, do PMDB de Temer, afirmou que estava conversando com as Forças Armadas a fim de obter "garantias" de respeito à transição pós--impeachment. No mês seguinte, a Câmara dos Deputados autorizou a abertura do processo contra Dilma por manobras fiscais, tornando sua queda irreversível.

Temer assumiu o comando do Brasil em maio de 2016. Villas Bôas foi mantido no cargo de comandante do Exército. E Etchegoyen virou ministro-chefe do GSI, que tinha sido extinto por Dilma e acabou recriado pelo novo governo. Como chefe do GSI, Etchegoyen, já na reserva, também ficou no comando da Agência Brasileira de Inteligência (Abin), antes submetida a civis.

O novo presidente abraçou as demandas das Forças Armadas por mais poder político. Numa decisão inédita, nomeou como ministro da Defesa o general da reserva Joaquim Silva e Luna. Era a primeira vez que um militar ocupava o posto criado por FHC a fim de ser uma ponte civil com as Forças Armadas.

Temer colocou outros militares em cargos públicos estratégicos: Santos Cruz, já na reserva, foi comandar a Secretaria Nacional de Segurança Pública, e Franklimberg Ribeiro de Freitas, também na reserva, foi comandar a Fundação Nacional dos Povos Indígenas (Funai). O governo também sancionou uma lei que transferia o julgamento de militares que cometiam crimes contra civis da Justiça comum para a Justiça militar, medida que dificultou punições de abusos.

Mesmo diante de todos os gestos de Temer em direção aos quartéis, o golpismo continuava a aparecer como possibilidade nas falas de integrantes das Forças Armadas. Hamilton Mourão, ainda general da ativa, disse o seguinte num encontro da maçonaria em Brasília, em setembro de 2017: "Ou as instituições solucionam o problema político pela ação do Judiciário, retirando da vida pública esses elementos envolvidos em todos os ilícitos, ou então nós teremos que impor isso".

Essa fala de Mourão é intrigante, uma vez que, apesar de Temer viver uma crise constante, envolvido em escândalos como o do megafrigorífico JBS, seu governo caminhava para o fim, para seu último ano, sem que ele tivesse nenhuma perspectiva de poder. Então quem exatamente Mourão desejava extirpar da vida pública?

Em fevereiro de 2018, Temer adotou uma medida excepcional para fortalecer ainda mais os militares. Decretou intervenção federal na segurança pública do Rio de Janeiro. E nomeou para o cargo de interventor o general Walter Braga Netto. Era a primeira intervenção federal na administração pública de um estado desde a Constituição de 1988. A intervenção poderia ser comandada por um civil, mas o presidente resolveu dar o trabalho a um militar em atividade. Esse acerto com os quartéis foi fundamental para Temer se manter firme no cargo, segundo Octavio Amorim Neto:

> Temer é um político muito hábil, tinha sido presidente da Câmara, tinha uma longa carreira parlamentar, mas seu governo era muito fraco entre a sociedade, era visto por amplos setores da população brasileira como um governo ilegítimo, com uma popularidade baixíssima. Ele se sentia muito vulnerável. E na história republicana existe esta regra: governos civis que se sentem politicamente vulneráveis recorrem às Forças Armadas como apoio, como sustentáculo político.

Ao colocar as Forças Armadas num papel central da administração pública, Temer acabou por reforçar a antiga ideia de que os militares são a solução quando uma crise se instala. E não era só a ideia antiga que estava sendo resgatada ali. A prática também se repetia: abusos e violações de direitos humanos voltaram a ser registrados na intervenção. Mas, para os militares, o saldo era positivo, segundo Natalia Viana.

A intervenção foi, nas palavras de Etchegoyen, um "banho de loja" [para os militares], um choque de gestão numa segurança pública que estava caótica no Rio de Janeiro. Os militares reorganizaram a segurança do estado com GLOs. Embora a intervenção em si não fosse uma GLO, ela se valeu de diversas fases da mesma operação para entrar nas favelas. Houve um controle de um pedaço do Estado pelos militares numa democracia. E eles acharam que fizeram um belo trabalho. Viram-se como muito mais capazes que os civis, muito mais eficientes para gerir a coisa pública.

A intervenção na segurança pública do Rio de Janeiro não foi o único momento de protagonismo militar em 2018. Naquele começo de ano eleitoral, Lula havia sido condenado em segunda instância no caso do tríplex de Guarujá, investigado e denunciado pela Lava Jato. O ex-presidente então recorreu ao Supremo para evitar a prisão. Na véspera do julgamento do habeas corpus, o comandante do Exército, Eduardo Villas Bôas, escreveu no Twitter: "Nessa situação que vive o Brasil, resta perguntar às instituições e ao povo: quem realmente está pensando no bem do país e das gerações futuras e quem está preocupado apenas com interesses pessoais?". E continuou: "Asseguro à nação que o Exército brasileiro julga compartilhar o anseio de todos os cidadãos de bem de repúdio à impunidade e de respeito à Constituição, à paz social e à democracia, bem como se mantém atento às suas missões institucionais".

Christian Lynch classifica os tuítes do general como mais um de uma série de "golpes brancos" ocorridos no país naquele período.

> O impeachment [de Dilma] foi um golpe branco. Não vou dizer que foi um "golpe golpe golpe", como a esquerda costuma dizer, porque juridicamente não foi. Mas o fato é que funcionou como um golpe pelas consequências que gerou, como a desestabilização generalizada do sistema político. A Lava Jato funcionou como um elemento de instabilidade permanente: era quase um golpe por dia. Qual era o sentido? Apear a esquerda do poder. Apear significa sobretudo impedir a volta de Lula.

Lula era líder nas pesquisas de intenção de voto na disputa pelo Palácio do Planalto em 2018. Em segundo lugar vinha Bolsonaro. Por estar condenado em segunda instância, o petista seria impedido de continuar na disputa pela Lei da Ficha Limpa. A prisão encerrava, portanto, a sequência de "golpes brancos", segundo Christian Lynch, numa mobilização política que envolveu Lava Jato, Supremo e Forças Armadas.

> O Judiciário foi alterando toda a doutrina e a jurisprudência para poder permitir a eliminação não só da esquerda, mas também do establishment político que tinha participado daqueles governos. Quando chegou 2018, era preciso impedir Lula de voltar. E aí os militares deram um empurrãozinho.

Ao autor do livro que conta suas memórias, Villas Bôas disse ter consultado o Alto Comando do Exército antes de ir para o Twitter. Na versão oficial do militar, a ideia era apenas fazer um "alerta" e assim acalmar os ânimos dos quartéis, que não aceitariam outro resultado que não fosse a prisão de Lula. Qualquer dúvida sobre a tentativa de interferência explícita dos generais na política nacional deixou de existir a partir dali, segundo a jornalista Natalia Viana.

> Foi uma ameaça das Forças Armadas à nossa Justiça. Foi um momento em que o Exército se afirmou como força política. E foi o primeiro passo para o engajamento em torno de Bolsonaro, para montar um governo de militares.

Lula já estava na prisão quando o bolsonarismo, empoderado pela aliança militar, começou a direcionar sua artilharia ao Supremo. Numa aula de preparação para concursos públicos em Cascavel, no Paraná, em julho de 2018, o deputado federal Eduardo Bolsonaro, filho do então pré-candidato à presidência, foi questionado por um aluno sobre eventuais medidas do tribunal contra seu pai caso ele saísse vitorioso das eleições presidenciais daquele ano. Ele respondeu o seguinte: "O pessoal até brinca lá: se quiser fechar o STF, sabe o que você faz? Não manda nem um jipe. Manda um cabo e um soldado".

MILITARES NO GOVERNO

O engajamento militar era explícito em torno da candidatura de Bolsonaro. Mesmo diante da notória indisciplina do ex-capitão, que nos anos 1980 chegou a ser acusado de organizar um atentado a bomba contra unidades das Forças Armadas para forçar aumento de salários da tropa — acusação da qual acabou absolvido. Mesmo ele sendo um político sem a simpatia do Alto Comando do Exército, ao menos no princípio. Santos Cruz justifica a aproximação da seguinte maneira:

Isso aconteceu pelo cansaço da população. O PT deu uma grande oportunidade a Bolsonaro, mesmo ele não tendo nenhuma característica militar de planejamento, educação, cultura, nada. Não foram só os militares [que apoiaram Bolsonaro], foi a sociedade, o pessoal religioso, os evangélicos, todos entraram nessa onda.

Em agosto do ano eleitoral de 2018, em plena campanha, o ministro do Supremo, Dias Toffoli, ex-advogado do PT que foi indicado ao tribunal por Lula, procurou o general Villas Bôas. Toffoli estava prestes a assumir a presidência da mais alta corte do país. Ele foi até o gabinete do comandante do Exército e fez um pedido surpreendente: queria uma sugestão de nome militar para trabalhar como seu assessor especial no tribunal. Por que Toffoli colocaria alguém das Forças Armadas dentro do tribunal? O historiador e cientista político Christian Lynch tem uma hipótese: "Porque ele [Toffoli] achava que poderia haver um golpe. Mas por que não houve golpe? No fundo houve, porque a eleição de Bolsonaro em 2018 funcionou como o golpe de 1964".

Segundo uma reportagem da revista *piauí* feita a partir de relatos de interlocutores de Villas Bôas, o futuro presidente do Supremo foi além naquela reunião. Disse que não haveria qualquer revisão da Lei da Anistia, não haveria nenhuma decisão de "caráter ideológico" em sua gestão e, principalmente: ninguém tiraria Lula da cadeia antes das eleições. Toffoli negou publicamente ter tratado da pauta do Supremo com Villas Bôas. Mas, ao assumir a presidência da corte, anunciou seu assessor especial militar: Fernando Azevedo e Silva, general recém-passado para a reserva.

Assim, o presidente do Supremo ficou próximo do Alto Comando militar, mesmo diante da desconfiança inicial de Villas Bôas devido às ligações passadas do ministro com Lula e o PT. Toffoli fazia de tudo para agradar aos quartéis, frequentando uma série de eventos dos fardados. Às vésperas do primeiro turno das eleições de outubro de 2018, num evento em São Paulo que celebrava os trinta anos da Constituição de 1988, ele declarou: "Tanto para a esquerda quanto para a direita, passou a ser conveniente culpar o regime militar de tudo. Por isso que hoje não me refiro nem a 'golpe' nem a 'revolução'. Eu me refiro a 'movimento de 1964'".

Após avançarem sobre funções civis do Executivo e garantirem uma posição estratégica no coração do Judiciário, os militares ganhavam com a declaração de Toffoli um reforço para sua narrativa: a derrubada à força de um presidente eleito democraticamente, numa ação que inaugurou duas décadas de violência política, estava sendo apresentada ao público pelo presidente do Supremo como um singelo "movimento".

Enquanto tinham violações do passado validadas por poderes civis, as Forças Armadas protagonizavam irregularidades no presente dentro dos muros dos quartéis. Num discurso à tropa em São Paulo a poucos dias de os brasileiros irem às urnas, o comandante militar do Sudeste, general Luiz Eduardo Ramos, disse ser amigo de Bolsonaro, criticou o PT e contou ter pedido votos no WhatsApp para o candidato do PSL. Os áudios do discurso de Ramos vieram à tona a partir de uma reportagem do site Metrópoles. Eles mostravam um oficial da ativa fazendo campanha política, o que é proibido pelo Exército.

A normalização de arbitrariedades militares ganharia contornos ainda mais acentuados com o avanço da campanha presidencial para o segundo turno, na disputa direta entre Bolsonaro e o candidato petista Fernando Haddad, que havia substituído Lula. Os militares estavam com os nervos à flor da pele. O coronel reformado Antônio Carlos Alves Correia publicou um vídeo nas redes sociais em que chamava a ministra Rosa Weber, presidente do TSE, de "salafrária e corrupta" e conclamava um golpe caso a Justiça Eleitoral tomasse decisões contrárias ao então candidato do PSL, especialmente depois de o jornal *Folha de S.Paulo* revelar que empresários bancavam disparos de mensagens em massa pelo WhatsApp para ajudar a campanha do ex-capitão do Exército. "Se você [Rosa Weber] aceitar essa denúncia ridícula [sobre os disparos em massa] e tentar tirar Bolsonaro por crime eleitoral, nós vamos derrubar vocês aí, sim. Lembrem-se bem, povo brasileiro: em 1964 foi exatamente por causa dessa corja da esquerda que o povo [...] pediu que as Forças Armadas e o Congresso Nacional entrassem em ação", vociferou o militar no vídeo.

No livro *Os Onze: o STF, seus bastidores e suas crises*, os jornalistas Felipe Recondo e Luiz Weber contam que, na noite de 23 de outubro de 2018, a poucos dias da votação do segundo turno, o ministro do GSI, Sérgio Etchegoyen, foi até a sede do TSE em Brasília para discutir as ameaças de Alves Correia à presidente do tribunal. Reuniu-se a portas fechadas com ministros, entre eles Rosa Weber, Edson Fachin e Luís Roberto Barroso. Etchegoyen se estranhou com Barroso e foi embora. Dias Toffolli chegou e foi recebido pelos colegas. O presidente do Supremo trazia um recado: o comandante do Exército, Villas Bôas, tinha sob suas ordens 300 mil homens armados apoiando Bolsonaro. Era preciso, portanto, ter cautela quanto a eventuais medidas a serem tomadas contra aquele coronel reformado que anunciava um golpe aos quatro ventos. Após o recado, o militar de pijama não foi preso, mas passou a usar tornozeleira eletrônica.

Bolsonaro, que exaltava torturadores da ditadura, virou presidente da República. Hamilton Mourão, que havia defendido a queda da Dilma quando estava na ativa e também exaltava torturadores, virou vice-presidente da República. Marcos Pontes, tenente-coronel da reserva e primeiro brasileiro a ir para o espaço como astronauta, virou ministro da Ciência e da Tecnologia. Augusto Heleno, general da reserva que tinha criticado a política indigenista do governo petista quando estava na ativa, virou ministro do GSI. Fernando Azevedo e Silva, general da reserva que tinha sido assessor de Toffoli na presidência do Supremo, virou ministro da Defesa. Santos Cruz, general da reserva que tinha integrado o primeiro escalão do governo Temer, virou ministro da Secretaria de Governo. Tarcísio de Freitas, ex-engenheiro do Exército, também da reserva, que já ocupava cargos dentro do governo, virou ministro da Infraestrutura. Bento Albuquerque, almirante da reserva, virou ministro de Minas e Energia. Villas Bôas, comandante do Exército que ameaçou o Supremo para Lula ser preso, foi para a reserva e ganhou um cargo de assessor especial do Palácio do Planalto. Otávio Rêgo Barros, general da ativa, virou porta-voz da Presidência da República.

A lista da presença militar no novo governo não era só extensa, era maior do que tinha sido em governos do próprio regime militar. O novo presidente era de um partido pequeno, ao qual havia se filiado apenas para disputar a eleição. Ele não tinha quadros a seu dispor, por isso recorrer às Forças Armadas era a alternativa mais viável para ocupar a máquina pública. Um relatório do TCU identificou 6157 militares da ativa e da reserva em cargos civis no governo Bolsonaro, um recorde. Vários outros viriam a assumir postos importantes no primeiro escalão.

O bolsonarismo, porém, era formado por outras forças. Nas disputas internas por espaços e influência no governo, militares tiveram divergências com olavistas, seguidores do polemista Olavo de Carvalho. Alguns deles também tiveram atritos com filhos do presidente. O general da reserva Santos Cruz, por exemplo, foi demitido da Secretaria de Governo antes que o primeiro semestre de 2019 tivesse acabado, por causa de um desentendimento com Carlos Bolsonaro, filho do presidente, vereador do Rio de Janeiro e responsável por controlar a máquina de comunicação digital do pai. O caso sinalizava, assim, que a aliança militar com o bolsonarismo não era monolítica. Havia tensão em setores do Exército. Só que outros setores faziam questão de manter a parceria. Para o cargo de Santos Cruz, as Forças Armadas cederam um general da ativa, Luiz Eduardo Ramos, comandante militar do Sudeste que tinha feito campanha para Bolsonaro dentro dos quartéis.

CHANCELA AO GOLPISMO

Em 7 de novembro de 2019, o Supremo decidiu julgar as ações que questionavam a prisão em segunda instância. Com cargo no Planalto, mas já sem comandar 300 mil homens armados, Villas Bôas até chegou a publicar novos tuítes, falando em risco de "convulsão social", já que o resultado do julgamento poderia soltar Lula. Outras figuras do entorno de Bolsonaro se pronunciaram em tom parecido ou até mais estridente. Alguns falaram na possibilidade de um novo AI-5. Dessa vez, o Supremo não cedeu às ameaças.

Com o voto decisivo de Dias Toffoli, o tribunal mudou mais uma vez de entendimento sobre as prisões em segunda instância e definiu que condenados poderiam voltar a responder processos em liberdade até que os recursos judiciais fossem esgotados. Lula deixou a prisão.

Embora Toffoli tenha cumprido a promessa feita no ano anterior a Villas Bôas de que o petista só deixaria a cadeia após a eleição, essa e outras decisões do Supremo passaram a colocar o tribunal na mira do bolsonarismo. Eleger um inimigo era essencial para a estratégia de sobrevivência política de um governo que já se encontrava em apuros logo em seu segundo ano. Diante do quadro, a ajuda dos militares continuava impositiva. Em fevereiro de 2020, Walter Braga Netto, general que tinha sido interventor de Temer na segurança pública do Rio de Janeiro, virou chefe da Casa Civil — seu primeiro mês de atuação no cargo ocorreu com ele ainda na ativa do Exército. A partir de março, com o isolamento social decretado em razão da pandemia de Covid-19, os ataques à corte máxima do país passaram a ser sistemáticos. Isso porque o Supremo havia dado autonomia para instâncias estaduais e municipais controlarem o isolamento, abrindo e fechando o comércio quando fosse melhor. Segundo o presidente, essa atitude do Supremo não o deixava governar.

"Acabou a patifaria", disse o presidente a apoiadores num discurso feito em frente ao Quartel General do Exército em Brasília em 19 de abril de 2020. A escolha do local da manifestação — assim como estar cercado de militares no Palácio do Planalto — não era algo fortuito. Para ameaçar outros Poderes da República, era preciso demonstrar força. E Bolsonaro fazia isso sugerindo a todo momento que poderia acionar os militares, a partir da interpretação distorcida do artigo 142 da Constituição.

Três dias depois do ato na frente do QG do Exército, uma reunião ministerial no Palácio do Planalto deixou claro como o presidente se sentia à vontade com as Forças Armadas, repetindo que poderia usá-las para "intervir" a fim de "restabelecer a ordem". Entre berros e palavrões, Bolsonaro não deixou muito claro naquela reunião em que Poder exatamente ele poderia "intervir". O que ficou claro foi que sua insatisfação não era toda dirigida a agentes externos ao governo. O presidente também estava furioso com seu primeiro escalão. Se no primeiro ano de mandato o general da reserva Santos Cruz tinha sido apeado do Planalto por atritos com seu filho Carlos, dessa vez o alvo era um ministro civil: Sergio Moro, o símbolo da Lava Jato que havia assumido a pasta da Justiça e era benquisto nos quartéis. A contenda transbordou dois dias depois, em 24 de abril de 2020. O ex-juiz pediu demissão e saiu do governo acusando Bolsonaro de tentar interferir na Polícia Federal para proteger aliados e familiares. O lavajatismo do governo se desfez. E o Supremo abriu um inquérito para apurar as acusações de Moro.

Valendo-se da nova frente de investigação, a oposição pediu que o tribunal apreendesse os celulares de Bolsonaro e de seu filho Carlos a fim de conferir se havia neles provas da interferência na Polícia Federal. O presidente ficou agitado, especialmente depois que o relator do inquérito, ministro Celso de Mello, solicitou um parecer da Procuradoria-Geral da República sobre uma possível apreensão dos aparelhos.

Em 22 de maio de 2020, segundo relatos obtidos pela *piauí*, Bolsonaro chamou seus ministros militares e disse que iria intervir no Supremo. O presidente realmente estava disposto a investir — não apenas verbalmente — contra outro Poder da República. A revista afirma que os ministros militares teriam desestimulado o golpe, dizendo que "não era o momento". Mas o general da reserva Augusto Heleno, chefe do GSI, divulgou uma nota oficial ameaçadora naquele mesmo dia, após horas fechado numa sala com Bolsonaro. No texto, dizia que uma eventual apreensão do celular do presidente e de seu filho seria "inconcebível" e teria "consequências imprevisíveis para a estabilidade nacional".

Os celulares não foram apreendidos, mas a situação se manteve tensa. Bolsonaro reforçou as insinuações de que poderia recorrer às Forças Armadas. E os bolsonaristas permaneciam nas ruas, com consecutivos atos de apoio ao presidente e pedidos de golpe no país. O foco estava cada vez mais no Supremo, que, além de conduzir a investigação sobre a Polícia Federal e o inquérito das fake news, tinha aberto um novo procedimento para apurar os atos antidemocráticos prestigiados por Bolsonaro.

A quantidade de manifestantes não era grande, mas atraía recorrentemente a presença do presidente. Num desses atos, em 31 de maio de 2020, o ministro da Defesa, Fernando Azevedo e Silva, achou por bem fazer um sobrevoo de helicóptero camuflado com as cores do Exército, em Brasília e com Bolsonaro, para saudar os manifestantes. Em São Paulo, bolsonaristas pró-golpe e manifestantes pró-democracia, liderados por torcidas uniformizadas de futebol, entraram em confronto. No mesmo dia, o ministro Celso de Mello enviou uma mensagem privada a colegas do Supremo comparando a situação do Brasil à da Alemanha pré-nazista.

GENOCÍDIO E CORRUPÇÃO

O Supremo cercava Bolsonaro e seu entorno com os inquéritos enquanto os brasileiros estavam cercados pela pandemia. O número de mortes aumentava de forma acelerada sem que o governo federal conseguisse coordenar ações nacionais de combate à Covid-19. Dois ministros da Saúde já tinham sido exonerados apenas por tentar seguir o mínimo das recomendações dos órgãos internacionais. Bolsonaro não parecia interessado em enfrentar o problema de frente. Nessa área, sua prioridade era culpar governadores e prefeitos que restringiam atividades econômicas. Para dar vazão plena a seu negacionismo, buscou no Exército seu novo chefe da Saúde, Eduardo Pazuello, que a partir daquele mês de maio passaria a encher os cargos do ministério de militares.

Com quase dois meses de Pazuello no comando da Saúde, o ministro do Supremo Gilmar Mendes participou de um evento no Rio de Janeiro no qual proclamou: "Não podemos mais tolerar essa situação que se passa no Ministério da Saúde. Não é aceitável que se tenha esse vazio. Pode até se dizer: a estratégia é tirar o protagonismo do governo federal, é atribuir a responsabilidade a estados e municípios. Se for essa a intenção é preciso se fazer alguma coisa. Isso é péssimo para a imagem das Forças Armadas. É preciso dizer isso de maneira muito clara: o Exército está se associando a esse genocídio, não é razoável. É preciso pôr fim a isso".

A reação militar foi uníssona. O ministro da Defesa e os chefes da Marinha, do Exército e da Aeronáutica repudiaram a fala do ministro. Gilmar Mendes então divulgou uma nota dizendo que a ideia não era criticar as Forças Armadas em si, mas a gestão da pandemia como um todo.

Apesar de estar cercado por militares, Bolsonaro não conseguia dar estabilidade política ao seu governo. Era preciso outra solução. Foi então que o presidente, vendido à população durante a campanha como um opositor da velha política, passou a dar espaço na máquina pública aos partidos do centrão a partir de meados de 2020. Afinal, o presidente precisava de sustentação no Congresso, já que os pedidos de impeachment por crime de responsabilidade na pandemia e por causa dos ataques às instituições se avolumavam. Os novos aliados foram ocupando cargos de alto, médio e baixo escalões, tomando o lugar inclusive de militares.

O presidente entrou em seu terceiro ano de mandato com uma base razoável de apoio parlamentar, algo que na prática ajudou a compensar a demissão de Moro e o descolamento da imagem do governo do lavajatismo, além de outros desacertos internos, como a queda dos comandantes das Forças Armadas em março de 2021. No Senado, os governistas resistiam à instalação de uma CPI da Covid. Mas o Supremo voltou a agir. A partir de um pedido da oposição, o tribunal ordenou instalarem a comissão parlamentar de inquérito para investigar as ações e omissões do governo federal na crise sanitária, não só por causa do negacionismo presidencial, mas também pela hesitação do governo na compra de vacinas e pelo gasto de dinheiro público com remédios ineficazes — o Exército, por exemplo, ampliou sua produção de cloroquina a mando de Bolsonaro.

Pazuello, a essa altura já fora do Ministério, mas ainda dentro das Forças Armadas como general da ativa, foi convocado pela CPI. Em seu depoimento em maio de 2021, recorreu a mentiras para tentar poupar Bolsonaro. Naquele momento, o militar reintegrado ao Exército agia de forma explícita como apoiador do presidente. Dias depois de falar aos senadores, participou de um evento político com Bolsonaro, uma motociata no Rio de Janeiro. Subiu no carro de som, discursou, elogiou o ex-chefe e disse aos bolsonaristas presentes: "Tamo junto". Pazuello cometeu ali uma infração, já que militares da ativa não podem participar de eventos político-partidários. Mas o Exército fez vista grossa. Até abriu um procedimento interno, mas logo o arquivou. E fez mais que isso: impôs cem anos de sigilo no processo administrativo sobre o caso. Protegido pelas Forças Armadas, o ex-ministro da Saúde ganhou então um cargo para trabalhar dentro do Palácio do Planalto. Quando o sigilo caiu, a partir de iniciativas do governo sucessor, veio à tona o fato de que Pazuello tinha comunicado previamente o comando a respeito de sua participação num ato irregular. E tudo foi feito sem que as regras tão hierárquicas da caserna fossem cumpridas.

A CPI da Covid avançou, e militares que ocupavam cargos-chave no ministério da Saúde passaram a ser investigados por suspeitas de corrupção. O presidente da comissão, senador Omar Aziz, chegou a dizer o seguinte: "Os bons das Forças Armadas devem estar muito envergonhados com algumas pessoas que hoje estão na mídia. Fazia muitos anos que o Brasil não via membros do lado podre das Forças Armadas envolvidos com falcatruas dentro do governo".

O Ministério da Defesa e os novos chefes da Marinha, do Exército e da Aeronáutica reagiram com uma nota oficial dizendo que não aceitariam "qualquer ataque leviano às instituições que defendem a democracia e a liberdade do povo brasileiro". No plenário do Senado, momentos depois, o presidente da CPI da Covid voltou ao assunto: "Minha fala hoje foi pontual, não foi generalizada. E vou afirmar aqui o que eu disse lá na CPI novamente. Pode[m] fazer cinquenta notas contra mim. Só não me intimidem".

Após seis meses de investigação, a comissão do Senado entregou seu relatório final, com pedidos de punição de dez oficiais, da ativa e da reserva, mas sem envolver o Exército institucionalmente. Pazuello, ex-ministro da Saúde, e Walter Braga Netto, que havia atuado na Casa Civil antes de virar ministro da Defesa, foram incluídos na lista de pedidos de punição.

O termo "genocídio", usado por Gilmar Mendes e por muitos opositores do presidente para definir a atuação do governo na pandemia, não entrou no relatório final da CPI, embora tenha aparecido em representações contra Bolsonaro no Tribunal Penal Internacional, em Haia, nos Países Baixos. A menção foi feita tanto pela atitude do governo na crise sanitária quanto por sua política indigenista, que transformou a situação dos povos indígenas no Brasil numa grave crise humanitária.

Como em várias esferas do governo, os militares tiveram sua cota de participação na crise indígena. Além de comandarem a Funai com o general da reserva Franklimberg Ribeiro de Freitas no governo Temer e no governo Bolsonaro, eles passaram a ser suspeitos de atuar em parceria com garimpeiros em áreas demarcadas em Roraima, oferecendo proteção aos criminosos em troca de propina, em meio a uma tragédia que viria a ser explicitada, anos depois, por imagens de adultos e crianças ianomâmis em estado de saúde deplorável, diagnosticados com desnutrição, malária e pneumonia.

CONTRA AS URNAS ELETRÔNICAS

O Supremo já era alvo de ataques por causa de decisões relacionadas à pandemia e ao combate à desinformação e aos atos antidemocráticos quando um novo foco presidencial entrou em cena: o questionamento — sem provas — da idoneidade do sistema eleitoral brasileiro, algo que já havia sido ensaiado pelo PSDB em 2014. A investida atingia os ministros da mais alta corte do país porque alguns deles têm assento no TSE.

A partir de meados de 2021, meses depois de Lula ter suas condenações da Lava Jato anuladas pelo Supremo — algo que o colocava na disputa presidencial marcada para o ano seguinte —, Bolsonaro pôs em marcha uma estratégia para deslegitimar as urnas eletrônicas. O presidente levantou a bandeira do voto impresso como complemento ao voto eletrônico e incluiu o tema nas manifestações de seus apoiadores. Era algo previsível. Afinal, a mesma estratégia de deslegitimação do sistema eleitoral já havia sido usada por Donald Trump nos Estados Unidos. E Trump era considerado por Bolsonaro um modelo de sucesso.

A insistência do presidente levou a Câmara dos Deputados a analisar um projeto de instituição do voto impresso em 10 de agosto de 2021. Naquele mesmo dia, Bolsonaro pôs tanques das Forças Armadas para desfilar na praça dos Três Poderes, em frente ao Congresso. O projeto foi rejeitado. E as imagens mais marcantes que ficaram daquele episódio foram as que mostravam tanques soltando fumaça preta, fato que estimulou uma série de memes na internet. Apesar de um tanto cômico, o desfile militar foi visto como uma tentativa de intimidação dos parlamentares.

A derrota do voto impresso na Câmara não impediu Bolsonaro de levar seu discurso contra as urnas eletrônicas adiante. Os argumentos — e os termos usados nesse discurso — foram se metamorfoseando. Não se tratava de uma discussão séria, mas de mais um tópico na rede de desinformações do presidente. Ele levantava o tema apenas para criar tumulto, como lembra Nelson Jobim:

> Depois que não foi aprovado o voto impresso, houve uma mudança de linguagem, de semântica. Substituiu-se a expressão "voto impresso" por "voto auditável". Sustentava-se que as urnas eletrônicas não eram auditáveis, quando na verdade eram. Sei disso bem porque eu fui presidente do TSE e entrei a fundo nesse assunto.

Em 7 de setembro de 2021, o país viveu um novo ápice de sua crise institucional. Aproveitando a data do Dia da Independência do Brasil, Bolsonaro convocou manifestações e deu um "ultimato" aos ministros do Supremo e do TSE. Disse que não mais cumpriria ordens de Alexandre de Moraes, relator dos inquéritos das fake news e dos atos antidemocráticos que viria a assumir o comando do TSE no ano seguinte. Naquele dia, houve tentativas pontuais de invasão do Supremo em Brasília. Alguns apoiadores do presidente chegaram a comemorar a decretação de um estado de sítio no país — algo que não aconteceu. A classe política voltou a falar em impeachment e Bolsonaro recuou momentaneamente.

O TSE, à época sob o comando do ministro Luís Roberto Barroso, decidiu então abrir as portas do tribunal para as Forças Armadas, a fim de tentar uma espécie de vacina: a lógica era convencer os militares de que não havia nada de errado com as urnas eletrônicas, anulando assim qualquer tentativa de aventura golpista por parte do presidente. Mas a atitude só piorou a situação. O general da ativa Heber Garcia Portella, que acompanhava os trabalhos da corte eleitoral, passou a fazer uma série de questionamentos sobre a segurança da votação.

Em sua passagem de alguns meses pelo comando do TSE, antes da posse de Alexandre de Moraes, o ministro Edson Fachin precisou dar recados claros e direitos contra a interferência militar no processo eleitoral. "A contribuição que se pode fazer é uma contribuição de acompanhamento do processo eleitoral. Quem trata de eleição são as forças desarmadas. E, portanto, as eleições dizem respeito à população civil, que de maneira livre e consciente escolhe seus representantes", disse Fachin durante um teste de segurança das urnas realizado em Brasília.

Lidar com eleição não é papel das Forças Armadas, como lembrou Fachin. Ao se envolver no tema, elas acabaram por reforçar o discurso golpista de Bolsonaro. Um discurso que poderia estimular, no Brasil, uma coisa semelhante ao que havia ocorrido nos Estados Unidos em 6 de janeiro de 2021. Com a diferença de que, por lá, os militares não se envolveram em atitudes que apontavam para uma quebra da normalidade democrática.

INVASÃO DOS TRÊS PODERES

Ao longo de quatro anos de governo Bolsonaro, analistas políticos debateram a dimensão do extremismo dentro das Forças Armadas. Os militares da reserva ou reformados que participavam do governo, como Augusto Heleno e Braga Netto, nunca esconderam seu apoio às atitudes autoritárias do presidente. Na ativa, a amplitude desse apoio — especialmente entre o Alto Comando — sempre foi alvo de dúvidas. Alguns episódios mostraram uma divisão — como a saída de Santos Cruz em 2019 e a demissão coletiva dos chefes das Forças em 2021. Mas vários outros indícios apontaram para a bolsonarização dos quartéis.

O Exército atendeu prontamente ao pedido de Bolsonaro para que o golpe de 1964 voltasse a ser comemorado no Brasil já no primeiro ano do governo, em 2019. Além disso, as Forças Armadas destinaram quadros para inúmeras áreas da administração federal, incluindo generais da ativa no primeiro escalão. O governo também fez questão de agraciar a caserna com um alto volume de verbas orçamentárias destinadas não a um investimento para a melhoria da atuação dos fardados, mas sim para o bem-estar trabalhista, previdenciário e hereditário dos militares.

Se alguns oficiais do alto comando se diziam insatisfeitos nos bastidores, outros saíram direto da ativa para ocupar uma vaga no primeiro escalão, como Paulo Sérgio Nogueira, que em abril de 2022 deixou a chefia do Exército a fim de assumir a Defesa. Outros nem saíram da ativa, como Pazuello.

A preocupação com a influência bolsonarista também se estendeu às polícias militares, que, apesar de estarem subordinadas aos governos estaduais, são forças auxiliares do Exército — atendem, portanto, a dois comandos. Em caso de uma aventura golpista de Bolsonaro, como todos esses agentes armados se comportariam?

Nas eleições de outubro de 2022, essas preocupações estavam na ordem do dia. À exceção da Polícia Rodoviária Federal, órgão subordinado ao Ministério da Justiça que tentou dificultar a votação de eleitores da região Nordeste — onde Lula costuma ter muito apoio —, as forças de segurança pouco se mexeram.

O resultado da disputa presidencial foi anunciado: Lula venceu. Bolsonaro se tornou o primeiro presidente a não conseguir se reeleger desde que a regra de renovação de mandato foi instituída no país. O presidente não cumprimentou o vitorioso. E, a partir daquele momento, algo inédito no Brasil pós-redemocratização foi posto em prática.

Grupos de bolsonaristas, estimulados pelos recorrentes ataques presidenciais ao Supremo, ao TSE e às urnas eletrônicas, bloquearam estradas e acamparam na frente de quartéis pedindo uma intervenção militar para que Lula não assumisse o governo. A lógica torta dos derrotados era compartilhada por parte dos fardados: Bolsonaro tinha sido vítima de um conluio judicial que envolvia a libertação e a devolução dos direitos políticos de Lula, a supressão da "liberdade de expressão" — por causa das ações contra a desinformação na campanha — e fraude eleitoral — mesmo diante do fato de o Ministério da Defesa, em conjunto com integrantes do Exército, ter atestado a conformidade entre boletins de urna e dados consolidados pelo TSE na votação.[6]

As manifestações golpistas logo descambaram para a violência. Policiais que tentaram desfazer bloqueios em estradas foram atacados. O presidente disse que manifestações pacíficas eram legítimas, mesmo não havendo qualquer indício factual de fraude na eleição. Em seguida, as Forças Armadas divulgaram notas públicas cheias de ambiguidades. Criticaram "eventuais excessos" dos bolsonaristas, mas condenaram "restrições a direitos por parte de agentes públicos". Classificaram os atos antidemocráticos como "manifestações populares" e chamaram a si próprias de "moderadoras nos mais importantes momentos de nossa história", numa referência àquela ideia equivocada de que os militares são o "poder moderador" do país.

Os acampamentos que ficavam em frente aos quartéis tinham sido montados em áreas restritas, mas não foram desfeitos. Parentes de militares estavam ali. Nas redes sociais, oficiais da reserva incentivavam a mobilização. Em Brasília, militares da ativa faziam vazar à imprensa a intenção dos comandantes bolsonaristas da Marinha, do Exército e da Aeronáutica de não prestar continência ao novo presidente.

No dia em que Lula foi diplomado — 12 de dezembro de 2022 —, uma onda de violência tomou a capital federal. Bolsonaristas incendiaram ônibus e carros. Na véspera de Natal, um homem foi preso sob suspeita de planejar um atentado a bomba no aeroporto da cidade. A ideia dos apoiadores do presidente era criar uma situação de caos para que as Forças Armadas fossem chamadas a intervir.

Os ânimos, porém, foram momentaneamente controlados. Bolsonaro tinha viajado para a Flórida, nos Estados Unidos, para não precisar passar a faixa ao sucessor. Lula tomou posse numa cerimônia pacífica em 1º de janeiro de 2023, com a Esplanada dos Ministérios e a praça dos Três Poderes ocupadas por seus apoiadores. Para tentar uma aproximação com os militares, o novo presidente nomeou como ministro da Defesa José Múcio. O cargo voltava a estar nas mãos de um civil, mas um civil benquisto nos quartéis. Na ditadura, ele havia atuado pela Arena, partido que dava apoio ao regime militar. Múcio chamou os atos bolsonaristas que pediam um golpe de "manifestações democráticas". Também afirmou ter parentes e amigos participando do movimento.

Os gestos do ministro da Defesa não debelaram as atitudes de insubordinação. O comandante bolsonarista da Marinha, Almir Garnier Santos, faltou à posse do almirante Marcos Sampaio Olsen, seu sucessor escolhido por Lula, por não aceitar a vitória do petista. Os acampamentos golpistas permaneceram de pé, financiados por empresários do agronegócio e do setor de transportes e protegidos pelos militares nas áreas restritas dos quartéis. A expectativa dos golpistas de que algo extraordinário iria acontecer em "72 horas" virou uma piada que começou como farsa e se converteu em violência.

Ônibus de várias regiões do país começaram a chegar a Brasília para engrossar um ato marcado para 8 de janeiro de 2023. Em torno de 5 mil bolsonaristas se reuniram e partiram do acampamento na frente do Quartel General do Exército rumo à praça dos Três Poderes, onde ficam o Congresso Nacional, sede do Legislativo, o Palácio do Planalto, sede do Executivo, e o STF, sede do Judiciário. O cortejo teve escolta da Polícia Militar do Distrito Federal, submetida ao governador Ibaneis Rocha, do MDB. A informação passada por ele ao ministro da Justiça que acabara de tomar posse, Flávio Dino, era de que seria uma manifestação pacífica.

A PM estava desmobilizada, com efetivo reduzido. O secretário de Segurança Pública do Distrito Federal, Anderson Torres, que até dias antes era ministro da Justiça de Bolsonaro, tinha viajado à Flórida, onde estava o ex-presidente, seu ex-chefe. Bastaram breves investidas dos bolsonaristas sobre o frágil cordão de proteção policial e o caminho foi aberto para uma multidão seguir em direção aos prédios dos Três Poderes. No Planalto, o Batalhão da Guarda Presidencial, do Exército, não estava lá — havia sido dispensado na véspera pelo GSI.[7]

No meio do quebra-quebra, militares titubeavam diante dos extremistas, resistindo a prendê-los. Lula não estava em Brasília. Havia viajado a Araraquara, no interior de São Paulo. De lá, o presidente decretou intervenção na segurança pública do Distrito Federal, nomeando um civil para o cargo de interventor. Quando os prédios foram desocupados e os bolsonaristas voltaram para o acampamento na frente do Quartel General do Exército, a PM, já sob o comando do interventor, foi impedida por militares de prender os extremistas — muitos conseguiram fugir.

Os temores de que a bolsonarização da Polícia e das Forças Armadas pudesse acabar numa tentativa de quebra institucional se transformaram em realidade. Nos dias seguintes à invasão, Lula justificou sua escolha por uma intervenção federal civil na segurança pública do Distrito Federal — e não por uma operação de Garantia da Lei e da Ordem, que deixaria a capital federal sob comando militar. "Se eu tivesse feito GLO eu teria assumido a responsabilidade de abandonar minha responsabilidade. Aí sim estaria acontecendo o golpe que essas pessoas queriam", afirmou. O presidente também criticou publicamente os militares. "As Forças Armadas não são o poder moderador como pensam que são", disse.

A disposição militar de emparedar o novo governo era clara. Espécie de porta-voz informal de setores do Alto Comando do Exército, o general da reserva Sérgio Etchegoyen — aquele que havia atacado a Comissão da Verdade, participado de conversas políticas pré-impeachment de Dilma, comandado o GSI no governo Temer e pressionado o TSE nas eleições de 2018 — respondeu a Lula. Disse que as críticas do presidente às Forças Armadas eram uma "profunda covardia".

Mais do que falar, o novo governo precisava lidar com a insubordinação de parte dos quartéis. A demissão de Múcio da Defesa, defendida por setores do PT, foi descartada. Mas o recém-empossado comandante do Exército, general Júlio Cesar de Arruda, foi tirado do cargo. Em seu lugar, Lula pôs o general Tomás Miguel Ribeiro Paiva. Dias antes, Paiva havia defendido a "alternância de poder" e o "respeito ao resultado das urnas".

No fim, as intenções golpistas não se confirmaram por causa do seguinte quadro: a quebra institucional não era consenso nos quartéis; a sociedade civil, em sua maioria, não aderiu à aventura; potências internacionais condenaram qualquer arroubo autoritário; a imprensa profissional, com raríssimas exceções, manteve-se firme na defesa dos valores democráticos.

Poupadas de punição criminal após a violência de Estado na ditadura militar e após as violações em operações urbanas no período democrático, as Forças Armadas brasileiras acabaram por incluir em seu histórico mais um episódio indecoroso. Ainda que o bolsonarismo não tenha contaminado toda a cadeia de comando, os militares terão de responder, em algum momento, pela adesão ao negacionismo científico na pandemia de Covid-19, pela negligência com os povos indígenas, pela chancela de ataques ao Judiciário, pela tentativa de deslegitimação do sistema eleitoral, pela leniência na invasão dos prédios dos Três Poderes e por uma política armada que andou de mãos dadas com um governo de extrema direita cujo tamanho do estrago institucional e administrativo ainda está por ser mensurado.

País do futuro

O Brasil e os brasileiros superaram a ditadura militar de forma lenta e gradual, num arranjo que mobilizou o país. Uma Constituição foi elaborada a partir de valores que apontavam para a necessidade de superar problemas crônicos de uma sociedade ainda em construção.

A Nova República, inaugurada com a redemocratização, registrou avanços políticos, com o multipartidarismo. Registrou avanços econômicos, com a estabilização da moeda. E avanços sociais, com programas de distribuição de renda.

Após quase trinta anos, esse arranjo começou a ruir. As ruas foram tomadas por quem não se sentia mais representado ou pedia por serviços públicos de melhor qualidade. A Justiça deu respostas tortas a escândalos de corrupção. A economia que parecia forte colapsou. Os políticos, perdidos, testaram os limites institucionais. O debate público ficou intoxicado. Uma onda reacionária se espalhou, ancorada numa direita extremista, em líderes religiosos e em militares.

Num dos episódios mais vergonhosos da história nacional, os prédios do Congresso, do Palácio do Planalto e do STF foram invadidos e depredados.

Qual é o país que emerge dessa crise chamada Brasil? Qual é a real disposição das elites de poder para buscar um novo pacto, a partir de consensos mínimos contra a barbárie?

Os relógios de Brasília se aproximavam das oito da noite de 30 de outubro de 2022 quando o TSE anunciou: Luiz Inácio Lula da Silva tinha sido eleito, mais uma vez, para comandar o Brasil. O ex-líder operário garantia assim seu terceiro mandato presidencial, doze anos após deixar o cargo. O PT voltaria ao poder seis anos e oito meses após ser tirado do Palácio do Planalto no processo de impeachment de Dilma Rousseff.

Foi a disputa mais apertada da história do país, em que Lula obteve 51% dos votos válidos diante de 49% conquistados por Jair Bolsonaro — a diferença foi de apenas 2 milhões, num eleitorado formado por 124 milhões de brasileiros. O resultado trouxe outros ineditismos. Era a primeira vez que um político governaria o Brasil em dois momentos diferentes a partir do voto direto. Era também a primeira derrota de um presidente em busca da reeleição.

Para pouco mais da metade das pessoas que foram às urnas, a sensação era de alívio. Dava-se ali um primeiro passo para estancar um autoritarismo crescente, canalizado por um político de extrema direita cujo objetivo anunciado era desconstruir os poucos avanços, obtidos a duras penas, durante o período da Nova República.

"É hora de reunir de novo a família, refazer os laços rompidos pelo ódio", disse Lula, momentos depois do anúncio do resultado das urnas. Ele estava cercado por figuras como Geraldo Alckmin — um ex-adversário com quem estabeleceu uma aliança a fim de ampliar politicamente sua candidatura —, Marina Silva — ex-petista que tinha rompido com o partido, mas resolveu somar forças contra o bolsonarismo — e Simone Tebet — candidata do MDB derrotada no primeiro turno que aderiu à frente democrática formada para evitar um segundo governo de Bolsonaro.

Dos inúmeros significados daquela vitória, um deles dizia respeito particularmente a Lula, que havia sido preso pela Operação Lava Jato e impedido pela Justiça Eleitoral de concorrer à presidência quatro anos antes. "Estou vivendo um processo de ressurreição na política, porque tentaram me enterrar vivo", disse o presidente eleito. Na sequência do discurso, o petista afirmou que era preciso "restabelecer a paz entre os divergentes". "É hora de baixar as armas que jamais deveriam ter sido empunhadas. Arma mata, e nós queremos vida."

MARCOS HISTÓRICOS DE UM PAÍS

O Brasil proclamou sua República no fim do século 19. Os historiadores dividem o que vem depois em seis períodos, cada um marcado pela promulgação de uma Constituição diferente.

PRIMEIRA REPÚBLICA: um golpe militar em 1889 deu início aos governos de espada dos marechais, ao coronelismo regional e à política do café com leite, num período também conhecido como República Velha.

SEGUNDA REPÚBLICA: um novo golpe em 1930 marcou a ascensão de Getúlio Vargas ao poder com a ajuda de oficiais subalternos, os tenentes, impondo o fim do domínio das oligarquias regionais no país.

TERCEIRA REPÚBLICA: mais um golpe instalou a ditadura do Estado Novo em 1937, com Getúlio Vargas à frente, impondo fechamento do Congresso, perseguição a comunistas e centralização do poder.

QUARTA REPÚBLICA: de golpe em golpe, o país deu início a um período democrático em 1945, com rixas políticas viscerais, suicídio e renúncia de presidentes e até um governo parlamentarista provisório.

QUINTA REPÚBLICA: um golpe de generais apoiados por setores civis instalou uma nova ditadura em 1964 e o fechamento ainda maior do regime em 1968, com perseguição e assassinato de opositores.

SEXTA REPÚBLICA: numa transição lenta e gradual, o país retomou sua democracia em 1985, com a elaboração de um amplo pacto social, num período também conhecido como Nova República.

Após as Diretas Já — movimento popular que pedia o fim da ditadura e a volta do voto universal —, o país inaugurou sua Nova República com uma eleição indireta, em que apenas parlamentares foram responsáveis por eleger o primeiro presidente civil depois de 21 anos de ditadura militar. Mas Tancredo Neves, nome da frente ampla escolhido para sepultar o autoritarismo, nem chegou a governar, pois morreu no hospital vítima de uma infecção generalizada. Coube ao seu vice, José Sarney, esse papel.

As primeiras eleições diretas no país em redemocratização ocorreram em 1989. Desde então, foram cinco nomes escolhidos por vontade popular para ocupar o cargo máximo do Palácio do Planalto: Fernando Collor de Mello eleito, Fernando Henrique Cardoso eleito e reeleito, Luiz Inácio Lula da Silva eleito e reeleito e eleito de novo, Dilma Rousseff eleita e reeleita e Jair Bolsonaro eleito.

Por quase uma década inteira da Nova República, o país foi governado, de forma não sequencial, por vice-presidentes. Além de José Sarney, que substituiu Tancredo Neves, o Palácio do Planalto teve Itamar Franco, substituto de Collor, que caiu sob acusações de envolvimento em esquemas de corrupção, e Michel Temer, substituto de Dilma, que caiu sob acusações de manobras fiscais.

Dois dos cinco presidentes eleitos pelo voto direto após a ditadura militar, portanto, não terminaram seus mandatos. Isso dá uma dimensão da instabilidade política nacional. Uma instabilidade que ganhou novos contornos com a sequência alucinante de fatos dos quais trata este livro: colapso financeiro mundial, manifestações de junho de 2013, Operação Lava Jato, recessão econômica, impeachment de Dilma, interrupção do diálogo, fortalecimento do extremismo, influência evangélica e interferência militar na política.

É importante repetir, porém, que não houve uma relação de causa e efeito nessa sequência. É sempre mais fácil recorrer à falácia *post hoc ergo propter hoc*. Mas quem traça um caminho inverso — do resultado de uma crise até uma origem predeterminada — não leva em conta os meandros da política, as disputas que levam para um rumo ou outro, as decisões que reencaminham o debate público e as reações que abrem novas possibilidades.

Houve, sim, um período extremamente complexo, dentro e fora do Brasil, com transformações no capitalismo a partir da ascensão dos algoritmos e questionamentos dos sistemas de representatividade democrática consolidados ao longo do século 20. Houve também momentos em que foi possível vislumbrar o tão anunciado "país do futuro". A Nova República trouxe essa promessa a partir da liberdade política, dos direitos garantidos pela Constituição de 1988, da estabilização da moeda, do combate à pobreza e do início do enfrentamento de dívidas históricas. Só que, na crise chamada Brasil, o pacto social que parecia avançar se quebrou.

CONSTITUIÇÃO DE 1988

A Constituição promulgada em 1988 formalizou princípios sociais e políticos de um Brasil que buscava superar um passado de violência e arbítrio. É um conjunto de normas que passou a reger um país cansado do autoritarismo, disciplinou o ordenamento jurídico nacional e organizou o papel do poder público, definindo atribuições dos entes da federação — municípios, estados e União — e dos Três Poderes da República — Executivo, Legislativo e Judiciário. É um extenso e detalhado compromisso com a ampliação de direitos sociais e garantias individuais, amarrado de forma a evitar eventuais retrocessos institucionais. É uma Carta que traz cláusulas pétreas, que não podem ser mudadas, como o voto direto, secreto, universal e periódico e a separação dos Três Poderes. E que é também um texto em constante transformação, passível de reformas para modernizá-lo.

Mais de cem alterações já foram feitas. Entre elas, a criação da reeleição para presidentes, governadores e prefeitos, o fim do voto secreto para análise de perda de mandato de deputados e senadores, a concessão de direitos trabalhistas a empregados domésticos, o aumento de idade de setenta para 75 anos na aposentadoria compulsória de ministros de tribunais superiores, a imposição de limites do gasto público, além de mudanças na aposentadoria dos brasileiros.

Muitas reformas têm o Orçamento como alvo. Às vezes, elas são feitas para aumentar despesas. E, outras vezes, para reduzir gastos do poder público no longo prazo a fim de dar sustentabilidade às contas do país. São reformas polêmicas, que geram debates intensos e protestos.

A Constituição de 1988 impôs direitos universais. Vinculou gastos mínimos para áreas centrais, como educação. Criou estruturas complexas, como o SUS. Ao mesmo tempo, expôs os limites de financiamento para garantir esses direitos básicos. Como gastar? Em que gastar? Com quem gastar? Como investir? Em que investir? Com quem investir? Como cortar? Em que cortar? Com quem cortar? Na arena da contraposição dos meios para lidar com esses problemas, faz-se a política. E, nas discussões políticas, a ideia sempre foi buscar consensos mínimos a respeito dos deveres do Estado. Para Fabiana Alves Rodrigues, juíza federal e pesquisadora de ciência política, o pacto civilizatório não se concretizou no Brasil.

Nossa engenharia institucional se estrutura em processos políticos que seguem escolhas da maioria, uma maioria que pode mudar com o tempo, mas que sempre deve partir de um pacto civilizatório mínimo para garantir um convívio em que toda e qualquer pessoa tenha valor e seja detentora de um estatuto mínimo de direitos que devem ser respeitados. Esse foi o pacto constitucionalista que as sociedades ocidentais passaram a desenhar depois dos horrores da Segunda Guerra Mundial. A Constituição de 1988 definiu esse estatuto mínimo de direitos para todos, principalmente para as minorias, algo que infelizmente nunca foi integralmente implementado.

QUEBRA DO PACTO SOCIAL

Levando em conta o pacto social pós-ditadura militar, para além do fato de o Brasil continuar sendo um país com eleições livres, a Nova República continua existindo após todos os acontecimentos e crises enfrentados a partir de 2013?

Para o historiador e cientista político Christian Lynch, levando-se em conta o debate público nacional — com ascensão e queda de determinados valores —, o país certamente já entrou em outra fase.

De trinta em trinta anos, ciclos terminam. Se a Nova República era aquele regime que repudiou a ditadura militar, que fez uma constituição progressista, que via a desigualdade social como problema central, que buscava aperfeiçoar constantemente seus critérios republicanos e no qual os conservadores eram envergonhados, esse regime, essa República, acabou.

Eloísa Machado, professora de direito constitucional, concorda com a perda de centralidade do combate à desigualdade diante do fortalecimento da extrema direita no país e acrescenta outro ponto de mudança: "Se olharmos para a ideia de Nova República, um de seus pilares, que é ter o poder militar submetido ao poder civil, desmoronou nos anos recentes".

A política mudou. O jeito de fazer política mudou. A democracia passou a ser testada, com retrocessos reais que minaram a percepção de que o país já havia superado — e deixado no passado — alguns obstáculos, segundo a socióloga Angela Alonso:

> Muitos de nós pensávamos em 2013 — um pouco antes e um pouco depois — que havia certos avanços que o país tinha feito numa direção de consolidação da democracia, de liberdades individuais e de um início de correção de desigualdade social. Eram espécies de passos civilizacionais irreversíveis. Boa parte da esquerda e do centro acreditou que podia brigar entre si para obter outros avanços, tendo esses garantidos.

Para superar a fase crítica de disputas que caracterizou a política brasileira na década recente é preciso mais do que resgatar o caminho que vinha sendo tomado pela Nova República antes da ascensão da extrema direita, segundo o professor de filosofia Marcos Nobre:

Mudou a economia, mudou a sociabilidade, mudou tudo. Ou se dá um passo adiante — e um passo adiante significa um projeto de diminuição de desigualdades em ritmo muito mais acelerado e mais profundo, um processo de democratização das instituições muito mais rápido e muito mais profundo — ou não vamos voltar para antes de 2013, e sim para antes de 1985.

A invasão dos prédios dos Três Poderes em 8 de janeiro de 2023 acabou por ilustrar a quebra da Nova República, com vidraças estilhaçadas, móveis destruídos e obras de arte danificadas. A partir dali, uma questão foi posta na mesa: essa República vai ser consertada e resgatada ou o país vai rumar de fato para um novo ciclo, buscando um pacto diferente?

CONSENSOS MÍNIMOS

Na economia da Nova República, o Brasil teve cinco moedas: cruzado, cruzado novo, cruzeiro, cruzeiro real e real. Na política, teve presidentes que ficaram associados a símbolos, atitudes e bordões: Sarney e seus fiscais, Collor e seu jet ski, Itamar e seu Fusquinha, Fernando Henrique e seu tucanês, Lula e seu "nunca antes na história deste país", Dilma e suas metas redobradas, Temer e suas mesóclises, assim como Bolsonaro e seu golpismo. Na música popular, teve Legião Urbana falando do "tempo perdido", Chitãozinho e Xororó "disfarçando as evidências", É o Tchan dizendo que "pau que nasce torto nunca se endireita", Pitty desconfigurada diante de um "admirável chip novo", Luan Santana vendo a chegada do "meteoro", Anitta dando o "show das poderosas", Marília Mendonça condenando o "infiel" e Barões da Pisadinha resgatando o "ex-quecido". Na mídia, teve Cid Moreira na TV, jornalão de papel pesado de domingo, bolha da internet, redes sociais e podcasts. Teve também momentos de otimismo e até de euforia da população, assim como passagens trágicas e desoladoras, boa parte delas compreendida no período de 2013 a 2023, do qual trata este livro.

Agora, quais são as perspectivas para o futuro? Marcos Nobre cobra mudanças aceleradas. Mas como se dá o passo inicial para que tais mudanças comecem? É aí que surge uma expressão-chave: "consensos mínimos". A cientista política Anaís Medeiros Passos chama a atenção para a importância da valorização da política nesse processo.

O filósofo político John Rawls, autor do livro *Uma teoria da justiça*, fala dos consensos mínimos de uma sociedade, de como essa sociedade vai se organizar, como a renda e a riqueza vão ser distribuídas de acordo com ideais de justiça. O Brasil precisa se tornar um país mais igual, um país mais justo, que seja responsivo às demandas das populações. Isso passa pela política, não pela negação da política, passa pela juventude se interessar pela política.

Anaís Medeiros Passos também destaca a necessidade de reformulação dos partidos políticos brasileiros.

Os partidos se distanciaram da população, foram engolidos pela máquina burocrática, tanto à direita quanto à esquerda, com poucas exceções. Eles não representam mais os interesses da população, apenas seus próprios interesses. Mas isso vai mudar apenas quando mais pessoas se interessarem pela política. Insisto no papel da juventude de tomar parte da percepção de que é pelas eleições que passam decisões fundamentais que impactam nossa vida, impactam as políticas de educação e saúde, impactam a quantidade de imposto que é recolhida, impactam a polícia que a gente quer, impactam a política ambiental, impactam a política de drogas. É assim que podemos nos tornar um país do presente.

Os partidos cumprem um papel fundamental em democracias representativas como o Brasil. Eles ajudam a organizar as preferências da população para que a política não seja algo personalizado. Assim, os partidos reúnem, pelo menos na teoria, grupos de pessoas com ideais e projetos comuns e buscam representar esses interesses quando têm integrantes eleitos. Eles são essenciais, mas não são o único meio pelo qual é possível fazer política, como lembra Mayara Vivian, ativista que participou das manifestações de junho de 2013 pelo MPL: "É muito importante que as pessoas busquem se organizar, seja na sua categoria, no seu bairro, de alguma maneira. E eu espero que nos vejamos nas ruas. Num bom sentido".

A antropóloga Isabela Kalil defende um acordo básico a respeito do que é e do que não é aceitável numa sociedade.

> O desafio é definir aquilo que consideramos tolerável e intolerável do ponto de vista da política. Pensando na violência política de uma forma mais ampla, são toleráveis discursos de apologia à tortura e de aniquilação do outro? Quais são os limites — e o desafio é acentuado nas plataformas digitais — daquilo que consideramos aceitável? Quais são os limites para repactuarmos os discursos e as ações públicas?

O cientista político Fernando Limongi lembra de um momento específico da Nova República em que as forças democráticas optaram por uma concertação. Isso ocorreu em 2002, na transição entre os governos de Fernando Henrique e de Lula.

Não havia um cenário de crise institucional, mas era um momento desafiador, com adversários históricos, PSDB e PT, sucedendo-se no poder. Naquele momento, ambos estavam dispostos ao diálogo. Tal disposição se estendeu, segundo Fernando Limongi, para os primeiros anos da nova administração. O cientista político defende a repetição dessa concertação envolvendo todos os campos democráticos do país.

> Seria ótimo se os atores políticos, os empresários, os que têm poder entendessem que precisamos de um período de reconstrução. E em algum momento essas forças vão se separar: uma vai ser oposição, outra vai ser continuidade.

É um acordo também defendido pelo cientista político Miguel Lago. Ele aponta outros atores que precisam participar do processo:

> Sociedade civil, imprensa, sindicatos e partidos políticos têm de começar seriamente a pensar em reconstruir a democracia no Brasil. Buscar uma sociedade democrática que talvez nunca tenhamos construído. É o compromisso mais forte de todos.

DECIFRA-ME OU TE DEVORO

Pesquisadora da ascensão do extremismo no Brasil, a antropóloga Adriana Dias (1971-2023) contabilizou 530 células neonazistas no Brasil, ligadas a 52 grupos organizados nas cinco regiões do país, após um levantamento concluído em 2021. Eram 10 mil pessoas envolvidas em práticas de ódio contra homossexuais, negros, indígenas, judeus, mulheres, progressistas e nordestinos. Um contingente que foi estimulado por "falas inflamatórias" de Bolsonaro, segundo a antropóloga.[1]

Combater grupos neonazistas é caso de polícia. Já o desafio ainda mais complexo é caso de política: está em lidar com uma extrema direita representativa, com eco na sociedade e potência eleitoral, uma novidade no Brasil pós-redemocratização. Um movimento que cresceu na crise dos anos recentes e que precisa ser encarado de forma radical, segundo Mathias Alencastro, pesquisador e professor de relações internacionais: "Vamos ter de aprender a fazer democracia de novo, a criar novas lideranças, a criar novos projetos políticos que esvaziem a extrema direita de uma forma mais determinante".

Rodrigo Nunes, professor de filosofia, diz se tratar de uma questão que precisa ser encarada de forma não só radical, mas também urgente, já que as mudanças climáticas podem fazer o planeta caminhar para uma situação sombria.

> Ou deciframos ou nos devorará. Quanto mais tempo perdermos, mais estaremos nos aproximando do futuro para o qual aponta a extrema direita: uma guerra por recursos, um estado de natureza, uma lei do mais forte, em que alguns são muito mais fortes e outros são muito mais fracos.

O cientista político Octavio Amorim Neto também aponta para a urgência, assim como para uma perspectiva pouco animadora.

> O mundo não está bem. A situação fica mais fácil para o Brasil quando a economia mundial está crescendo. Não há grandes desarranjos quando países centrais têm alguma estabilidade. Não é o caso dos Estados Unidos, uma democracia profundamente decadente e instável. Não será fácil a retomada daquele sonho intenso da segunda metade da década de 1980. Mas nada está predeterminado, vai depender muito das decisões que tomarmos ao longo desta nova década. Temos de ter governos fortes do ponto de vista democrático, muito apoio popular, parlamentar, e presidentes dispostos a engajar os poderes e suas prerrogati-

vas na coordenação de grandes projetos, de grandes políticas públicas nacionais.

Octávio Amorim Neto ainda aponta para a necessidade de uma reformulação nas relações políticas.

O que estamos vendo no Brasil? A combinação de polarização, radicalização e um paroquialismo, um clientelismo na política. Se continuarmos com esses três elementos, vamos continuar à deriva. Porque essa combinação não permite a elaboração e a implementação de políticas públicas nacionais coerentes. E aí nós vamos continuar no passo de país decadente.

Já o cientista político Victor Araújo vê o crescimento da extrema direita nacional como freio à concretização de uma agenda realmente transformadora.

Meu pessimismo vem de que teremos cada vez menos pressão por redistribuição no Brasil. É inevitável que partidos de esquerda tenham de andar um pouco para o centro, e aí acabamos regredindo numa série de discussões. O Brasil virou uma espécie de ilha na América do Sul. Veja o exemplo do aborto: todos os países estão buscando legislações mais progressistas, tentando descriminalizar, tentando resolver essa questão de saúde pública. E o Brasil voltou a fazer o debate nos termos americanos, pensando numa discussão de quem é e quem não é "a favor da vida", discutindo no Congresso à luz da Bíblia, e não à luz da ciência. Se nenhum evento de grandes proporções acontecer nas próximas décadas, vamos caminhar para ser novos Estados Unidos: Estados Unidos da América Latina. Vamos pautar nossas discussões de políticas públicas de forma cristocêntrica.

Nelson Jobim, político de longa data, ex-deputado constituinte, ex-ministro e ex-integrante de tribunais superiores, vê o quadro com um otimismo moderado: "Toda geração acha que as crises políticas ou crises da sua geração são as piores do mundo. Não são. Isso acaba se resolvendo. Mas vai ser difícil, porque agora a situação econômica é completamente diferente".

A BUSCA POR SOLUÇÕES

Entre o fim do século 20 e o início do século 21, a desigualdade cresceu internamente nos países. Na pandemia de Covid-19, os bilionários ficaram ainda mais ricos. Esse quadro é ainda pior no Brasil, um dos países mais desiguais do mundo. A diferença entre quem ganha muito e quem ganha pouquíssimo é enorme. E, mesmo nos momentos de bonança, problemas estruturais básicos ficaram longe de ser encarados de frente, como lembra a economista Simone Deos.

> Pensando com realismo, o Brasil tem problemas do século 20 que não foram resolvidos. Temos problemas de saneamento básico, o qual não chega à maioria da população. Temos problemas como o baixo nível educacional — se a cobertura educacional já é quase completa, a qualidade da educação ainda é muito precária. Temos problemas como o baixo volume de recursos que é dedicado à produção de ciência e tecnologia.

Diante dessas questões tão básicas e tão sérias, o desafio é encontrar os recursos necessários para lidar com todas elas. O Orçamento é um só. E existe uma ampla disputa pela maneira como ele é composto (arrecadação) e usado (gastos e investimentos). A saída apontada por dez entre dez políticos e economistas é a reforma tributária.

A reforma tributária é citada recorrentemente porque o país tem dois problemas básicos. O primeiro é que os impostos são complicados — há muitos tributos, cobrados de inúmeros jeitos. O segundo é que os impostos no Brasil são regressivos, não progressivos. Isso quer dizer que, no fim das contas, pobres pagam proporcionalmente mais impostos que ricos. Diante de um país tão desigual como o Brasil, é triste fazer essa constatação.

A economista Vilma da Conceição Pinto resume as prioridades de uma reforma em dois eixos: eficiência e progressividade.

> Se conseguirmos melhorar a eficiência do sistema tributário, conseguiremos gerar ganho e crescimento econômico. Se conseguirmos melhorar a composição do nosso sistema, teremos progressividade. Por isso a reforma é crucial.

Apesar de muitos concordarem com isso, as resistências crescem de forma considerável na hora de definir quem pagará mais ou menos impostos. Os vários setores da economia entram em disputa. E sempre há resistência também quando a ideia é elevar o tributo dos mais ricos, como lembra o economista Bernard Appy.

> No mundo e no Brasil, temos que acabar com essa história de que tem que tributar menos os ricos porque eles geram emprego. Isso não funciona. Se a pessoa tem renda, vamos tributar a renda dela. É fácil fazer isso no caso dos muito ricos? Não enquanto não tiver uma coordenação mundial.

A coordenação mundial defendida por Bernard Appy passa pela elaboração de novas regras a fim de evitar que países criem brechas em suas tributações, como fazem os paraísos fiscais, muito usados pelas elites econômicas para elidir impostos.

A cientista política Camila Rocha também reforça a ideia de que o futuro brasileiro está atrelado ao futuro dos outros países do mundo.

A questão da emergência climática, por exemplo, anda junto com as transformações na economia e sua organização em cadeias globais. A questão não vai ser resolvida apenas pela boa vontade de determinados estados nacionais. É preciso uma concertação política internacional.

A dúvida que fica é se as instâncias de poder do Brasil — políticas, econômicas e da sociedade civil — estão ou não dispostas a encarar os problemas de frente, seja em iniciativas internas, seja de forma coordenada com outros países. Segundo a juíza federal Fabiana Alves Rodrigues, o histórico brasileiro joga contra o país.

Infelizmente, nossas elites econômicas e grande parte de nossas elites políticas têm uma lógica de extrativismo predatório sem nenhum compromisso com projetos de construção do país. Ainda que, nem de longe, as provisões constitucionais voltadas à eliminação da pobreza e redução das desigualdades tenham sido atingidas, as crises econômicas dos últimos anos reduziram o valor do bolo a ser dividido. E essas elites não querem abrir mão de absolutamente nada, mesmo diante do avanço da pobreza. Para esses grupos, o Estado e as leis são instrumentos de enriquecimento pessoal e familiar, a partir da extração irrestrita de riquezas naturais e exploração da vulnerabilidade das pessoas que só têm sua mão de obra para sobreviver.

Mudar essa lógica é essencial para romper o ciclo de crises e tirar do papel a concretização da união dos campos democráticos, a elaboração de consensos mínimos, a redistribuição de renda e as concertações internacionais. Mas como fazê-lo? Para o economista Michael França, os confrontos são inevitáveis.

Com a atual estrutura socioeconômica e da divisão de poder que temos no Brasil, espero mais do mesmo. Mas não podemos perder de vista o movimento que está acontecendo no tecido social brasileiro, com maior conscientização dos negros, das mulheres e de outros grupos. Temos uma série de confrontos que estão na agenda. Se encaminharmos bem esse processo e incluirmos pessoas boas em postos relevantes da estrutura socioeconômica, poderemos avançar como sociedade.

UM NOVO PACTO SOCIAL

A construção de um novo pacto social — seja para consertar o que restou da Nova República, seja para inaugurar um novo ciclo — depende do acúmulo de experiências.

Após uma crise ininterrupta de uma década, o país ficou diante de uma longa lista de desafios: restabelecer o diálogo, desintoxicar e requalificar a arena pública, retomar o respeito às regras do jogo político, restringir a atuação das Forças Armadas a seu papel constitucional, reavaliar o sistema representativo — com a democratização dos processos internos dos partidos e a abertura de novos canais de troca entre eleitores e eleitos —, reencontrar os caminhos do crescimento econômico e, principalmente, reduzir desigualdades, uma chaga que acompanha o Brasil ao longo de sua história.

A busca pelos direitos que podem aplacar tais desigualdades talvez seja a mais complexa e difícil. Para que o topo e a base da pirâmide se aproximem, é preciso mexer em estruturas seculares de uma sociedade fundada num regime escravocrata que ainda não conseguiu se livrar de seus vícios, uma sociedade em que a elite econômica insiste em manter privilégios. É uma busca que tem inevitavelmente pela frente o confronto, como afirma Michael França.

Mas de que confronto estamos falando? No *Pequeno Dicionário Houaiss da Língua Portuguesa*, a palavra confronto tem a seguinte definição: 1) encontro face a face; 2) comparação, cotejo; 3) enfrentamento de interesses ou de ideias; luta. O dicionário dá um exemplo de uso: "um confronto entre empregadores e empregados". Dá também uma quarta definição: "disputa esportiva". E apresenta o antônimo: concórdia.

A política pressupõe o confronto, o encontro face a face, a comparação, o cotejo, o enfrentamento de ideias e a luta de interesses. Tudo para que a concórdia apareça em algum momento. Não em todos os aspectos em disputa, mas em alguns deles, às vezes uma concórdia mínima, às vezes uma mais ampla. É o caminho para a não violência. É o antídoto para a guerra.

A política democrática prevê escolhas da maioria com respeito às minorias. A política democrática evita atalhos para tomada de poder. Mas, sim, os políticos são imperfeitos, muitos se corrompem. Os políticos são difíceis de engolir, muitos se contradizem. Os políticos são pouco representativos, muitos se impõem pela força do dinheiro. Só que esses são defeitos diagnosticáveis, que sempre podem ser minimizados. É possível fazer isso pelo voto, pela atuação comunitária, pelo cumprimento de deveres, pela reivindicação de direitos e pela reação a injustiças.

Qualquer solução para esta crise chamada Brasil passa pela política, não pela negação dela. Passa também pela escolha bem-informada, porque informação de qualidade é instrumento de emancipação, capaz de evitar a repetição de erros crassos que deixam marcas por anos — senão décadas — numa sociedade já bastante castigada por seu passado.

Agradecimentos

Malu Delgado foi determinante para a execução deste trabalho. De junho a setembro de 2022, ela entrevistou 32 das 53 fontes que ilustraram a minissérie do Politiquês, *Uma crise chamada Brasil*, e agora compõem este livro. A colaboração de Beatriz Gatti também foi central para a produção do material. Foram importantes ainda as leituras e sugestões de Fabio Schivartche, Fabrício Corsaletti, Isabela Cruz, Letícia Arcoverde, Marcelo Roubicek, Marina Menezes, Paula Miraglia, Roberto Taddei e Rodrigo Leão. Por fim, agradeço a toda equipe do *Nexo Jornal*, fundamental para que essas linhas fossem escritas.

Notas

FORA DA ORDEM [PP. 14-40]

1. Referência ao livro *Brasil, um país do futuro*, de Stefan Zweig (Porto Alegre: L&PM, 2022), publicado originalmente em 1941.

2. Referência à capa da revista *The Economist* de 14-20 de novembro de 2009, que traz uma montagem em que o Cristo Redentor decola como um foguete, sob o título *"Brazil takes off"* ("Brasil decola", em tradução livre).

3. Jonathan D. Ostry, Prakash Loungani e Davide Furceri, "Neoliberalism: Oversold?" ("Neoliberalismo: vendido em excesso?", em tradução livre). *Finance & Development*, v. 53, n. 2, jun. 2016. Disponível em: <www.imf.org/external/pubs/ft/fandd/2016/06/ostry.htm>. Acesso em: 22 mar. 2023.

4. Joana Salém, "Capitalismo e desastre na era do 'American nightmare'". *Nexo Jornal*. Disponível em: <www.nexojornal.com.br/ensaio/2018/Capitalismo-e-desastre-na-era-do-%E2%80%98American-nightmare%E2%80%99>. Acesso em: 31 mar. 2023.

5. Economista francês autor dos livros *O capital no século XXI*, de 2013, e *Capital e ideologia*, de 2020.

6. Diante da constatação de que o petróleo é um bem não renovável, e do apoio dos Estados Unidos a Israel na guerra do Yom Kippur, países do Oriente Médio reduziram drasticamente sua produção em 1973, elevando significativamente o preço do barril no mercado internacional e impactando a economia mundial.

7. A Revolução do Irã, em 1979, reduziu a produção de petróleo, levando temores ao mercado e aumento de preços com impactos na economia mundial.

8. O México declarou moratória de sua dívida externa em 1982, expondo a vulnerabilidade das economias de países da América Latina, que passaram a registrar queda de renda, aumento de desemprego e elevação da inflação.

9. Período da ditadura militar em que o Brasil, comandado pelo general Ernesto Geisel, deu início à abertura política em meio ao agravamento de desigualdades, ao aumento da dívida externa e à aceleração da inflação.

10. Líderes responsáveis pela Declaração de Independência dos Estados Unidos (1776), pela Constituição americana (1787) e pela Declaração de Direitos do Homem e do Cidadão (1789).

QUE GRITO FOI ESSE? [PP. 41-70]

1. Estimativa feita pelo instituto Datafolha.

2. Idem.

3. Id.

4. Id.

A TORTO E A DIREITO [PP. 71-110]

1. Sergio Moro, "Considerações sobre a Operação Mani Pulite". *Revista CEJ*, Brasília, v. 8, n. 26, jul/set. 2004.

2. Leticia Mori, "Decisão de Fachin pode ser tentativa de salvar Moro e a Lava Jato, dizem juristas". *BBC Brasil*, 8 mar. 2021. Disponível em: <www.bbc.com/portuguese/brasil-56326451>. Acesso em: 22 mar. 2023.

DA EUFORIA À FOME [PP. 111-43]

1. Sistema Especial de Liquidação e Custódia, registro de operações de curtíssimo prazo entre bancos garantidas por títulos do Tesouro, sobre os quais o Banco Central tem influência ao estipular metas anuais que administra comprando ou vendendo esses títulos para influenciar o mercado.

2. Acúmulo de empréstimos que o governo toma para se financiar, por meio de emissões de títulos do Tesouro no mercado de capitais ou empréstimos externos com instituições como o FMI. Se o governo gasta mais do que arrecada, a dívida pública aumenta. Manter a dívida pública sob controle é sinal da saúde econômica de um país.

3. Bráulio Borges, "Impacto dos erros (reais) da Nova Matriz tem sido muito exagerado". *Blog do Instituto Brasileiro de Economia (Ibre)*, FGV, 8 set. 2017.

Disponível em: <blogdoibre.fgv.br/posts/impacto-dos-erros-reais-da-nova-matriz-tem-sido-muito-exagerado>. Acesso em: 23 mar. 2023.

4. Samuel Pessôa, "O impacto da nova matriz econômica: resposta a Bráulio Borges" . *Blog do Instituto Brasileiro de Economia (Ibre)*, FGV, 28 set. 2017. Disponível em: <blogdoibre.fgv.br/posts/o-impacto-da-nova-matriz-economica-resposta-braulio-borges>. Acesso em: 23 mar. 2023.

DIÁLOGO INTERROMPIDO [PP. 185-215]

1. Cesar Gaglioni, "Da tecnoutopia ao tecnoniilismo". *Nexo Jornal*, 1º maio 2022. Disponível em: <www.nexojornal.com.br/especial/2022/04/30/Transforma%C3%A7%C3%A3o-digital-da-tecnoutopia-ao-tecnoniilismo>. Acesso em: 20 mar. 2023.

2. João Paulo Charleaux, "Por que a liberdade de expressão não é ilimitada". *Nexo Jornal*, 20 jun. 2020. Disponível em: <www.nexojornal.com.br/entrevista/2020/06/20/Por-que-a-liberdade-de-express%C3%A3o-n%C3%A3o-%C3%A9-ilimitada>. Acesso em: 20 mar. 2023.

3. Augusto Santos Silva, "Será que as redes sociais estão substituindo os intelectuais?". *Folha de S.Paulo*, 18 fev. 2018. Disponível em: <www1.folha.uol.com.br/ilustrissima/2018/02/sera-que-as-redes-sociais-estao-substituindo-os-intelectuais.shtml>. Acesso em: 21 mar. 2023.

EXTREMA DIREITA [PP. 216-51]

1. Estimativa da Polícia Militar que acompanhava a manifestação do "Cansei".

2. "Número de armas nas mãos de caçadores e atiradores chega a 1 milhão no Brasil", *Folha de S.Paulo*, 31 ago. 2022.

3. "Bolsonaro: 'Quilombola não serve nem para procriar'". Congresso em Foco, 5 abr. 2017. Disponível em: <congressoemfoco.uol.com.br/projeto-bula/reportagem/bolsonaro-quilombola-nao-serve-nem-para-procriar/>. Acesso em: 22 mar. 2023.

4. Isadora Rupp, "As chacinas policiais como arma política no Rio de Janeiro". *Nexo Jornal*, 25 maio 2022. Disponível em: <www.nexojornal.com.br/expresso/2022/05/25/As-chacinas-policiais-como-arma-pol%C3%ADtica-no-Rio-de-Janeiro>. Acesso em: 22 mar. 2023.

5. Menna Barreto e Carlos Alberto Lima, *A farsa ianomâmi*. [S.l.]: Biblioteca do Exército, 1995.

6. Isabela Cruz, "Como o exercício da 'liberdade' afeta a coletividade na pandemia". *Nexo Jornal*, 10 abr. 2021. Disponível em: <www.nexojornal.

com.br/expresso/2021/04/10/Como-o-exerc%C3%ADcio-da-%E2%80%98liberdade%E2%80%99-afeta-a-coletividade-na-pandemia>. Acesso em: 22 mar. 2023.

7. "Assédio eleitoral: 2.481 denúncias foram registradas no 2º turno". *Nexo Jornal*, 30 out. 2022. Disponível em: <www.nexojornal.com.br/extra/2022/10/30/Ass%C3%A9dio-eleitoral-2.481-den%C3%BAncias-foram-registradas-no-2%C2%BA-turno>. Acesso em: 22 mar. 2023.

8. Ricardo Senra, "Eleições 2022: 'Perseguição contra cristãos já começou no Brasil. Só que dentro da igreja'". *BBC Brasil*, 18 out. 2022. Disponível em: <www.bbc.com/portuguese/brasil-63285936>. Acesso em: 22 mar. 2023.

9. Celimar Meneses, "Homem que tentou armar bomba em aeroporto foi assessor no ministério de Damares". Metrópoles, 16 jan. 2023. Disponível em: <www.metropoles.com/brasil/homem-que-tentou-armar-bomba-em-aeroporto-foi-assessor-no-ministerio-de-damares>. Acesso em: 22 mar. 2023.

FÉ NO VOTO [PP. 252-84]

1. "A Israel imaginária do bolsonarismo está longe da realidade". *Nexo Jornal*, 24 maio 2020. Disponível em: <www.nexojornal.com.br/entrevista/2020/05/24/%E2%80%98A-Israel-imagin%C3%A1ria-do-bolsonarismo-est%C3%A1-longe-da-realidade%E2%80%99>. Acesso em: 31 mar. 2023.

2. "O jeito evangélico de pedir votos e fazer política". *Época*. São Paulo: Globo. Disponível em: <epoca.oglobo.globo.com/tempo/eleicoes/noticia/2014/09/o-jeito-bevangelicob-de-pedir-votos-e-fazer-politica.html>. Acesso em: 31 mar. 2023.

3. Mariama Correia e Nathallia Fonseca, "A face religiosa do terrorismo: pastores articularam caravanas e convocaram ataques em BSB". Agência Pública, 10 jan. 2023. Disponível em: <apublica.org/2023/01/a-face-religiosa-do-terrorismo-pastores-articularam-caravanas-e-convocaram-ataques-em-bsb/>. Acesso em: 22 mar. 2023.

POLÍTICA ARMADA [PP. 285-325]

1. A expressão refere-se a militares da reserva, que já não atuam mais nas Forças, mas podem ser chamados em situações excepcionais, como guerras, assim como militares reformados, que já estão definitivamente aposentados.

2. Guilherme Mazui, "'É simples assim: um manda e o outro obedece', diz Pazuello ao lado de Bolsonaro". *G1*, 22 out. 2020. <g1.globo.com/politica/noticia/2020/10/22/e-simples-assim-um-manda-e-o-outro-obedece-diz-pazuello-ao-lado-de-bolsonaro.ghtml>. Acesso em: 22 mar. 2023.

3. Igor Gielow, "Militares reclamam de fala de Bolsonaro sobre usar Exército contra restrições". *Folha de S.Paulo*, 24 abr. 2021. Disponível em: <www1.folha.uol.com.br/poder/2021/04/militares-reclamam-de-fala-de-bolsonaro-sobre-usar-exercito-contra-restricoes.shtml>. Acesso em: 22 mar. 2023.

4. Piero Leirner, "Rebranding militar: Bolsonaro e a crise das Forças Armadas". *Nexo Jornal*, 2 abr. 2021. Disponível em: <www.nexojornal.com.br/perspectiva/2021/04/02/Rebranding-militar-Bolsonaro-e-a-crise-das-For%C3%A7as-Armadas>. Acesso em: 22 mar. 2023.

5. *A ditadura envergonhada, A ditadura escancarada, A ditadura derrotada, A ditadura encurralada* e *A ditadura acabada*, de Elio Gaspari, entre 2002 e 2016.

6. "Relatório de militares sobre urnas eletrônicas não vê fraude". *Nexo Jornal*, 9 nov. 2022. Disponível em: <www.nexojornal.com.br/extra/2022/11/ 09/Relat%C3%B3rio-de-militares-sobre-urnas-eletr%C3%B4nicas-n%C3%A3o-v%C3%AA-fraude>. Acesso em: 22 mar. 2023.

7. Marcelo Godoi, "GSI dispensou reforço de guarda no Planalto 20 horas antes da invasão de golpistas". *O Estado de S. Paulo*, 12 jan. 2023. Disponível em: <www.estadao.com.br/politica/gsi-dispensou-reforco-de-guarda-no-planalto-20-horas-antes-da-invasao-de-golpistas/>. Acesso em: 22 mar. 2023.

PAÍS DO FUTURO [PP. 326-44]

1. Isadora Rupp, "'Com grupos neonazistas armados, eleição vai ser violenta'". *Nexo Jornal*, 29 jan. 2022. Disponível em: <www.nexojornal.com.br/entrevista/2022/01/29/%E2%80%98Com-grupos-neonazistas-armados-elei%C3%A7%C3%A3o-vai-ser-violenta%E2%80%991>. Acesso em: 22 mar. 2023.

Lista de entrevistados

AGUIRRE TALENTO, jornalista, entrevistado em julho de 2022 por Malu Delgado.

ANAÍS MEDEIROS PASSOS, cientista política e professora da Universidade Federal de Santa Catarina (UFSC), entrevistada em julho de 2022 por Beatriz Gatti.

ANDRÉ SINGER, professor de ciência política da Universidade de São Paulo (USP) e ex-porta-voz da presidência (governo Lula), entrevistado em julho de 2022 por Conrado Corsalette.

ANGELA ALONSO, professora de sociologia da USP, entrevistada em julho de 2022 por Malu Delgado.

ARLINDO CHINAGLIA, deputado federal do PT, entrevistado em agosto de 2022 por Malu Delgado.

BERNARD APPY, economista, ex-secretário-executivo do Ministério da Fazenda (governo Lula) e secretário extraordinário da Reforma Tributária (governo Lula), entrevistado em julho de 2022 por Malu Delgado.

BRUNO TORTURRA, jornalista e ex-Mídia Ninja, entrevistado em junho de 2022 por Conrado Corsalette.

CAMILA ROCHA, cientista política, entrevistada em julho de 2022 por Conrado Corsalette.

CARLOS ALBERTO DOS SANTOS CRUZ, general da reserva e ex-ministro da Secretaria de Governo (governo Bolsonaro), entrevistado em agosto de 2022 por Malu Delgado.

CARLOS SAMPAIO, deputado federal e vice-presidente do PSDB, entrevistado em agosto de 2022 por Malu Delgado.

CHRISTIAN LYNCH, historiador e professor do Instituto de Estudos Sociais e Políticos da Universidade do Estado do Rio de Janeiro (Iesp-Uerj), entrevistado em setembro de 2022 por Conrado Corsalette.

DENIS RUSSO BURGIERMAN, jornalista, entrevistado em agosto de 2022 por Conrado Corsalette.

EDUARDO CUNHA, ex-presidente da Câmara dos Deputados, entrevistado em agosto de 2022 por Malu Delgado e Conrado Corsalette.

ELOÍSA MACHADO, professora de direito da FGV de São Paulo e coordenadora do Supremo em Pauta, entrevistada em junho de 2022 por Conrado Corsalette.

ESTHER SOLANO, professora de relações internacionais da Universidade Federal de São Paulo (Unifesp), entrevistada em julho de 2022 por Conrado Corsalette.

FABIANA ALVES RODRIGUES, juíza federal e pesquisadora de ciência política da USP, entrevistada em julho de 2022 por Beatriz Gatti.

FÁBIO KERCHE, cientista político, professor da Unirio e ex-secretário de Imprensa (governo Lula), entrevistado em junho de 2022 por Malu Delgado.

FERNANDO LIMONGI, cientista político e professor da FGV em São Paulo, entrevistado em agosto de 2022 por Malu Delgado.

FRANCISCO BOSCO, ensaísta e ex-presidente da Fundação Nacional de Artes (Funarte), entrevistado em agosto de 2022 por Conrado Corsalette.

GILMAR MENDES, ministro do Supremo, entrevistado em julho de 2022 por Malu Delgado.

GUIDO MANTEGA, economista e ex-ministro do Planejamento e da Fazenda, entrevistado em agosto de 2022 por Malu Delgado.

ISABEL LUSTOSA, historiadora e pesquisadora do Centro de Humanidades da Universidade Nova de Lisboa, entrevistada em julho de 2022 por Malu Delgado.

ISABELA KALIL, antropóloga e professora da Fundação Escola de Sociologia e Política de São Paulo (FESPSP), entrevistada em julho de 2022 por Malu Delgado.

JACQUELINE TEIXEIRA, antropóloga, pesquisadora do Instituto de Estudos da Religião (Iser) e do Centro Brasileiro de Análise e Planejamento (Cebrap) e professora da Universidade de Brasília (UnB), entrevistada em agosto de 2022 por Malu Delgado.

JOSÉ EDUARDO CARDOZO, ex-ministro da Justiça e ex-advogado-geral da União (governo Dilma), entrevistado em agosto de 2022 por Malu Delgado.

JULIANO SPYER, antropólogo, entrevistado em julho de 2022 por Malu Delgado.

LAURA KARPUSKA, professora de economia do Insper, entrevistada em julho de 2022 por Beatriz Gatti.

LINCOLN PORTELA, pastor e ex-vice-presidente da Câmara dos Deputados, integrante da bancada evangélica pelo PL, entrevistado em setembro de 2022 por Malu Delgado.

MAGALI CUNHA, jornalista e pesquisadora do Iser, entrevistada em agosto de 2022 por Malu Delgado.

MARCOS NOBRE, presidente do Cebrap e professor de filosofia da Unicamp, entrevistado em julho de 2022 por Conrado Corsalette.

MATHIAS ALENCASTRO, pesquisador do Cebrap e professor de relações internacionais na Universidade Federal do ABC (UFABC), entrevistado em julho de 2022 por Malu Delgado.

MAYARA VIVIAN, ativista e integrante do MPL, entrevistada em julho de 2022 por Malu Delgado.

MICHAEL FRANÇA, pesquisador da área econômica do Insper, entrevistado em julho de 2022 por Malu Delgado.

MIGUEL LAGO, cientista político e professor da Universidade Columbia e do Instituto de Estudos Políticos de Paris, entrevistado em julho de 2022 por Malu Delgado.

MONALISA SOARES, socióloga e professora da Universidade Federal do Ceará (UFC), entrevistada em julho de 2022 por Beatriz Gatti.

NARA PAVÃO, cientista política e professora da Universidade Federal de Pernambuco (UFPE), entrevistada em julho de 2022 por Beatriz Gatti.

NATALIA VIANA, jornalista, entrevistada em julho de 2022 por Conrado Corsalette.

NELSON JOBIM, ex-deputado constituinte, ex-ministro da Justiça, ex-ministro da Defesa e ex-ministro do Supremo e do TSE, entrevistado em julho de 2022 por Malu Delgado.

OCTAVIO AMORIM NETO, cientista político e professor da FGV-Rio, entrevistado em julho de 2022 por Malu Delgado.

PATRÍCIA CAMPOS MELLO, jornalista, entrevistada em julho de 2022 por Conrado Corsalette.

PAULO TEIXEIRA, deputado federal licenciado, ex-secretário-geral do PT e ministro do Desenvolvimento Agrário e Agricultura Familiar (governo Lula), entrevistado em agosto de 2022 por Malu Delgado.

PEDRO ROSSI, economista e professor da Unicamp, entrevistado em julho de 2022 por Beatriz Gatti.

REINALDO AZEVEDO, jornalista, entrevistado em julho de 2022 por Conrado Corsalette.

RODRIGO MAIA, ex-presidente da Câmara dos Deputados, entrevistado em agosto de 2022 por Malu Delgado.

RODRIGO NUNES, professor de filosofia da Pontifícia Universidade Católica do Rio de Janeiro (PUC-Rio), entrevistado em junho de 2022 por Malu Delgado.

ROGÉRIO CHEQUER, empresário e ex-coordenador do Vem Pra Rua, entrevistado em julho de 2022 por Malu Delgado.

RONILSO PACHECO, pastor e professor da Universidade de Oklahoma, entrevistado em agosto de 2022 por Conrado Corsalette.

SAMUEL PESSÔA, pesquisador da área econômica da FGV e do Julius Baer Family Office, entrevistado em junho de 2022 por Conrado Corsalette.

SERGIO MORO, ex-juiz federal, ex-ministro da Justiça (governo Bolsonaro) e senador pelo União Brasil, entrevistado em julho de 2022 por Malu Delgado.

SIMONE DEOS, pesquisadora do Centro Brasileiro de Relações Internacionais (Cebri) e professora de economia da Unicamp, entrevistada em julho de 2022 por Beatriz Gatti.

VICTOR ARAÚJO, cientista político e pesquisador da Universidade de Zurique, entrevistado em julho de 2022 por Malu Delgado.

VILMA DA CONCEIÇÃO PINTO, economista e diretora da Instituição Fiscal Independente (IFI), entrevistada em julho de 2022 por Malu Delgado.

VINICIUS DO VALLE, cientista político, entrevistado em julho de 2022 por Malu Delgado.

As entrevistas na íntegra estão disponíveis em: <https://www.nexojornal.com.br/tag/Uma_crise_chamada_Brasil>. Acesso em 10 maio 2023.

Referências bibliográficas

ABRANCHES, Sérgio. "Presidencialismo de coalizão: o dilema institucional brasileiro". Dados: *Revista de Ciências Sociais*, Rio de Janeiro, v. 31, n. 1, pp. 5-34, 1988.

ARAÚJO, Victor. *A religião distrai os pobres? O voto econômico de joelhos para a moral e os bons costumes*. São Paulo: Edições 70, 2022.

ATWOOD, Margaret. *O conto da aia*. Rio de Janeiro: Rocco, 2017.

BOSCO, Francisco. *O diálogo possível: por uma reconstrução do debate público brasileiro*. São Paulo: Todavia, 2022.

CARVALHO, Laura. *Valsa brasileira: do boom ao caos econômico*. São Paulo: Todavia, 2018.

CARVALHO, Olavo de. *O imbecil coletivo: atualidades inculturais brasileiras*. Campinas: Vide, 2021.

CASTRO, Celso. *General Villas Bôas: conversa com o comandante*. São Paulo: Editora da FGV, 2021.

FONSECA, Alexandre Brasil e DIAS, Juliana (Coord.). *Caminhos da desinformação: evangélicos, fake news e WhatsApp no Brasil: relatório de pesquisa*. Rio de Janeiro: Universidade Federal do Rio de Janeiro; Instituto Nutes de Educação em Ciências e Saúde, 2021.

KERCHE, Fábio e MARONA, Marjorie Corrêa. *A política no banco dos réus: a operação Lava Jato e a erosão da democracia no Brasil*. São Paulo: Autêntica, 2022.

LAGO, Miguel; BIGNOTTO, Newton; e STARLING, Heloisa Murgel. *Linguagem da destruição: a democracia brasileira em crise*. São Paulo: Companhia das Letras, 2022.

LEVITSKY, Steven e ZIBLATT, Daniel. *Como as democracias morrem*. Rio de Janeiro: Zahar, 2018.

LUSTOSA, Isabel. *O nascimento da imprensa brasileira*. Rio de Janeiro: Zahar, 2003.

LYNCH, Christian e CASSIMIRO, Paulo Henrique. *O populismo reacionário: ascensão e legado do bolsonarismo*. São Paulo: Contracorrente, 2022.

MELLO, Patrícia Campos. *A máquina do ódio: notas de uma repórter sobre fake news e violência digital*. São Paulo: Companhia das Letras, 2020.

NOBRE, Marcos. *Limites da democracia: de junho de 2013 ao governo Bolsonaro*. São Paulo: Todavia, 2022.

NUNES, Rodrigo. *Do transe à vertigem: ensaios sobre bolsonarismo e um mundo em transição*. São Paulo: Ubu, 2022.

PIKETTY, Thomas. *O capital no século XXI*. Rio de Janeiro: Intrínseca, 2014.

_____. *Capital e ideologia*. Rio de Janeiro: Intrínseca, 2020.

RAWLS, John. *Uma teoria da justiça*. 4. ed. São Paulo: Martins, 2016.

RECONDO, Felipe e WEBER, Luiz. *Os onze: o STF, seus bastidores e suas crises*. São Paulo: Companhia das Letras, 2019.

ROCHA, Camila. *Menos Marx, mais Mises: o liberalismo e a nova direita no Brasil*. São Paulo: Todavia, 2021.

RODRIGUES, Fabiana Alves. *Lava Jato: aprendizado institucional e ação estratégica na justiça*. São Paulo: WMF Martins Fontes, 2020.

RUNCIMAN, David. *Como a democracia chega ao fim*. São Paulo: Todavia, 2018.

SINGER, André. *O lulismo em crise: um quebra-cabeça do período Dilma (2011--2016)*. São Paulo: Companhia das Letras, 2018.

_____. *Os sentidos do lulismo: reforma gradual e pacto conservador*. São Paulo: Companhia das Letras, 2012.

SPYER, Juliano. *Povo de Deus: quem são os evangélicos e por que eles importam*. São Paulo: Geração Editorial, 2020.

SYLVESTRE, Josué. *Irmão vota em irmão: os evangélicos, a Constituinte e a Bíblia*. Brasília: Pergaminho, 1986.

TALENTO, Aguirre e MEGALE, Bela. *O fim da Lava-Jato: como a atuação de Bolsonaro, Lula e Moro enterrou a maior e mais controversa investigação do Brasil*. Rio de Janeiro: Globo, 2022.

TEMER, Michel e ROSENFIELD, Denis. *A escolha: como um presidente conseguiu superar grave crise e apresentar uma agenda para o Brasil*. São Paulo: Noeses, 2020.

TESICH, Steve. "The Watergate Syndrome: A Government of Lies". *The Nation*, v. 254, n. 1, pp. 12-4, 1992.

VALLE, Vinicius do. *Entre a religião e o lulismo*. São Paulo: Recriar, 2019.

VIANA, Natalia. *Dano colateral: a intervenção dos militares na segurança pública*. Rio de Janeiro: Objetiva, 2021.

Índice remissivo

Abranches, Sérgio, 145, 197
Abin (Agência Brasileira de Inteligência), 301
Academia Militar das Agulhas Negras (Aman), 298
Agência Pública, 283
Albuquerque, Bento, almirante, 309
Alckmin, Geraldo, 46-7, 53, 179, 233-4, 254, 327
Alencastro, Mathias, 25, 28-9, 31, 34, 36, 338
Almeida Baptista Júnior, Carlos de, 288
Alonso, Angela, 43-4, 51-2, 54-5, 59, 80, 236, 333
Alves Correia, Antônio Carlos, 307-8
Alves Rodrigues, Fabiana, 74, 77, 83, 85, 95-6, 99, 109, 332, 342
Alves, Damares, 273
Amado, Guilherme, 209
Amaral, Delcídio do, 62-3, 164, 168
Amazônia, 205, 296
América do Sul, 26, 339
América Latina, 18, 21, 23, 27, 36
Amorim Neto, Octavio, 293, 302, 338-9
Amorim, Rodrigo, 246
Ana Amélia, senadora, 230
Andrade, Santiago, 56
Angola, 161

Anitta, cantora, 334
Antônio Maria, padre, 220
Antunes Rocha, Cármen Lúcia, ministra, 95-6
Appy, Bernard, 116, 118, 126, 132, 135, 138, 341
Aracaju, 50
Arantes, Paulo Lugon, 206
Aras, Augusto, 100, 182
Araújo, Victor, 255, 258-9, 263, 266, 269, 272, 276, 339
Arena, 231, 322
Argentina, 295
Arruda, Júlio César de, 324
Assad, Bashar al, 28
Assembleia Constituinte, 50, 146, 260-1
Assembleia de Deus, 257, 260-1, 263, 266, 268-9
Associação Nacional de Juristas Evangélicos (Anajure), 280
Atibaia (SP), 105, 168
Atwood, Margaret, 35
Avante, partido, 211
Avelino, Silvio, 163
Azevedo e Silva, Fernando, general, 286-7, 306, 309, 313
Azevedo, Reinaldo, 53, 92, 157, 178, 190, 194
Aziz, Omar, 315

Bahia, 197, 219
Banco Central, 113, 118-9, 122, 139
Banco do Brasil, 36, 117, 121
Banco do Estado do Paraná, 72
Banco Itaú, 121
Banco Mundial, 23
Banestado, 72, 75
Bannon, Steve, 32, 187, 201
Barata Filho, Jacob, 84
Barbosa, Ilques, 288
Barbosa, Joaquim, 77, 80, 97, 109
Barões da Pisadinha, banda, 334
Barroso, Luís Roberto, 175, 308, 318
Bartels, Susan, 293
Batista, Joesley, 93, 176
Belo Horizonte, 50, 142, 258, 272-3
Beltrão, Hélio, 230
Bicudo, Hélio, 161-3, 166
Biden, Joe, 34, 211
black blocs, 44, 46, 52, 191, 193
Blatter, Joseph, 48
BNDES (Banco Nacional de
    Desenvolvimento Econômico e
    Social), 36, 120, 125, 136, 139, 161
Boggio, Paulo Sérgio, 244
Bolsonaro, Carlos, 309, 311-2
Bolsonaro, Eduardo, 201, 305
Bolsonaro, Flávio, 219-20
Bolsonaro, Jair Messias, 42, 58, 67-70,
    98, 100-8, 136-40, 141, 170, 178-84,
    195, 200-2, 206-11, 217-20, 224-6,
    229-40, 242-51, 253, 265, 269-73,
    278-81, 283, 286-8, 291, 297-9,
    304-23, 327-9, 334, 337
Bolsonaro, Michelle, 269, 272-3
Bonaparte, Napoleão, 293
Borges, Bráulio, 125
Boric, Gabriel, 27
Bosco, Francisco, 187-8, 196-8, 200,
    214, 226-7
BR Distribuidora, 139
Bradesco, 121, 123
Braga Netto, Walter, general, 286-7,
    302, 311, 316, 319
Brasil Popular, frente, 65
Brasília, 12, 48, 50, 63, 77, 87, 94, 100,
    104, 144, 164, 211, 216, 221, 229,
    248-50, 266, 285, 302, 308, 311,
    313, 318-9, 321, 323, 327

Bretas, Marcelo, 107
Brexit, 29-30, 186, 195
Brown, Wendy, 19
Buarque, Chico, 144
Burgierman, Denis Russo, 204

Cabral, Sérgio, 94, 107, 194
CACS (Caçadores, Atiradores e
    Colecionadores), 238
Caixa Econômica Federal, 36, 117, 121
Calheiros, Renan, 91, 169
Câmara dos Deputados, 51, 64, 66, 77,
    107, 112, 147, 151, 159, 167, 170-1, 178,
    219-20, 229, 301, 317
Cambridge Analytica, 186-7, 210
Campos Mello, Patrícia, 199, 202,
    207-9, 212
Campos, Eduardo, 153
Cansei, movimento, 39, 220-1
Cardoso, Fernando Henrique, 38,
    75-6, 113-5, 160, 162, 168, 179, 218,
    292, 295, 301, 329, 334, 336
Cardozo, José Eduardo, 153-5, 158,
    164, 171, 174
Carioca (câmera Mídia Ninja), 192
Cármen Lúcia, ver Antunes Rocha,
    Cármen Lúcia
Carvalho, Gilberto, 265-6
Carvalho, Laura, 127
Carvalho, Olavo de, 197, 222, 226-9,
    238, 281, 309
Castello Branco, Humberto de
    Alencar, 290
Castro, Celso, 300
Cavalcante, Sóstenes, 268
CBN, rádio, 49
Central de Movimentos Populares, 65
Charlottesville, Virgínia (EUA), 34
Chequer, Rogério, 60, 69
Chile, 27, 295
China, 20
Chinaglia, Arlindo, 157-8, 166, 172
Chitãozinho e Xororó, dupla, 334
CLT (Consolidação das Leis do
    Trabalho), 136
Clube Hebraica do Rio de Janeiro,
    240, 242
Coalizão Negra por Direitos, 68
Collins, dicionário britânico, 203

Collor de Mello, Fernando, 45, 75, 88, 145, 172-3, 239, 329, 334
Comissão da Verdade, 54, 224, 226, 296-9, 324
Comissão de Direitos Humanos, 266
Comissão de Ética da Câmara dos Deputados, 77
Comitê de Direitos Humanos, 95, 106
Como a democracia chega ao fim (Runciman), 34, 199
Como as democracias morrem (Levitsky e Ziblatt), 33, 34
Complexo do Alemão (RJ), 294
Comunidades Eclesiais de Base, 258
"Conclave pela Democracia", 229
Congresso (geral), 34
Congresso americano, invasão do, 35
Congresso Nacional, 12, 39, 49-51, 55-6, 62, 65-7, 69, 72-3, 75-7, 82-3, 89-90, 100, 104, 124, 134, 137-8, 145, 149-52, 162, 166, 169, 180-1, 222, 230, 260, 266-7, 269, 283, 314, 326, 328
Conselho de Direitos Humanos das Nações Unidas, Genebra, 206
Constituição de 1988, 13, 290, 302, 307, 330-2
conto da aia, O (Atwood), 35
Copa das Confederações, 48
Copa do Mundo de Futebol de 2014, 14, 37, 48, 57, 294, 116
Copom (Comitê de Política Monetária do Banco Central), 118
Costa Neto, Waldemar, 79
Costa, Paulo Roberto, 72-3, 147, 152
Covid-19, pandemia de, 19, 23, 34, 68-9, 102, 104, 111, 137-8, 140-1, 180-1, 212, 228, 242-4, 271-2, 282, 286-7, 311, 313-7, 325, 340
CQC (programa de televisão), 225
Cuba, 161
Cuiabá, 50
Cunha, Eduardo, 61, 63, 91, 93, 112, 149-52, 157-67, 169-72, 174, 176-7, 181, 268-9
Cunha, Magali, 261-2, 264, 271, 274, 282

Curitiba, 50, 56, 72, 84, 87-91, 94, 97-8, 100, 105-7, 194
CUT (Central Única dos Trabalhadores), 65

D'Urso, Luiz Flávio Borges, 221
Dallagnol, Deltan, 87, 91-2, 107, 194
Dano colateral: a intervenção dos militares na segurança pública (Viana), 292
Datafolha, 246, 254
DEM (Democratas), partido, 64, 171-2, 176, 180, 231
Deos, Simone, 16, 17, 32-3, 36, 38, 340
diálogo possível: por uma reconstrução do debate público brasileiro, O (Bosco), 188
Dias Toffoli, José Antonio, 101, 306, 308, 310
Dias, Adriana, 337
Dias, Álvaro, 233
Diniz Alves, José Eustáquio, 253, 255, 283
Dino, Flávio, 323
Dirceu, José, 79
Diretas Já, 329
Do transe à vertigem: ensaios sobre bolsonarismo e um mundo em transição (Nunes), 16
DOI-Codi, 170, 300
Domingo Espetacular, 254
Doria, João, 39, 138-9, 201, 221, 230, 235
Duarte, Regina, 39
Dunn, Bill, 19
Duque, Renato, 147

É o Tchan, grupo musical, 334
Eastwood, Clint, 160
Egito, 28
Entre a religião e o lulismo (Valle), 260
Época, revista, 59
Escola Sem Partido, movimento, 222-4, 279
escolha: como um presidente conseguiu superar grave crise e apresentar uma agenda para o Brasil, A (Rosenfield), 300

Espanha, 16, 25-7
Estado de S. Paulo, O, 47-8, 100
Estado Novo, 239, 289, 292, 328
Estados Unidos, 14-6, 18-9, 23, 26, 30, 32-4, 36, 44, 68, 119, 132, 174, 180, 186, 191, 196, 202, 211, 217, 221, 223, 229, 234, 238, 248-9, 253, 256-8, 270-1, 317, 319, 322, 338
Etchegoyen, Ciro Guedes, coronel, 299
Etchegoyen, Leo Guedes, general, 299
Etchegoyen, Sérgio, general, 299-301, 303, 308, 324
Europa, 16, 28, 119, 191, 255
Everaldo, pastor, 269

Facebook, 30, 43, 67, 187, 191-2, 195, 204, 222, 232
Fachin, Edson, 92, 103-6, 308, 319
FAO (Food and Agriculture Organization of the United Nations), 122
Feira do Livro de Jaraguá do Sul (SC), 197
Feliciano, Marco, 266
Festa Literária Internacional de Cachoeira (BA), 197
Festa Literária Internacional de Paraty (Flip), 197
FHC, *ver* Cardoso, Fernando Henrique
Fiesp (Federação das Indústrias do Estado de São Paulo), 63, 128, 168
Fifa (Federação Internacional de Futebol), 48
fim da Lava-Jato: como a atuação de Bolsonaro, Lula e Moro enterrou a maior e mais controversa investigação do Brasil, O (Talento), 195
Floyd, George, 68
FMI (Fundo Monetário Internacional), 18-9, 23, 114
Folha de S.Paulo, 46, 64, 77, 207, 209, 212, 308
Força Sindical, 64
Fórum Brasileiro de Segurança Pública, 246
Fórum Liberdade e Democracia em São Paulo, 230

Fórum Social Mundial, 45, 265
Foster, Graça, 147-8
França, 46, 224
França, Michael, 26, 224, 342-3
Francisco, papa, 191
Franco, Itamar, 329, 334
Franco, Marielle, 103, 232, 246
Freitas, Franklimberg Ribeiro de, general, 301, 316
Freitas, Tarcísio de, 309
Funai (Fundação Nacional dos Povos Indígenas), 301, 316
Fundeb (Fundo de Manutenção e Desenvolvimento da Educação Básica), 134

Gaddafi, Muammar, 28
Galvão Lopes, Guilherme, 280
Gandra Martins, Ives, 161
Garcia Portella, Heber, general, 319
Garnier Santos, Almir, comandante, 288, 322
Gaspari, Elio, 290
Gebran Neto, João Pedro, 94
General Villas Bôas conversa com o comandante (Castro), 300
Genoino, José, 79
Gherman, Michel, 254
Globo, O, jornal, 176, 298
Goiânia, 46
Goulart, João (Jango), 145, 289
Grande ABC (SP), 35, 97
Grécia, 16
Greenwald, Glenn, 197
Guardian, The, 187
Guarujá (SP), 94, 168, 303
Guedes, Paulo, 98, 136-7, 139-40, 233, 236
Guerra do Golfo, 23
Guerra do Paraguai, 288
Gurgacz, Acir, 175

Haddad, Fernando, 46-7, 53, 98, 141, 179, 207, 210, 225, 230, 235, 253, 264-5, 307
Haiti, 285, 292-3, 296
Hardt, Gabriela, 105
Harvard, 217

Heleno [Augusto Heleno Ribeiro Pereira], general, 291, 296, 309, 312, 319
Hernandes, Estevam, 253
Hobbes, Thomas, 79
Holiday, Fernando, 198, 232
Holland, Márcio, 119
Huck, Luciano, 121, 233
Hungria, 29
Huntington, Samuel, 299

IBGE (Instituto Brasileiro de Geografia e Estatística), 253
Igreja Batista, 256, 273
Igreja Batista Solidária, 280
Igreja Católica, 220, 223, 255, 257-9
Igreja do Evangelho Quadrangular, 273
Igreja Metodista, 256
Igreja Presbiteriana, 256
Igreja Presbiteriana Renovada de Santa Fé, 281
Igreja Universal do Reino de Deus, 183, 254, 259, 261, 263, 268, 281
imbecil coletivo: atualidades inculturais brasileiras, O (Carvalho), 222
Indignados, movimento dos, 25-6, 30, 41, 43
Inglaterra, 18
Instituto Liberal de São Paulo, 221
Instituto Liberal do Nordeste, 221
Instituto Mercado Popular, 221
Instituto Mises Brasil, 221, 230
Instituto Ordem Livre, 221
Instituto Reuters, 213
Intercept Brasil, The, 98, 198
Irmão vota em Irmão (Sylvestre), 260
Ishii, Newton ("Japonês da Federal"), 194
Israel, 253-4, 269
IstoÉ, revista, 168
Itália, 81

Jabor, Arnaldo, 46, 48-9
Janones, André, 211
Janot, Rodrigo, 87, 92-4, 160-1, 177-8, 182

Jardim das aflições, filme (Teófilo), 197
JBS, frigorífico, 66, 93, 107, 176-7, 302
Jefferson, Roberto, 77, 246
João Pedro (jovem do Complexo do Salgueiro), 68
João Pessoa, 50
Jobim, Nelson, 78, 88, 290, 318, 340
Jornal Nacional, 72
Jovem Pan, rede, 211
Jucá, Romero, 169, 301
Júlio César, 293
Junho 2013: o começo do avesso (Alonso e Markun), 43

Kalil, Isabela, 222, 225, 234, 237-9, 241-2, 336
Karpuska, Laura, 23-4, 30, 113, 116, 124-5, 133
Kerche, Fábio, 74, 79, 83, 87, 95, 101
Kubitschek, Juscelino, 289

Lacan, Jacques, 196
Lago, Miguel, 189-90, 192, 200-1, 250, 337
largo da Batata (SP), 49
Lee, Sabine, 159, 293
Legião Urbana, banda, 334
Lehman Brothers Holding Incs., 15, 116
Lei da Anistia, 289, 295, 297, 306
Lei da Ficha Limpa, 97, 179, 234, 304
Lei da Palmada, 222
Lei de Abuso de Autoridade, 100
Lei de Cotas Raciais, 222
Lei de Improbidade Administrativa, 100
Lei Maria da Penha, 263
Leirner, Piero, 288
Leitão, Miriam, 197
Leite, Eduardo, 235
Leone, Sergio, 160
Leste Europeu, 18, 29
Levitsky, Steven, 33
Levy, Joaquim, 123, 126
Lewandowski, Ricardo, 175
LGBTQIAP+, movimento, 42, 261, 263-4
Líbia, 28

Limites da democracia: de junho de 2013 ao governo Bolsonaro (Nobre), 18, 232
Limongi, Fernando, 147, 149, 152, 156, 159, 161-2, 165, 169, 177, 179, 336-7
Linguagem da destruição: a democracia brasileira em crise (Lago), 189, 240
Liquigás, 139
Lira, Arthur, 181
Livres, grupo, 232
Lo Prete, Renata, 77
Lott, Henrique, general, 289
Lula da Silva, Luiz Inácio, 12, 35, 39, 43, 54, 63-4, 74, 77-9, 86, 88-9, 90-2, 94-7, 99-100, 104-7, 109, 113-20, 124-8, 135, 141, 144, 146-8, 152-3, 163, 165, 168, 178-9, 183, 189-90, 211, 220, 229, 233-5, 245-6, 248-9, 264, 267, 281, 283, 290, 292-4, 296, 303-7, 309-10, 317, 320-4, 327-9, 334, 336
lulismo em crise: um quebra-cabeça do período Dilma, O (Singer), 129
Lustosa, Isabel, 194
Lutero, Martinho, 255
Lynch, Christian, 288, 295, 304, 306, 332

Macedo, Edir, 254, 259, 263
Machado, Eloísa, 78, 86, 98, 103, 333
Machado, Sérgio, 81-2, 169, 301
Magalhães, Vera, 208
Magnoli, Demétrio, 197
Maia, Rodrigo, 137, 172, 180-1
Malafaia, Silas, 263, 266-8
Malan, Pedro, 38, 114
Malta, Magno, 263
Mantega, Guido, 38, 114-5, 117-9, 121, 123, 127-8, 131-2
Mapplethorpe, Robert, 223
máquina do ódio: notas de uma repórter sobre fake News, A (Campos Mello), 208
Marcha da Liberdade, 43
Marcha da Maconha, 43
Marcha das Vadias, 229
Marcha Para Jesus, 253

Masp (Museu de Arte de São Paulo), 42-33
MBL (Movimento Brasil Livre), 59, 63-5, 69, 160-1, 193, 204, 230-2
MDB (Movimento Democrático Brasileiro), 39, 178, 323, 328
Medeiros Passos, Anaís, 292, 297, 299, 335
Mello, Celso de, 312-3
Mello, Marco Aurélio, 88
Mendes, Gilmar, 76-7, 84, 90, 94-6, 102, 163, 168, 177, 313-4, 316
Mendonça, André, 245, 279
Mendonça, Marília, 334
Menos Marx, mais Mises: o liberalismo e a nova direita no Brasil (Rocha), 221
Messias (subchefe de Assuntos Jurídicos da Casa Civil), 89
Metrópoles, site, 209, 307
Mídia Ninja, 47, 191-2
Minustah, 292
Mises, Ludwig von, 221
Monteiro, José Múcio, 322, 324
Moraes, Alexandre de, 102-4, 109, 247, 249, 318-9
Moreira, Cid, 334
Moretti Bermudez, tenente-brigadeiro, 288
Moro, Sergio, 64, 66, 72-6, 79, 81-2, 84-5, 87-90, 92, 95, 97-101, 105-7, 109, 193-4, 311, 314
Morricone, Ennio, 160
Mota, Telmário, 175
Mourão, Hamilton, general, 299-300, 302, 308
MTST (Movimento dos Trabalhadores Sem Teto), 55, 65
MPL (Movimento Passe Livre), 45-7, 50-2, 59, 336
mulatas, As (Di Cavalcanti), 249
Muro de Berlim, 20
Mussolini, Benito, 70

Nagib, Miguel, 223
nascimento da imprensa brasileira,O (Lustosa), 194
Natal, 45
Neri, Marcelo, 142
Netanyahu, Benjamin, 253

Neves, Aécio, 57, 66, 107, 122, 153-7, 161, 171, 176-8, 329
Neves, Andrea, 176, 178
Neves, Tancredo, 329
Nexo Jornal, 11, 206, 244, 288
Neymar, 22
Nietzsche, Friedrich, 88
Nobre, Marcos, 18, 20, 27, 39-40, 56-7, 150, 173, 181, 201, 232, 250, 333, 335
Nobrega, Adriano, 219
Nogueira, Paulo Sérgio, 288, 320
Novo, partido, 232
Nunes, Aloysio, 160
Nunes, Rodrigo, 16, 18, 23, 25, 27, 29, 33, 338
Nunes Marques, Kassio, 245

OAB (Ordem dos Advogados do Brasil), 220-1, 295
OAS, construtora, 91-2
Obama, Barack, 30, 44, 189, 199
Observatório da Violência Política e Eleitoral, 246
Occupy Wall Street, movimento, 26, 30, 41, 43
Odebrecht, construtora, 105
Odebrecht, Emílio, 81-2
Odebrecht, Marcelo, 81
Odebrecht, Norberto, 81
Olimpíada de 2016, 14, 37, 117, 294-5
Oliveira, Gesner, 131
Oliveira, João Baptista de, 220
OMC (Organização Mundial do Comércio), 44
OMS (Organização Mundial da Saúde), 102, 212
ONU (Organização das Nações Unidas), 95, 106, 292-3
Onze: o STF, seus bastidores e suas crises, Os (Recondo e Weber), 308
Orbán, Viktor, 29
Orkut, 221-2
Ostermann, Fábio, 230
Otavio, Chico, 298
Oxford Dictionaries, 185-6

Pacheco, Frederico, Fredy, 176
Pacheco, Ronilso, 270, 276, 278, 282
Padilha, José, 241

Palocci, Antonio, 38, 97, 114, 135
Pansera, Celso, 163
Parada do Orgulho LGBTQIAP+, 229
Partido Conservador britânico, 19
Partido Democrata (EUA), 33, 44
Partido Republicano (EUA), 19, 32-3, 223
Paschoal, Janaína, 162-3, 166
Paulista, avenida, São Paulo, 42-3, 47, 50, 57, 59, 61, 63-4, 235
Paulsen, Leandro, 94
Pavão, Nara, 155, 172, 192, 199, 210
Pazuello, Eduardo, 286-7, 313, 315-6, 320
PCC (Primeiro Comando da Capital), 75
PCdoB (Partido Comunista do Brasil), 91
PDT (Partido Democrático Trabalhista), 175
Pelé [Edson Arantes do Nascimento], 22
Pequeno Dicionário Houaiss da Língua Portuguesa, 344
Pereira, Bruno, 205
Peri, Enzo, general, 296, 298
Pessôa, Samuel, 21, 24, 38, 114, 120, 122, 125, 130, 133-5, 140
Pestana, Marcus, 175
Petrobras, 56, 67, 72-3, 81-2, 85, 91-2, 99, 105, 108, 120, 122, 124, 131-2, 136, 139-40, 147-8, 152-3, 160-2, 164-5, 169, 174, 183
PFL (Partido da Frente Liberal), 231
Philips, Dom, 205
piauí, revista, 236, 306, 312
Pierucci, Flávio, 261
Piketty, Thomas, 23
Pinker, Steven, 20
Pinto, Vilma da Conceição, 115, 127, 140, 341
Pires, Breno, 100
Pitty, cantora, 334
PL (Partido Liberal), 79, 183, 248, 280
PMDB (Partido do Movimento Democrático Brasileiro), atual MDB, 39, 63-4, 72, 87, 112, 147, 149-51, 157-8, 160, 163, 168-9, 178, 301; ver também MDB
Podemos, partido, 27, 107, 234, 249

Polícia Federal (PF), 56, 74, 88-9, 97, 99-101, 131, 164, 176, 209, 312
Polícia Militar (PM), 43, 46-9, 61-2, 69, 218-9, 247, 323
Politiquês, podcast, 11, 12, 345
Pontes, Marcos, tenente-coronel, 308
Portas Abertas, ONG, 278
Portela, Lincoln, 280
Porto Alegre, 45, 50, 85, 95, 231, 265
Povo de Deus: quem são os evangélicos e por que eles importam (Spyer), 256
Povo Sem Medo, frente, 65
PP (Partido Progressista), 87, 147, 181, 183
PRB (Partido Republicano Brasileiro), 268
Primavera Árabe, 27-8, 30, 41, 43, 191, 199
Primavera das Mulheres, 61, 268
Primavera Feminista, 61, 268
Primeira República, 328
Proclamação da República de 1889, 288
PSC (Partido Social Cristão), 268-9
PSDB (Partido da Social Democracia Brasileira), 46, 56-7, 63-4, 66, 93, 152-3, 155-7, 160-3, 174-80, 230, 233, 235, 317, 336
PSL (Partido Social Liberal), 179, 206, 231-2, 234-5, 253, 307-8
PT (Partido dos Trabalhadores), 42, 46, 54-6, 58, 64-5, 79, 87, 89-90, 94, 98, 115, 123, 147-55, 157-8, 160-2, 165-6, 170, 172, 175-6, 178-9, 190, 206-7, 230, 253, 263-8, 281, 306-7, 324, 327, 336
PTB (Partido Trabalhista Brasileiro), 77, 246
Pujol, Edson, general, 288

Quadrado, Enivaldo, 72
Quadros, Jânio, 289
Quarta República, 329
Queiroz, Fabrício, 219-20
Quinta República, 329

Ramos, Luiz Eduardo, general, 307, 310, 315
Raposa Serra do Sol (RR), 296

Rawls, John, 335
Raymundo, Marco Aurélio (Morongo), 209
Rayol, Agnaldo, 220
Reagan, Ronald, 19, 33
Reale Júnior, Miguel, 162-3, 166
Recife, 50, 61, 258, 282
Recondo, Felipe, 308
Rede Brasileira de Pesquisa em Soberania e Segurança Alimentar e Nutricional, 142
Rede de Ação Política pela Sustentabilidade (Raps), 246
Rede Globo, 72, 209, 244
Rêgo Barros, Otávio, general, 309
Reino Unido, 29, 186, 190, 195, 293
religião distrai os pobres? O voto econômico de joelhos para a moral e os bons costumes, A (Araújo), 255
Renascer em Cristo, igreja, 253
"República de Curitiba", 90-1
"República do Galeão", 90
Revolta do Chá, 44
Revoltados Online, movimento, 59
Ribeiro Paiva, Tomás Miguel, 324
Ribeiro, Milton, pastor, 279
Rio de Janeiro, 46, 50, 56, 61, 69, 80, 84, 87, 92, 94, 103, 107, 117, 157, 191, 219, 235-6, 240-1, 246, 258, 282, 285, 294, 296, 298, 302-3, 310-1, 313, 315
Rocha, Camila, 221-2, 228, 230, 237, 244, 250, 342
Rocha, Ibaneis, 249, 323
Rosenfield, Denis, 300
Rossi, Pedro, 126, 136, 137
Roussef, Dilma, 37, 43, 48, 50, 52-4, 56-8, 60-1, 63-5, 67, 72, 75-6, 87-93, 111-2, 115, 118-24, 127-30, 133, 135, 140, 144-54, 156-63, 165-8, 170-5, 177-80, 195, 217, 225, 229, 233-4, 254, 264-5, 267-9, 296-301, 304, 308, 324, 327, 329-30, 334
RTS, canal de televisão suíço, 128
Runciman, David, 34, 35, 199

Saito, Juniti, brigadeiro, 296
Salém, Joana, 22
Salvador, 256, 258

Sampaio Olsen, Marcos, almirante, 322
Sampaio, Carlos, 156, 174
Sangalo, Ivete, 220
Santana, Luan, 334
Santander, 121
Santos (SP), 153
Santos Cruz, Carlos Alberto dos, general, 296-7, 301, 305, 309-11, 320
Santos Laus, Victor dos, 94
Santos Silva, Augusto, 212
Santos, Renan, 64
São Bernardo do Campo (SP), 88, 97
São Paulo, 42-3, 46-50, 52, 61, 64, 69, 84, 87-8, 93-4, 179, 198, 201, 220, 223, 230, 232, 235, 253-4, 258, 284, 307, 313, 323
Sarney, José, 329, 334
Seattle (EUA), 44
Secretaria Nacional de Segurança Pública, 301
Segunda Guerra Mundial, 18, 23, 332
Segunda República, 328
Serra, José, 56, 179, 264
Sexta República, 329
Silva e Luna, Joaquim, 301
Silva, Marina, 153, 327
Silva, Sérgio, fotógrafo ferido, 47
Silveira, Daniel, 103-4, 246
Sindicato dos Metalúrgicos-Grande ABC, 97
Singer, André, 37, 40, 128-9
Sintonia, série Netflix, 284
Síria, 28
Snowden, Edward, 174
Snyder, Mark, 293
Soares de Moura Neto, Julio, almirante, 296
Soares, Monalisa, 152, 158, 173
Solano, Esther, 58-9, 63, 70
Solidariedade, partido, 151
Spyer, Juliano, 256-7, 277
STF (Supremo Tribunal Federal), 12, 43, 68-9, 71-3, 75-80, 82, 84-6, 88-90, 92-6, 99-106, 108-9, 171, 243-8, 265, 291, 295, 301, 303, 305, 310, 312-4, 317, 321, 323, 326
STJ (Superior Tribunal de Justiça), 85, 87, 90, 105
Suíça, 132, 164, 166

SuperPop, programa, 225
Suprema Corte americana, 35, 270
SUS (Sistema Único de Saúde), 139, 276, 331
Sylvestre, Josué, 260

Talento, Aguirre, 105, 195
Tea Party, movimento de extrema direita, 32, 44, 231
Tebet, Simone, 328
Teixeira, Jacqueline, 262, 273, 275
Teixeira, Paulo, 150, 176
Telegram, 98-9, 208-9, 250
Temer, Michel, 63, 65-7, 92-3, 107, 112, 133, 135-7, 139, 147, 156, 160-1, 163, 167, 169, 171, 176-8, 217, 254, 300-3, 309, 311, 316, 324, 330
Teófilo, Josias, 197
teoria da justiça, Uma (Rawls), 335
Terceira República, 328
Tesich, Steve, 186
Thatcher, Margaret, 19, 190
Torres, Anderson, 249, 323
Torturra, Bruno, 47-9, 52, 61, 191, 202
TSE (Tribunal Superior Eleitoral), 78, 97, 104, 108-9, 145, 154, 156, 163, 177, 184, 205, 248-9, 307-8, 317-9, 321, 324, 327
Transpetro, 81, 169, 301
Transportadora Associada de Gás (TAG), 139
Três homens em conflito (filme), 159
Tribunal Penal Internacional, Haia, 316
Tropa de Elite, filme (Padilha), 241
Trump, Donald, 29-30, 32-4, 180-1, 186-7, 196, 200-1, 211, 234, 248, 271, 317
Tunísia, 28
TV Bandeirantes, 56, 225
TV Câmara, 218-9
TV Globo, 46, 233
TV Justiça, 77-8
TV Record, 254
Twitter, 67, 191-2, 303-4

Ucrânia, 139, 141
União Brasil, partido, 107, 231
União Democrática Ruralista (UDR), 234

União Europeia, 16, 29, 30, 186
União Soviética, 20, 28-9, 186, 239
Universidade da Califórnia, 19
Universidade de Birmingham, 293
Universidade de Queens, 293
Universidade de São Paulo (USP), 261
Universidade de Sydney, 19
Universidade do Porto, 212
Universidade Estadual de Campinas (Unicamp), 198
Universidade Federal de Pernambuco (UFPE), 197
Universidade Federal do Estado do Rio de Janeiro (Unirio), 246
Universidade Federal do Rio de Janeiro (UFRJ), 282
Universidade Harvard, 20
Universidade Stanford, 223
Uruguai, 295
Ustra, Carlos Alberto Brilhante, 170, 229-30, 300

Val, Marcos do, 249
Valle, Vinicius do, 260-1, 264, 267-8, 274, 277
Valsa Brasileira: do boom ao caos econômico (Carvalho), 127
Van Cleef, Lee, 159
Vargas, Getúlio, 90, 239, 289, 328

Veja, revista, 53, 80, 153, 190
Vem Pra Rua, movimento, 59-60, 63, 65, 69, 193
Venezuela, 296
Viana, Natalia, 292, 294-5, 297-8, 303, 305
Villas Bôas, Eduardo, general, 96, 300-1, 303-4, 306, 308-10
Vivian, Mayara, 45, 51, 57, 61, 69, 336

Wallach, Eli, 159
Wanderléa, cantora, 220
Washington (EUA), 211, 223
Weber, Luiz, 308
Weber, Rosa, 75, 96, 307-8
Weigel, Moira, 217
WhatsApp, 67, 153, 201, 207-9, 247, 282, 307-8
Winter, Sara, 102
Witzel, Wilson, 107, 241
Wylie, Christopher, 187

Youssef, Alberto, 72-3, 152-3
YouTube, 27, 192, 222

Zambelli, Carla, 246-7
Zavascki, Teori, 90, 92
Zelada, Jorge, 147
Zuckerberg, Mark, 187

Copyright © 2023 Conrado Corsalette

Todos os direitos reservados. Nenhuma parte desta obra pode ser reproduzida, arquivada ou transmitida de nenhuma forma ou por nenhum meio sem a permissão expressa e por escrito da Editora Fósforo.

EDITORA Rita Mattar
EDIÇÃO Eloah Pina
ASSISTENTES EDITORIAIS Cristiane Alves Avelar e Millena Machado
ENTREVISTAS Malu Delgado e Beatriz Gatti
PREPARAÇÃO Bonie Santos
REVISÃO TÉCNICA Beatriz Gatti
REVISÃO Gabriela Rocha e Denise Camargo
ÍNDICE REMISSIVO Maria Claudia Carvalho Mattos
DIRETORA DE ARTE Julia Monteiro
CAPA Bloco Gráfico
IMAGENS Manifestantes ocupam o teto do Congresso Nacional durante manifestação que começou em São Paulo contra o aumento da tarifa de ônibus e se espalhou por todo o Brasil. Brasília 17 jun. 2013. Pedro Ladeira/ Folhapress. Vândalos golpistas invadem a praça dos Três Poderes e depredam prédios; vidraça do Palácio do Planalto quebrada. 8 jan. 2023. Gabriela Biló/ Folhapress.
PROJETO GRÁFICO Alles Blau
EDITORAÇÃO ELETRÔNICA Página Viva

Dados Internacionais de Catalogação na Publicação (CIP)
(Câmara Brasileira do Livro, SP, Brasil)

Corsalette, Conrado
Uma crise chamada Brasil : a quebra da Nova República e a erupção da extrema direita / Conrado Corsalette. — São Paulo : Fósforo, 2023.

ISBN: 978-65-84568-99-0

1. Brasil — História 2. Brasil — Política e governo 3. Ciência política 4. Entrevistas jornalísticas 5. Reportagem investigativa I. Título.

23-152233　　　　　　　　　　　　　　　　　　CDD — 320.981

Índice para catálogo sistemático:
1. Brasil : Política e governo　　320.981
Aline Graziele Benitez — Bibliotecária — CRB-1/3129

Editora Fósforo
Rua 24 de Maio, 270/276, 10º andar, salas 1 e 2 — República
01041-001 — São Paulo, SP, Brasil — Tel: (11) 3224.2055
contato@fosforoeditora.com.br / www.fosforoeditora.com.br

Este livro foi composto em GT Alpina e
GT Flexa e impresso pela Ipsis em papel
Pólen Natural 80 g/m² da Suzano para a
Editora Fósforo em maio de 2023.

A marca FSC® é a garantia de que a madeira utilizada na fabricação do papel deste livro provém de florestas gerenciadas de maneira ambientalmente correta, socialmente justa e economicamente viável e de outras fontes de origem controlada.